中职学校"双元耦合"班级建设模式的探索与实践

主　编　侯　蕾　栾　芳　阎春梅
副主编　刘晓莉　李　茹　李耘心　高　嵩

中国海洋大学出版社
·青岛·

图书在版编目(CIP)数据

中职学校"双元耦合"班级建设模式的探索与实践／侯蕾，栾芳，阎春梅主编. —青岛：中国海洋大学出版社，2021.11

ISBN 978-7-5670-3017-6

Ⅰ.①中… Ⅱ.①侯…②栾…③阎… Ⅲ.①中等专业学校-班级-学校管理-研究 Ⅳ.①G632.421

中国版本图书馆CIP数据核字(2021)第237175号

出版发行	中国海洋大学出版社		
社　　址	青岛市香港东路23号	邮政编码	266071
出 版 人	杨立敏		
网　　址	http://pub.ouc.edu.cn		
电子信箱	zwz_qingdao@sina.com		
订购电话	0532—82032573(传真)		
责任编辑	邹伟真	电　　话	0532—85902533
印　　制	日照报业印刷有限公司		
版　　次	2021年11月第1版		
印　　次	2021年11月第1次印刷		
成品尺寸	170 mm×230 mm		
印　　张	14.25		
字　　数	320千		
印　　数	1—1000		
定　　价	56.00元		

发现印装质量问题，请致电0633—8221365，由印刷厂负责调换。

序

做教育的心灵歌者

《礼记·学记》有言:"善歌者,使人继其声;善教者,使人继其志。"读罢侯蕾老师和她的团队编写的《中职学校"双元耦合"班级建设模式的探索与实践》一书,心中不由暗自赞叹:她们在做教育的心灵歌者。

历经两年的研究实践,侯蕾老师和她的团队将她们近三十年中职班级建设的思考笔耕于书。读着这些从内心流淌出来的文字,脑海跃出袁振国教授满怀激情的一段话:"教育不是工艺,而是哲学,是艺术,是诗篇,是思想与思想的碰撞,是心灵与心灵的交流,是生命与生命的对话。教育需要我们用全部的生命和热情去拥抱。"

而这种热情正是践行当下职业教育的初心和使命最重要的素质。中共中央办公厅和国务院办公厅印发的《关于推动现代职业教育高质量发展的意见》指出,"职业教育是国民教育体系和人力资源开发的重要组成部分,肩负着培养多样化人才、传承技术技能、促进就业创业的重要职责。"因此,培养具备较强经济社会适应性的学生,努力让每个人都有人生出彩的机会成为我国现代职业教育的重要使命。而提升学生经济社会适应性,要求学生在掌握企业需求的较高技术技能的同时,具有良好的职业精神、工匠精神和劳模精神,具备良好的职业道德、职业素养和职业行为。在此背景之下,侯蕾老师和她的团队进行"双元耦合"班级建设模式的探索与实践,也就有了更为深刻而广泛的价值。在这一模式的积极建构中,作为中职学校培养学生全面发展的重要平台的班集体,其鲜明的教育功能和价值愈发凸显。

"双元耦合"班级建设模式重新调整了班级建设的功能、目标,将职业生涯规划教育融入班级建设中,发挥班级作为学生生活直接"微社会"体系的作用,通过构建职业仿真的班级组织、班级文化、班级活动、班级心理和班级评价体系,培育学生职业素养和职业生涯规划能力,实现班级和学生双元和谐发展。该模式从理论和实践两方面丰富了中职德育的内涵,彰显了班级建设的独特视角,为中职学校班级建设提供了有力的参考和借鉴。

教育家顾明远曾说："社会职业有一条铁的规律，即只有专业化才有社会地位，才能受到社会的尊重。"教师的专业化发展必须在教育研究与实践中才能实现，随着时代的发展，教师职能的深刻变化，缺少研究的教育已经不能满足未来的要求；同样，离开实践的研究也无法回应时代的挑战。如果从每个学生的成长出发，那么，教师的工作就总是在实现着文化的融合、精神的建构，永远充满着研究和创造的性质，一如侯蕾老师和她的团队进行"双元耦合"班级建设模式的探索与实践。

青少年是祖国的未来和希望，而老师就是点亮民族希望的灯塔，处在人生"拔节孕穗期"的青少年最需要精心引导和栽培。从这个意义上说"双元耦合"班级建设模式无疑是通过班级建设落实立德树人、铸魂育人要求的"路线图"，为广大中职班主任实现"精准滴灌"提供了一份极有价值的实践样本。

习近平总书记说："一个人遇到好老师是人生的幸运，一个学校拥有好老师是学校的光荣，一个民族源源不断涌现出一批又一批好老师则是民族的希望。"《中职学校"双元耦合"班级建设模式的探索与实践》一书，让我看到了那些行走在新时代中职德育最前线的、努力成就学生出彩人生的躬耕身影，深深体会到他们做教育的心灵歌者的职业幸福。

致敬中职教育的心灵歌者，致敬为学生终身职业素质发展奠基的人生导师！

山东省教育科学研究院职教研究所副所长
全国职教学会德育工作委员会常务理事　郭志杰

2021 年 12 月

目 录

第一章 中职学校"双元耦合"班级建设模式研究的理论基础 …………… 1
  第一节 "双元耦合"班级建设模式研究的社会背景 ………………… 1
  第二节 "双元耦合"班级建设模式研究的理论依据 ………………… 5
  第三节 班级管理模式的沿革与创新 …………………………………… 10
  第四节 "双元耦合"班级建设模式的研究意义 ……………………… 14

第二章 中职学校"双元耦合"班级建设模式实践研究概述 …………… 18
  第一节 "双元耦合"班级建设模式的实践基础 ……………………… 18
  第二节 "双元耦合"班级建设模式建构下的班级特点 ……………… 23
  第三节 "双元耦合"班级建设模式的内涵与建构 …………………… 27
  第四节 "双元耦合"班级建设方案示例 ……………………………… 34

第三章 中职学校"双元耦合"班级建设模式之管理育人体系建设 …… 55
  第一节 时代呼唤创新班级管理 ………………………………………… 55
  第二节 角色模拟班级管理模式的建构 ………………………………… 58
  第三节 角色模拟班级管理模式的实施 ………………………………… 64
  第四节 角色模拟班级管理示例 ………………………………………… 76

第四章 中职学校"双元耦合"班级建设模式之班级文化育人体系建设 …… 83
  第一节 "三维一体"班级文化育人体系的价值溯源 ………………… 83
  第二节 "三维一体"班级文化育人体系的建构与内涵 ……………… 87
  第三节 "三维一体"班级文化育人体系的实施原则与策略 ………… 94
  第四节 "三维一体"班级文化育人体系建设示例 …………………… 100

第五章　中职学校"双元耦合"班级建设模式之班级活动育人体系建设 ⋯ 108
第一节　"四翼联动"班级活动育人体系的重构 ⋯ 108
第二节　"四翼联动"班级活动育人体系的作用 ⋯ 113
第三节　"四翼联动"班级活动育人体系的实施 ⋯ 118
第四节　"四翼联动"班级活动育人体系建设示例 ⋯ 124

第六章　中职学校"双元耦合"班级建设模式之班级心理育人体系建设 ⋯ 131
第一节　"双轨并进"班级心理育人体系建设的必要性 ⋯ 131
第二节　"双轨并进"班级心理育人体系的内涵 ⋯ 137
第三节　"双轨并进"班级心理育人体系的实施 ⋯ 143
第四节　"双轨并进"班级心理育人体系建设示例 ⋯ 156

第七章　中职学校"双元耦合"班级建设模式之班级和学生"双层多元"综合评价体系建设 ⋯ 163
第一节　新型班级综合评价体系提出的背景 ⋯ 163
第二节　"双层多元"综合评价体系的建构 ⋯ 166
第三节　"双层多元"综合评价体系的实施 ⋯ 169
第四节　"双层多元"综合评价体系建设示例 ⋯ 176

附录　"双元耦合"班级建设模式个案 ⋯ 186

参考文献 ⋯ 219

后记 ⋯ 220

第一章　中职学校"双元耦合"班级建设模式研究的理论基础

第一节　"双元耦合"班级建设模式研究的社会背景

《国家职业教育改革实施方案》对职业教育提出了全方位的改革设想,职业教育的地位和作用在教育改革创新和经济社会发展中得到了进一步突出,同时充分彰显了国家对职业教育的高度重视,职业教育的改革势在必行。这给了我们明确而深刻的启示,没有职业教育现代化就没有教育现代化。方案的颁布为职业教育发展和创新提供了广阔空间与肥沃土壤,为全面发展职业技术教育并凸显其优势、整体提升国民技术技能素养指明了新方向,注入了新理念。方案颁布实施以来,职业技术教育整体布局已经基本完成,服务能力显著加强,培养质量明显提升,职业技术教育面貌发生了格局性变化。

随着经济和社会的发展,我国着力构建现代化国民教育体系,对职业教育提出了新的要求。牢牢把握服务发展质量、促进就业办学方向成为适应变局的基点,"使无业者有业,使有业者乐且无疆"的职业教育思想得到进一步贯彻,职业教育的定位得到进一步落实,即面向人人的终身教育、面向市场的就业教育、面向能力的实践教育、面向社会的跨界教育,为促进经济社会发展和提高我国国际竞争力提供了优质人才资源支撑。

那么,中职学生职业生涯规划教育的重要性已日渐凸显,成为需要我们深度思考的问题。中等职业教育的培养目标需要进一步明确,即一以贯之地围绕就业导向、提升职业能力和职业素养、满足现代社会经济发展需求;中职教育的本质特征需要进一步强化,即全方位给予学生职业发展指导的"职业化"教育。因此,实施以就业创业教育为主线、实现生存教育为核心的职业生涯规划教育势在必行,遵循"了解自我—明确专业选择岗位—做好规划"的路径,引领并培育学生形成良好的职业素养,成为掌握一技之长的高素质劳动者。

综上所述,在遵循成长规律的前提下,培养中职学生具备良好的职业素养成为其自身职业成长的需要,所以如何有的放矢地将职业生涯规划教育与德育教育、班级教育有机融合、相互渗透这一创新课题已经摆在我们面前,成为中等职业学校德育教育任务的新要求。

一、新时代加快发展现代职业教育的必然要求

职业教育现代化是发展现代职业教育的重要特征,其内涵构成可概括为三个"新"元素。第一,不断开辟的新产业、新行业、新专业为职业教育注入了新活力;第二,构建上下衔接、普职贯通的完整体系为职业教育形成了新体系;第三,大力推广运用现代化的教学技术与设备为职业教育提供了新技术。上述内容虽明确阐述了职业教育现代化的范畴与特征,但究其根本,其核心要素无疑还是"人"的现代化。所以,中职教育的改革重任是满足新时代社会经济发展的需求,培养适应现代社会经济发展需要的技能型人才,同时成就每一位学生有价值的人生。

创新教育理念,拓宽培养路径,丰富教育方法,已经成为职业教育改革之必须,以培养学生终身职业素质为基础,将职业教育中"人"的因素置于首位,把培养技能型人才作为最终培养目标,唯有此才能真正实现学生的全面发展。联合国教科文组织最新发布的报告指出,教育不仅关系到获取技能,还涉及尊重生命和人格尊严的价值观。所以,"人"的全面持久发展才是职业教育的终极目标。中国职业教育和职业培训协会秘书长毕结礼建议,应该重视职业生涯教育与现阶段就业问题的衔接,建立职业生涯教育理论的长效机制。教育部学生司王辉处长提出,教育专家、一线老师和社会机构能继续关注和研究这一话题,从而建立本土化的职业生涯教育体系。

面对教育内涵、形态的变革与转型,当前与未来的社会变化,中职教育面临诸多新挑战、新机遇,深化生存教育内涵,帮助学生树立终身职业生涯发展的理念的同时,为其实现自我价值搭建平台,是当前职业教育大发展的正确方向和有力举措,是全面实施职业生涯规划教育的有效载体,有着重要的意义与价值,可以此引领并开拓中国职业教育发展的新局面。

目前,中职学校招生人数不断扩大,体制、机制不断完善,教育、教学日臻成熟,全面开展职业生涯规划教育,培养中职学生的职业意识、职业道德、职业能力、职业理想、职业价值观,便成为学生个体自主发展,甚至就业、择业之必须。

二、赋能学校德育教育创新的有力保障

"培养什么人,怎样培养人,为谁培养人"是我们全面贯彻党的教育方针,坚持不懈地贯彻习近平新时代中国特色社会主义思想铸魂育人的根本问题。

《中等职业学校德育大纲(2014年修订)》明确了六个方面的德育内容,理想信念教育、中国精神教育、道德品行教育、法治知识教育、职业生涯教育、心理健康教育。其中,职业生涯教育包含三个方面的内容,即职业精神教育、就业创业准备教育、终身学习和职业生涯可持续发展教育;在德育实施途径中对职业指导做了如下阐述:学校要在职业指导工作中全面渗透德育内容,加强职业意识、职业理想、职业道德和创业教育,引导学生树立正确的择业观,养成良好的职业道德行为,提高就业创业能力。《关于加快发展现代职业教育的决定》中强调要着重培养高素质的劳动者、技能型人才,尤其要提高劳动者的就业力。这些都与《中国教育现代化2035》中的"职业教育服务能力显著提升"遥相呼应。近几年,国家开始大力推进职业生涯规划教育,为职业教育改革和创新发展带来了新机遇、新挑战。职业教育的发展在一定程度上体现了现代人的职业规划已经逐步成熟,职业规划的重要性已经得到人们的普遍重视。

作为中职学校教育体系中的基石,德育教育不可替代,德育教育创新不容忽视,因为德育教育的成败直接决定了学生是否健康成长,决定了学校的发展方向。传统的德育教育已不适应新形势的需要,创新德育教育,应以社会需求为导向,以教育实效为根本,以学生终身职业素质发展为目标,以培养职业素养、职业精神为核心,通过满足社会需要和市场需求,以实现自我发展的自身价值和社会价值。所以,中职学校的德育教育作为学生教育的有效载体,应与时俱进,紧紧围绕学生就业和市场需求拓展、深化,坚持守正和创新相统一的原则,不断增强德育教育的开放性、针对性和体系性,在培养过程中纳入职业意识、职业习惯、职业理想、职业道德等内容,在培养目标中纳入就业观、择业观、创业观等元素,以全方位适应新时代职业教育改革创新的要求。

当前,社会和企业对职业人才都有很高要求,要求从业人员具备过硬的专业技能,多元并进的综合素质,长久的职业规划,以学习力为核心的可持续发展能力,等等。而职业生涯规划教育已然成为新时期德育工作的重要组成部分。我们可以这样理解,实施职业生涯规划教育,可以有效补充德育教育的内容体系,可以适度延展德育教育的空间思维,可以大大丰富德育教育的工作方法,助力德育教育实现培养目标最优化、教育实效最大化。因此,中职学校德育教育纳入职业生涯规划教育,将职业生涯规划教育与班级管理结合起来,创新构建以职业生涯规划为载体的全面育人体系,必将深化德育教育内涵,创新德育教育形式,无疑对德育效果的提升具有深远的意义。

三、学生职业生涯发展指导的核心载体

随着社会经济的深入发展和用人单位的全面需求，职业种类、职业形式、职业要求都呈现出新发展、新特点和新要求，中职生在走出校门、踏入社会的同时，也面临着多元化、多层面、多需求的选择。因此，中等职业教育必须适应此变化，关注人才培养的可持续发展，对中职学生进行有效职业生涯辅导的长效机制亟须建立。秉承"做人为先，做事为要"的理念，指导学生制定个人未来职业生涯发展规划，从帮助学生建立职业认知、职业兴趣、职业成长路径入手，最终实现职业生涯规划和人生目标。

目前，中职学生就业的稳定性、一致性、持久性是中职学校遇到的棘手问题，学生自我定位不准、学习动力不大、职业了解不够、社会认知不足，直接导致了专业选择、就业定位和未来发展的盲目性。究其原因有很多，但缺乏职业生涯规划应该是其主要原因。中职学校将职业生涯规划教育纳入德育教育体系，是实现培养全面发展的人的目标之必须。职业规划教育的实施，应当从学生实际出发，针对不同年级、不同阶段，将不同教育元素，如职业选择、能力提升、就业准备、职业适应等与学生未来职业发展密切关联的元素作为重要内容，依据其自我规划路径，进行知识储备。所以，中职学校职业规划教育是以学校为主导的有目的导向、有计划组织、有方法指导的教育活动，是以学生为主体的有自主参与、有系统规划、有动态发展的教育活动，是为学生毕业后尽快适应岗位需求和社会发展的有效储备。

面对就业方式的多样化和价值观念的多元化，我们要关注学生的生命质量，关爱每个个体生命的成长，为学生终身职业素质发展奠基，尽早对学生进行职业规划教育。

职业生涯规划教育应以学生个性需求为基础，以职业模拟为载体，以就业指导为导向。合理制定职业规划，在中职学生自主发展过程中可以起到导向、自律和激励作用，是提高中职学生职业素养、促进生涯发展及人生成功的有效手段，更是促进德育教育取得实效的途径。

四、班级教育功能全面彰显的崭新视域

班级是中职生在学校接受教育的基本组织，班级教育是中职学生的基本教育形式。良好的班级教育会生成积极进取、健康发展、凝心聚力的班级氛围，为学生的自主成长铺就一条健康之路。传统的班级管理模式带有一定的普遍性和强迫性，管理和被管理者之间的互动、交流或多或少地带有些许控制色彩，而

将班级建设与职业生涯规划指导有机结合起来,构建以职业生涯规划为指导的班级建设新模式,可以关注到每一个学生的个性、特长,以科学的方法进行有的放矢地管理,遵从学生的自主性和目标感,让学生明确职业方向和发展目标,并通过不断努力完善自身需求和个人发展,从而达成班级教育功能的自主性、开放性和规划性,实现学生个体和班级发展共赢之目的。

因此,将职业生涯规划元素融入班级管理,形式上是一种创新,一种突破,它将学生的专业发展与心理发展有机融合为一个载体,学生在职业生涯规划理念的引领和教育下,可以迅速明确自己的发展方向,了解社会和岗位的需求,分析自身的优势和潜力,精准地学习专业知识,形成一个职业发展储备的闭环。

当前,特色班级建设已经成为国内外学校积极实践和探索人才培养的新模式,构建以职业生涯规划为载体的中职班级管理模式,不但适应了这种创新要求,更为创新模式的探索提供了具体做法。这种班级管理模式的诞生,承袭了传统管理模式的优点和经验做法,植入了可以帮助学生进行自我认知和职业认知的理念,在班级常规管理的过程中渗透学生做人意识和自我规划意识的培育,通过循环教育充分发挥价值观的引领作用,延展了班级教育功能的内涵的同时,完善了班级制度建设,创新了班级文化建设,是真正凸显中职德育教育做人和做事两大特色的有效方法。

第二节 "双元耦合"班级建设模式研究的理论依据

一、职业生涯规划的基础理论

职业生涯规划(Career Planning)简称生涯规划,又叫职业生涯设计,是指个人与组织相结合,在对一个人职业生涯的主客观条件进行测定、分析、总结的基础上,对自己的兴趣、爱好、能力、特点进行综合分析与权衡,结合时代特点,根据自己的职业倾向,确定其最佳的职业奋斗目标,并为实现这一目标做出行之有效的安排。

职业规划是以1908年美国波士顿大学佛兰克·帕森斯教授创立的世界第一个职业指导机构——波士顿职业咨询所为开端的。之后,职业规划(职业指导)的创立者佛兰克·帕森斯等人于1909年出版了职业指导专著《选择一个职业》，系统地论述了有关职业咨询的理论与实践方法，提出帮助人们正确选择职业的三因素理论，并且第一次在世界范围内运用"职业指导"这一专业术语。此后，在佛兰克·帕森斯先生的理论与实践影响下，职业指导开始在美国各地传播开来。时至今日，这门拥有百余年发展历史的学问正以"生涯教育与职业规划"的崭新姿态愈发广泛地传播与应用。

职业生涯规划的理论发展至今，已从开始的分离状态逐渐走向融合。各种职业理论流派众多，但起到重要理论支撑作用的，在实际生活中被运用比较广泛的有这样几个重要理论观点，这些观点经历过时间的考验，在实践的发展中对我们的工作产生着潜移默化的影响。

1. 舒伯生涯发展理论

舒伯生涯发展理论，是职业辅导向生涯辅导转变的标志。他指出了职业心理（Psychology of Occupation）和生涯心理学（Psychology of Career）之间的差异及如何相互融合的问题，阐述了特质因素理论的观点：人们由于兴趣和能力的差异而从事不同的职业。

其核心观点认为，人生的不同阶段应该具有不同的职业任务和要求。例如，中职阶段的学生做出的职业生涯选择只是一个"点"的决策，仅仅反映的是个体生命中一个阶段的职业行为。不同年龄阶段的生涯选择，都是一连串"点"的决策过程的积累，体现了不同年龄阶段的探索和思考，包括价值观和信念确立的过程。每一个人的职业生涯周期，其基础是整个生命周期，因为这个生命周期综合体现了生涯发展的时间、深度和广度。也就是说，个人生涯发展不再呈现为一个单一的平面推进的过程，而是集职业、心理、生活、认知、道德、学习、人文素养等多元素构成、多元化发展的潜力空间。

舒伯在 20 世纪 50 年代提出的生涯发展理论，为职业生涯规划的发展提供了开拓性的新观念和新理论。但由于受到那个时代学科发展的制约，舒伯并未提出更具体的发展建议。

2. 佛兰克·帕森斯的特质因素理论

对职业生涯规划理论的发展起到重要作用的还是佛兰克·帕森斯教授，在他 1909 年出版的《选择一个职业》一书中，第一次详实地阐述了职业选择的系统科学理论，也就是特质因素理论，也被称为"人岗匹配"理论。这个理论的重要性在于将人格的特质与职业的特质之间，运用已经成熟的职业心理测评工具，找到个人能力兴趣与职业岗位最佳的匹配关系，实现以上两种事实因素的"合理推敲"。

二、国外职业生涯规划教育概览

国外对职业规划教育的研究起步较早,成果较多,其中最有代表性的是美国,在20世纪初就已经开始了对职业选择与职业指导的研究,做了大量的理论研究和实证研究工作。西方发达国家的职业生涯规划教育贯穿幼儿园到成人整个教育过程,将传授知识与学生将来的工作方式和生存方式相结合,将职业生涯概念和职业选择准备融入各个阶段的学校教育中。其特点非常鲜明:启程早期化、过程全程化、指导专业性、机构专门化、人员职业化、方式个性化。

例如,美国1989年制定并发布了《国家职业发展指导方针》,提倡职业生涯教育从六岁开始实行。他们把所有的人群分为四类,第一类是小学,职业生涯教育的重点是培养学生的职业意识;第二类是初中,职业生涯教育的重点是培养学生的职业探索;第三类是高中,职业生涯教育的重点是职业信息的获得和使用;第四类是高中以后,职业生涯教育的重点是了解职业与社会的关系,不同的时间段有不同的职业生涯分工。通过不同阶段的教育培养,孩子们普遍对自己的兴趣、专长、特点、能力等方面有了较为全面的"自我认知",他们开始关注职业信息,探索教育与职业的关系,职业与社会的关系,学习与工作的关系,从而在潜移默化间强化了职业规划的意识。

美国中等教育职业规划将"生计""生涯"的思想渗透在学校的教育目标与整个教育过程中,渗透在每一个学年。经历改革后,美国中等教育的组成由原来的"一般教育+职业教育+职业教育指导"变为"新一般教育+生计教育+生涯指导与咨询",从而确立了生涯教育在学校教育中的地位。

德国的职业规划与生涯教育有职业行政部门(联邦雇用厅)实施,根据宪法保障国民职业选择的自由,保障国民接受教育的权利,提供职业情报及职业选择机会,充分保障了这一工作的专业性。其职业规划与生涯教育的主要内容为:①职业价值观念方面的职业定向教育;②职业决定能力方面的职业咨询;③为实现目标而进行的职业教育训练机构的介绍服务。德国九年义务教育结束后,学生在全日制学校接受为期三年的职业技能训练教育(16~18岁),此期间是对职业规划与生涯教育的强化。同时,其中等教育有三大分支,牢固地确立了普通教育与职业教育的等价性质,此为德国学校职业规划与生涯教育的重要特点。

三、我国职业生涯规划教育的发展

我国职业规划与生涯教育的开展可以追溯到20世纪初的五四运动时期。

陶行知的"生活教育"理论和黄炎培的"生计教育"理念便是生涯规划教育的源头。1917年中华职业教育社创立并开始职业指导的实践工作。1919年,教育部通令中实施选科制或分科制,对学生教授"裨益生计的职业技能"。新中国成立后,职业指导工作受限于国家劳动制度,长期以来没有得到重视和推广,直到20世纪70年代末改革开放以后,才开始逐渐为社会重新认识。

20世纪80年代后期到90年代初期,我国开始对青年学生进行职业指导工作。我国对青年学生的职业规划与生涯教育模式,是以初级中学为基础,以普通高级中学和职业高级中学、职业培训为两翼实行。青年学生中学阶段的职业指导做好了,对促进青年毕业生的分流,提高学生的综合素质,对其将来就业、成才会产生显著作用。因此,我国目前的职业规划与生涯教育的重点主要放在中学阶段。

我国的职业规划与生涯教育经过一段时期的探索实践,取得了一些经验成果,较为典型的有"三项原则""五个结合"的经验。"三项原则":第一,全面看待青年学生,不唯成绩论,发挥长处,培养技能;第二,尊重个性,尊重学生选择与意愿;第三,尊重我国生涯教育实际,借鉴西方有益经验。"五个结合"就内容而言,第一,与思想教育相结合,帮助学生树立正确的职业观;第二,与各科教学结合,尤其是技能操作科目,激发兴趣培养技能;第三,与社会实践相结合,增进对社会的了解,强化职业认知;第四,与家庭工作相结合,增进家长对职业规划与生涯教育的认知,获得家庭支持;第五,与学生毕业指导和就业指导相结合。

总体而言,我国职业规划与生涯教育经过探索实践取得了有益的经验成果,这一点是值得认可肯定的。与此同时,我们也应清晰地认识到我国职业规划与生涯教育事业的不足之处,如职业规划与生涯教育方面的国家制度、法律,教育机构方面的体制、师资、评价体系等都尚不健全,尚有很长的路要走。

四、国内外职业生涯教育的比较与启示

在佛兰克·帕森斯的理论与实践影响下,职业指导开始在美国各地传播开来。时至今日,这门拥有百余年发展历史的学问正以"生涯教育与职业规划"的崭新姿态愈发广泛地传播与应用。

19世纪末期到20世纪初期,恰逢美国经济迅速攀升、产业发展崛起的时期,需要大量熟练的劳动者,但与此同时学校教育并未确立职业教育的地位,一般毕业青年缺乏职业技能而造成人才资源的浪费。于是各地职业介绍与咨询机构纷纷出现,援助青年找到一份适合自己的工作。在当时,不仅仅是美国,包

括欧洲一些经济快速发展的国家均遇到了类似的问题，各自针对不熟练劳动者开展职业指导与训练活动。中国、日本的民主教育家也从不同角度开展了类似的事业教育和职业指导运动。该时期职业指导的特征，是以佛兰克·帕森斯为核心的职业斡旋活动为职业指导的主流。

20世纪70年代，美联邦教育局提出青年学生生涯教育的构想。生涯教育，也就是生计教育，旨在将普通教育与职业教育融为一体，使学生具备一般性知识素养的同时还能顺利进入职业社会。其本质意味着职业指导不仅仅对青年学生进行就业指导与服务，也是一种新的教育方式，侧重抓在校学生的社会实践学习活动。职业规划与生涯教育理论在"二战"之后获得较大发展。从20世纪之初的佛兰克·帕森斯"特性—因素理论"发展为20世纪70年代的舒伯"职业发展理论"，到目前依然是影响广泛的基础理论之一。近百年来，全世界中约有一半的国家与地区普及了职业指导，并于1951年在联合国教科文组织的援助下，成立了职业指导世界性组织——国际教育与职业指导国际协会（IAEVG）。相应地，一些国家与地区建立了区域性的学术组织，如亚洲的"亚洲区域职业指导研究会"。

如前所述，部分发达国家在职业生涯教育方面大都经历了百余年历史，而国内职业生涯规划教育由于起步较晚，发展时期较短，并未得到广泛的重视与推广，把职业生涯规划教育简单地等同于就业教育，所以完善的、科学的教育体系尚未建立，缺乏系统性和针对性。

综上所述，我们得到如下启示。

（1）提高系统性、整体性、科学性的生涯教育认识。职业生涯规划教育是一个系统性、持续性的动态过程，生涯教育应该针对小学、中学、大学等不同年龄阶段实施，渗透于德育教育活动始终，将职业生涯规划教育与学生的自主成长有机契合，真正实现其指导意义。

（2）鼓励学生积极参与生涯教育的实践活动。学校通过课程设置和活动设计普及职业知识和职业信息，帮助学生提前明确职业发展方向，学会有目的地构建自己的知识、能力、素养结构，培养学生的创新意识和创新能力，提高学生发现问题、分析问题、解决问题的能力，为将来职业生涯发展奠定良好的基础。

（3）加强早期科学化的指导。职业生涯教育应贯穿学生教育经历的始终，突出学生主体化、个性化的原则，适度前移教育内容，丰富教育方法和形式，根据不同年龄阶段特点，帮助和指导学生树立职业规划意识，提高职业信息获取能力，为日后职业选择奠定坚实的基础。

第三节 班级管理模式的沿革与创新

一、"班级"的溯源与诞生

班级授课即课堂教学,产生于近代资本主义兴起的时代,是把一定数量学生按年龄阶段与学习特征进行分组并编制成班组,每一个班组的学生固定,课程固定,授课时间固定,教师则根据已排好的课程表进行授课,每节课均有明确的教学目的和具体教学任务。这种教学制度把班组作为教学组织的基本单位,最早使用的是欧美的一些学校,随后捷克教育家夸美纽斯从理论上进行了论证并总结,班级授课制的理论得以系统化、制度化。后来,德国教育学家赫尔巴特和苏联教育家凯洛夫最终补充完善了这一理论。

1. "班"的理念

《论语·先进》记录了比较完备的"分班教学"课堂实录。孔子弟子三千,一生从教43年,14年周游列国,25年从政,用个别授课的办法根本完不成教学任务,所以《子路、曾皙、冉有、公西华侍坐》便给了我们答案——分班教学的课堂实录,将志趣相投、目标一致的数量不等的学生组合在一起讲解、讨论、提问、发言,无疑提高了教学效率。在后来的各类教学中,包括民间私塾、家庭教师都沿用了这种模式。这种分班教学模式的诞生,与之而来的就是班级管理的匹配,各个成员之间的分工合作、交流发言、互相监督便构成了班级管理的雏形,并由此诞生了班级管理理念的基础。

2. "级"的融入

1862年,北京京师同文馆首先采用班级授课制这一分级编班的方式教学组织形式,直至清政府颁布《奏定学堂章程》(1903年的"癸卯学制")后,在全国广泛推广。京师同文馆创立了"分级编班"的形式,将学生分为三个年级,并设"提调"对学生进行管理,这就像极了现在班主任管理班级的形式,凸显出了学生学习循序渐进的层递性、学业过程管理的监督性。所以,分级与分班的结合,为形成现在的班级制管理奠定了基础。

3. "班级"的诞生

1952年,教育部颁发《中小学暂行规程》,规定:中小学以班为教学单位,并设班主任,开启了班级管理的源头。

二、班级管理的理论基础

1. 马斯洛需要层次论

马斯洛需要层次论提出任何人都具有安全、生存、自我实现尊重归属和爱的心理需要。教育心理学也认为，立处在身体和心理发展阶段的中学生更渴望被尊重、被承认，需要更多的发展空间和行动自主权。所以，每一位学生的心理渴求与融入集体的愿望便成为班级管理的切入点，每一位学生的自主发展便成为班级管理不断优化和完善的调整杠杆，唯有此，集体的向心力和凝聚力才能为学生的主动性、积极性的发挥培育更加肥沃的土壤，才能增强每一位学生的归属感。

2. 主体教育论

主体教育论作为影响力极大的启蒙理论，真正践行了教育的价值和真谛，苏霍姆林斯基的理论中要求教育必须是自我教育，以落实学生的全面成长为基本目标，培养学生自我学习和自我教育的能力，实现自我思维的觉醒。只有考虑学生的情感需求和自主主导需要，才能使教育真正获得教育实效。

3. 人本管理理论

21世纪以来，人文化和理性主义逐步成为管理学理论持续发展的重要因素，人文观念和个体化培养观念将人类的情感、需求、愿望等融入理性规则中，使之成为培养学生并充分发挥人类主观能动性的重要理论辅助。

三、班级管理模式的分类

1. "有章可依"的制度管理

班级管理制度是"有章可依"的基础，是学生个体学习、生活、交流、活动和班级发展的有力保障，同时是学校规章制度的有效补充和落实，具有引领、管理和教育的功能。它可以让标准明确、行动统一、方向一致，可以使班级各项工作均能做到有规可依、有章可循，利于培养学生良好的行为习惯以及优良的班风。规范化、制度化的管理避免了班主任工作的随意性、主观性，而代之以规范性、统一性。在学生受教育的同时，可以潜移默化地树立规则意识，养成遵规守纪、认真负责的良好习惯。班级管理的各项规章制度要明确、具体，便于操作，同时应该得到所有学生的认可，具有较强的权威性和严肃性，一经建立，则要保持相对稳定和公平。

2. "心灵共鸣"的情感管理

"感人心者莫先乎情"，心灵沟通，情感共鸣，在班级管理中渗透情感教育，使学生动心动情,可谓是事半功倍的管理模式。可以这样说,规范化、制度化的管理模式主要作用于学生的认知和行为层面,而情感管理则更多地渗透到了学生的心理情感层面,相对于制度管理,情感管理更倾向于柔性管理的方法,呈现出隐形管理的特征。所以,班主任在进行情感教育的规程中,应更多地使用赏识激励的方法,适时的问候、及时的安慰、亲切的眼神,都是与学生情感交流的有效细节,是对学生很好的肯定与激励。

3. "舆论先导"的思想管理

思想管理是班级管理的传统模式,是实现班级有效管理的重要途径。没有正确的思想教育,就没有真正的科学管理。思想管理的核心是树立班级统一的舆论导向,从而形成全体成员正确的价值取向。唯有此,才能顺利地在班级管理工作的各个环节进行深入且细致的思想工作,并尽快达成共识,取得有效的教育效果,实现管理目标。

思想管理的实施不是空洞的说教,也不是单一的说理,教育契机、问题导向、方法策略构成了思想教育的三元素,教育过程中讲究方法,换位思考,方可形成共识。

四、班级管理模式的创新

20世纪初,陶行知先生提出"创新始于问题"的观点。有了问题才会思考,有了思考,才会有解决问题的方法。"行动"是中国教育的开始,"创造"是中国教育的完成。

所以,如何开展有效的班级管理工作,突破以往旧的班级管理体制,开创新的班级管理模式,是我们实践与思考的重要课题,同时也成为德育创新工作的探讨热点。学生的知、情、意、行主要是在班级这个集体中形成和发展起来的,班级管理作为学校教育工作的重要组成部分,直接影响着未来人才培养的质量。班级管理必须以教育为核心,以学生自主发展为目的,构建适应新时代、新形势、新要求的新型管理模式,由单一硬性管理向人文管理、综合管理过渡。

相对于传统的班级而言,独具特色的班级管理模式应该呈现以下三个特征:第一,班级具有开放性,班级的所有活动表现为与其他班级的同步参与、同期交流、同时竞争,且班级的每一位成员也存在着与班内、班外的所有成员相互交流、沟通和合作的关系。第二,班级具有灵活性,崭新的班级管理模式是以班主任为主导、学生为主体的学生自主管理模式,为学生提供自主成长的空间。第三,班级具有独立性,每一个班级都是一个独立运转、独立发展的时空个体,班级工作呈现系统性、完整性、自发性和循环性,从而确保了班级个性和特色的产生。

新时代素质教育要求我们要改变传统的教育观念,扭转管理定位,培养学生自主、自理、自治能力的同时,中职学校的学生更应该注重职业能力的培养,所以班级管理理念的转变与方法的创新势在必行。

1. 以人为本,目标引领,培养学生的自主管理能力

教育家陶行知说:"最好的教育是教学生自己做自己的先生。"班主任必须将班级管理由制度管理转为人本管理,强调以生为本,在班级管理中构建学生自我管理体制,管理活动契合学生需要,管理目标有较强的激励性、可行性。目标引领的过程,是学生自我教育、自我激励的过程,是培养学生规则意识、责任意识和集体荣誉感的过程,实现增强学生自主意识,发挥学生主体地位,提升班级管理效度的目标。培养学生的自主管理能力是一种行之有效的、科学的班级管理方法。探索班级自我管理模式并在实践中不断完善,有利于提高学生的积极性、主动性和创造性,同时实现优化学生的成长环境和促进优秀班集体形成的双赢。学生自我管理能力的不断提升和班级整体素质的日臻提高应该是班级管理机制成熟的重要标志,只有这样才能真正实现教育现代化的教育宗旨。

2. 关注习惯,文化引领,培育核心价值观

在创新班级管理模式时,我们不能忽略班级文化建设。班级文化是班级共同的精神、价值观和行为准则的总和。班级文化建设是对班级文化的总体设计,可以由班级目标、班级格言、班级口号、班级日志等部分组成,让学生铭记于心。在时刻影响学生的同时,还可以带动学生成长,并形成文化认同,从而助力班级建设目标的实现,促进班集体的高效建设。核心价值观是班级全体学生的精神行为风向标,它引领学生的价值追求和精神成长,应当为班级全体成员所认可和自觉实践。培养学生良好的行为习惯是班级管理的重要任务,是学生行为文化的有效载体,抓细节、抓常规、抓典型,让规则内化于心、外化于行,以规矩建习惯,以活动育文化,让学生在文化浸润中健康成长。

3. 尊重个性,职业引领,为学生终身发展服务

新时代班级管理的改善和创新,应以学生为主体,重视学生个性的发展,尊重学生的个人情感,提高班级管理的柔性,让每个学生具备自我规划和自我管理的能力。

我们所面对的时代是一个知识化的时代,我们所生活的社会是一个学习化的社会。教育的重心由原来的文化传承,转向了自主学习能力和习惯的培养,以及自由人格的形成。

生活教育主张"社会即学校",深入了解社会需求可以使学校教育有的放

矢，充分运用社会力量办学可以使学校教育充满活力，学校与社会有机融合便可以使我们的教育事半功倍，使我们的学生人尽其才，在生活、工作中尽快适应角色转换，主动为之，主动创造。学校生活是社会生活的起点，远处着眼，近处着手，这就向我们教育工作者提出了关注社会需求、培养学生职业认知的要求。

班级管理的创新，既有章可循，又不能墨守成规，遵循班级管理规律，不断探索和创新，才能"随心所欲而不逾矩"，才能在班级管理的领域中游刃有余。

第四节 "双元耦合"班级建设模式的研究意义

一、概念创新引领的知行合一

"知行合一"是心学集大成者王守仁首次提出的，强调的是不仅要认识，尤其应当实践。"知与行"的关系可以这样概括：知是行的主意，行是知的工夫；知是行之始，行是知之成。我们用知行合一的理念来构建并实践新型班级建设模式，实现班级管理与职业生涯规划教育的高效统一、深度融合，实现学生发展和班级发展的同步吻合。

现今，我国中职学校职业生涯规划教育所采用的仍是传统的片段式的教育模式，在教育的过程中，学生的主观能动性没有得到很好的突出，所以往往达不到预想的教育效果。我国职业生涯规划教育的发展还处于起步初期，目前并没有形成较为完善的教育体系，导致职业生涯规划教育迟迟不能得到大范围的普及。我们在借鉴已有经验的基础上不断进行创新探索，寻求符合中职教育特点的职业生涯规划教育模式，进而发挥出职业生涯规划指导和就业指导的真正作用。同时，我们还构建出一个创新的模式和完善的体系，从而形成全程化的职业生涯规划教育体系。

因此，我们在"三全育人"的教育理念指导下，尝试将职业生涯规划教育与班级建设从源头上进行有机融合，围绕学生职业成长发展的需要，从理念、方法和形式三方面，形成班级建设落实生涯规划的总体思路，既突出了班级建设传统意义上的功能，同时也赋予了班级建设"职业"特点，实现了两者的有效、高度融合，构建了基于职业生涯规划教育的"双元耦合"班级建设模式。

二、内涵融合契点的深度思考

所谓"融合"是指个体和个体之间、不同群体之间或不同文化之间互相配合、互相适应的过程。"双元耦合"是两种教育元素内涵式融合,通过相互配合、相互作用、互为补充实现教育效果的共触,达到"你中有我,我中有你"的状态。

"双元耦合"班级建设模式即区别于常规模式而具有创新色彩和独特风格的班级建设模式,以新视角切入,以新路径实践,将职业生涯规划教育融入班级建设中,构建"双元耦合"的三维组合:将职业生涯规划教育全过程与班级建设全方位的高度融合,学生个人发展目标与班级发展目标共同实现的同步契合,学生自我教育能力与职业发展能力连合提升的同频相合。它立足学生认知自我、认知职业、认知环境,重新调整班级建设的功能、目标,发挥班级作为学生生活直接"微社会"体系的作用,通过构建职业仿真的班级组织、班级文化、班级活动、班级心理和班级评价体系,培育学生职业素养和职业生涯规划能力,促进学生职业目标小步趋成、阶梯进步,实现班级和学生的双元发展。

"内涵融合"显现以下三个特点。

(1)融合主体的自主性。苏霍姆林斯基说过,没有自我教育就没有真正的教育。可见,教育过程中学生的主体性是实现内涵融合的根本表现,学生的自主发展是实现内涵融合终极目标,学生的自我教育是实现内涵融合的有效途径。

(2)融合内容的深层性。融合的目的是实现教育增值,融合改变了范式,融合创新了模式的同时,也深化了教育内容的层次性、延展性、全面性,改变了单一的班级教育功能,将班级作为实施教育的综合平台,从而促进各项教育内容的变革,提升各项教育功能的实效。"双元耦合"模式的诞生,将单一的班级管理模式向着完善体系转化,通过横纵交互,实现教育元素之间的融合,从而实现班级管理模式的创新。

(3)融合过程的共享性。在原有的教育体系中选取的两个不同元素,经过筛选、嫁接而整合为一体,形成一种新的班级建设体系,在整合的过程中实现了教育资源的共享。

三、个体集体发展的纵横体系

1970年法国的保尔·朗格朗在《终身教育引论》一书中提出了"终身"教育的概念。1972年,联合国教科文组织国际发展委员会在主席埃德加·富尔的领导下,完成了题为《学会生存》的报告,建议把"终身教育作为发达国家和发展中国家今后若干年内制定教育政策的主导思想"。终身教育相对传统教育而言是一个崭新的理念,它是传统教育的补充和延伸,是对传统教育的管理理念、管理体制、管理方法的挑战,因为它开始关注每一个学生的生命价值、生存意义的教育,随之而来的是教育观点和教育方法的改变,很好地体现了教育必须保持不断变革的发展特点。

终身教育将人的终身发展之理念植入了教育者和被教育者心中，最终实现了为学生终身发展奠基的培养目标。

我们认为，教育不但应该面向每一个学生，而且要面向每一个学生的终身发展，使每一个学生拥有不断努力进取的动力和实现自我价值的权利，应该是让所有与教育发生关系的人过上一种幸福完整的生活，享受教育的幸福。

"双元耦合"班级管理模式便是遵循这一理念诞生的，它为学生个体之发展确定了目标，并量身定制了三年发展阶段的具体任务；同时也生成了班级三年的发展目标和培养任务，形成了一根主线、三个结合、五个维度、六大问题的实施体系，实现了学生个人成长和班集体成长的双循环发展。

四、实效提升目标的螺旋发展

新时代的德育工作由传统的封闭式教育转变为适应现代社会的开放式教育。德育工作不能脱离学生的需求，不能背离时代的要求，要推陈出新。我校在德育工作的开展中，立足常规，突出重点，坚持全面育人，在深化管理模式上亮点频出。

1. 丰富了中职德育功能研究

《说文》中"德"的解释"外得于人，内得于已也"，即"德"之含义，就是要正直地处理与他人的关系，要加强内心修养，做到无愧于心。德育在人的发展和社会的发展中有重要的意义，是人的全面发展的重要组成部分。纵观德育的功能，可从狭义和广义两个角度界定。狭义的德育包括思想教育、政治教育、道德教育等培养学生品德的教育；而广义的德育，则是相对于智育和美育来划分的，除思想、政治、道德方面外，还包括法制、心理、劳动教育等等。我们认为，学校德育应当以"道德教育"为主线，德育教育过程是价值引导与价值形成相统一的过程，是教育外化与教育内化相兼容的过程，是接受教育与自我教育不断循环的过程，是促进学生在道德认知、情感价值和实践能力等方面不断自主建构和提升的教育活动。

树立正确的德育功能观对指导德育实施大有裨益：第一，有利于德育培养目标的明确，只有目标明确了，德育实践的具体任务和体系架构才能有的放矢；第二，有利于德育评价的生成，德育教育的实效需要社会来评价，社会评价反哺德育教育的健康发展；第三，有利于德育实践的实施，德育实践活动是与学生实际、社会需求紧密结合的。所以，只有树立正确的德育功能观，才能使德育工作者做该做且能做好的事情。

中职德育工作是一个复杂的系统工程,应体现全面性、主体性、人本性。需要我们不断加强研究,不断探索适合职业教育的德育工作新途径,以提高中职学校德育教育的整体水平,从而对中职学生的职业生涯起好导航作用,促进社会协调发展。

2. 增强了中职德育教育实效

教育对人的发展极具推动作用,尤其是对学生个体发展的关注空前提升。现代社会是一个开放和变革的社会,现代教育是为现代社会服务的,要适应社会变革,就必须在教育的目标、内容、结构、形式等方面实现革新。因此,改革成为现代教育历史发展中最常出现的概念。

中职学校德育工作亟须改革和创新,德育落实须有新举措,德育发展应有新思路,德育改革应有新突破。立体多维的班级管理模式是现代德育模式中的一种全新创设,立体多维化的自主德育体系需要全新构建。多维度途径、多维合力共管的德育模式,彰显了个性与开放的特点,凸显了教育的创造性、动态性、主体意识性,激励班主任和学生自我创新,增强自信、自主意识,获得人生开拓创新的精神与动力。

3. 延展了中职德育教育内涵

职业教育担负着的培养和教育高素质劳动者的社会责任,不仅仅培养学生的职业技能,职业道德教育也是非常重要的,它关系到我国劳动者职业素质的整体水平。中职学校的德育工作要结合专业特点,联系学生实际,凸显职业性。应该从职业观念、职业理想、职业态度、职业责任、职业情感及职业习惯等方面来体现德育内容的职业性。职业观念、职业理想的培植,要结合人生目标的实现;职业态度、职业责任的培养,要结合社会环境来进行;职业习惯、职业情感的培养,要结合自身的情感需求和规章制度的要求来培养。

"双元耦合"班级建设模式克服了传统德育内容的单一、脱节、重复性,融入了职业规划教育,充分关注了德育教育内容的职业性,做到了五个结合:将思想品质教育与职业道德教育相结合,行为养成教育和职业纪律教育相结合,心理健康教育和职业心理教育相结合,理想教育和职业理想相结合,集体主义精神教育和企业精神、文化教育相结合,呈现出了明显的层次性、渐进性、全程性,实现了双轨并进育人的效果。

第二章 中职学校"双元耦合"班级建设模式实践研究概述

第一节 "双元耦合"班级建设模式的实践基础

80多年前,中国职业教育的奠基人黄炎培先生提出,职业教育的内涵是"用教育方法,使人人依其个性,获得生活的供给和乐趣,同时尽其对群之义务",揭示了职业教育的本质。2013年,习近平总书记在对职业教育工作的重要批示中指出:"职业教育是国民教育体系和人力资源开发的重要组成部分,是广大青年打开通往成功成才大门的重要途径,肩负着培养多样化人才、传承技术技能、促进就业创业的重要职责。"[①]努力让每个人都有人生出彩的机会成为我国现代职业教育的重要使命。为此青岛华夏职业学校,一所承载着教育改革基因的首批国家级重点职业学校,自诞生之日起就围绕提高职业学校办学质量、提升职业教育办学吸引力凝心聚力、务实创新,走出了一条"深化改革、内涵发展、特色凸显"的职业教育创新发展之路。在这条路上学校遵循中国特色社会主义教育发展道路,坚守立德树人的根本任务,坚定类型教育的根本定位,坚持服务发展、促进就业的办学方向,以"尊重人、发展人、成就人"为华夏事业发展的根本出发点与落脚点,锤炼出"为学生终身职业素质发展奠基"的办学理念,秉持"精致·开放"的办学思路,坚持更新教育思想,坚持改革人才培养模式,坚持加强师资队伍建设,坚持建设现代职业教育体系,坚持构建现代学校制度,坚持营造优良校园文化,努力打造职业教育的"华夏品牌"。

锻造品牌的过程中,我们愈来愈深刻地认识到职业教育作为类型教育,所具有的面向人人的终身性、面向市场的就业性、面向能力的实践性、面向社会的跨界性,也正是基于此,如何提高人才培养的适用性成为贯穿职业教育发展的永恒主题。因此,作为"华夏品牌"建设的重要链条,学校的德育工作始终尊重学生的主体地位,以立德为根本、以树人为核心,围绕"身心俱健、德能双馨、学

---

① 2013年6月23至24日,全国职业教育工作会议。

业兼收、人职共生"这一育人目标,坚持问题导向、目标导向、过程导向、实效导向,潜心育人实践探索,不断为"华夏品牌"建设"提质""赋能",即培育一支队伍,建设一个体系,完善一套机制,提高学校德育的内涵质量,赋能学生之职业生命成长、学校之办学水平提升。

一、以提升教育品质为目的的德育队伍建设

队伍决定品质,基于对"建设一支具有良好的政治业务素质、结构合理、相对稳定的班主任队伍是教育改革和发展的根本大计"的深刻认知,培育一支政治强、情怀深、思维新、视野广、自律严、人格正的德育工作队伍成为学校德育工作的重点任务。2008 年学校制定了《班主任队伍建设指导方案》(以下简称《方案》),这是自 1994 年建校以来的第一个指导班主任队伍建设的独立文件,后依据《中等职业学校德育大纲》《关于加强和改进新时代中等职业学校德育工作的意见》等对《方案》进行了修订。《方案》对学校德育队伍专业化发展的意义、方向、标准、方法、途径、评价进行了全面界定,正式确立了"建机制、重教研、细督评、强培训、勤反思""五位一体"的培养模式,对学校德育队伍专业化发展的长效机制建设意义重大。其一,《方案》首次明确了学校德育队伍的专业化特质,即"角色多维、能力复合",要全面打造班主任的"四重身份",即成长引领者、职业指导师、心理辅导员、家庭教育指导师,规定每两年进行一次德育高级研修培训,并先后完成了国家职业指导师、国家心理咨询师、家庭教育指导师的专业学习。其二,《方案》制定了德育队伍专业化建设标准和考核办法,根据学校德育工作特点,分析指导学生职业生命成长所需的能力,调整了班主任能力域,确定了形成适宜的班级愿景和发展目标、人文化班级管理、构建班级文化、组织教育活动、优化班级心理、职业生涯规划指导、促进个体发展、发展性评价、指导家庭教育、形成协同育人合力等十种专业能力,修订了班主任工作职责,制定《班主任督评细则》,推行班主任督评考核管理制度,对班主任的专业道德、专业能力、专业效果等专业发展予以评价。其三,《方案》固化了德育队伍专业化发展的方法、途径。第一,科研领航,学校重视发挥科研的先导功能,倡导班主任"人人有课题,年度有成果",近几年先后立项国家、省、市德育课题八项,涵盖德育模式、三全育人、育人路径、班级建设等诸多方面,采用"基于问题任务驱动法",领航德育队伍新发展。第二,共同研讨,以"名班主任工作室"建设和开设班主任论坛"争鸣",形成学习共同体,开发校本培训教材《班级建设指导方略》,采用菜单管理,抱团发展的方式。第三,专业比武,结合全国、省、市班主任专业能力大赛,将专业竞赛制度化、系列化,目前已完成班级建设任务书、主题班会方案设

计、班级文化建设等十三期专业比武，从不同层面探索学生职业生命成长的内在规律，以赛代练，以赛促思，全面提升班主任复合能力。多年的躬耕实践，学校德育队伍专业化发展已见规模，拥有38位国家二级职业指导师，32位国家心理咨询师，20位生涯规划师，75位教师通过家庭教育指导师培训；3位教师在全国班主任能力大赛中获一、二等奖，现已完成4个市级以上课题研究，建设了3门市级德育精品课程，形成论文集、案例集等7部。"角色多维、能力复合"的德育队伍为学生职业生命成长提供了有力保障。

二、以锻造华夏特色为目标的德育工作体系建设

体系决定特色，在我们看来完善的德育体系是品牌德育的基础特征，也是彰显"华夏品牌"教育特色和现代化水平的显著标志。可以说德育体系的建设过程就是学校德育品牌形成的过程，更是为"人人皆可成才、人人尽展其才"创造条件，让每个学生都有人生出彩的机会。

2000年前后由于国家不包分配，高校毕业生择业优势丧失，又逢高校扩招，学校生源质量呈断崖式下滑，学生素质参差不齐、差异显著，很多学生因"失败者"的心态，其自信心、理想信念、社会认知、价值观、成才观等方面严重缺失，缺乏前进的动力，教育教学问题层出不穷，特别是与毕业分配结果相挂钩的积分考核管理办法几乎形同虚设，学校教育面临严峻挑战。为改变这种局面，2003年学校大胆实施了以"分层递进、人职共生"为特质的德育目标分层教育，拉开了德育体系建设的帷幕，学校德育体系建设"小荷才露尖尖角"；2008年伴随着对10余届毕业生问卷调查和访谈活动，发现自信的心态、负责的态度、成功的体验在毕业生，特别是优秀毕业生的职业成长中具有核心作用。苏霍姆林斯基的自我教育思想、"自我效能信念""自证现象""最近教育发展区"和"行为循环论"原理，都证明了"自信、负责、成功"三元素在学生成长与发展中的重要作用。"自信、负责、成功"自主德育模式建设全面启动，学校德育体系建设"独具规模"；2015年学校实施学生人文素养提升工程，"自信、负责、成功"自主德育模式建设得以进一步完善，学校德育体系建设"渐入佳境"。"自信、负责、成功"自主德育模式以"为学生终身职业素质发展奠基"为价值核心，抓住"自信、负责、成功"三要素，锻造"我自豪我是华夏人"的自信心，激励自信，以信立志；培植"诚信做人、诚信做事"的负责态度，崇尚责任，以责修行；积淀"每天进步一点点"的成功体验，日积跬步，致善达远，使学生"自信地走进来，负责地学本事，成功地走出去"，实现个性化与社会化的统一。为此，学校探索形成"以德育队伍专业化建设为基础，以班级健康发展为保障，以德育目标分层次选择、达成为平台，

以文明修身教育为主要内容,以'三节两会'、社团活动和'寸草心'职教义工为主要实践形式"的自主德育体系。

这一实践凸显三大特点,一是尊重学生差异,将教育选择权交给学生。中职学校学生素质千差万别,他们的成长和发展应立足于尊重差异,"自信、负责、成功"自主德育模式恰恰以尊重差异为教育起点,以平等宽容的教育情怀衡量学生,并将选择权交给学生,我们都知道,教育的选择权不仅意味着学生可以主动选择适合自己的教育发展区,更重要的是选择的背后永远是责任。查尔斯·格罗说:责任不是别人给你强加的负担,而是你敢于挑战自己的积极选择。学生主动背起了成长的责任,成为教育舞台的主人。而且因为目标的渐进性,让学生跳一跳摘果子,在"每天进步一点点"的成功体验中积淀自信,在自我突破中塑造最好的自己。二是立足职业素养培养,强化习惯养成教育。习惯养成对于中职学校的学生意义重大,通过改变习惯,重塑学生的第二天性,从而塑造良好的人格,形成稳定的价值观,创造幸福完整的人生;且注重习惯养成更是夯实职业素养的必然方式。因此我们把德育目标分解成相对完整的习惯养成体系,帮助学生建立起一套意义正向、自动运转的系统,把抽象的职业素养培育变成具体可操的习惯养成,使学生享受着职业生命成长的幸福。三是以培养学生自主性为核心的德育模式建设实现"三变""三化",即转变单一型为多元型,实现德育模式的时代化;转变平面型为立体型,实现德育模式的综合化;转变封闭型为开放型,实现德育模式的社会化,积淀形成了"信责达远"这一青岛市中职德育品牌。

三、以形成育人合力为指向的德育工作机制建设

机制决定功能。《现代职业教育体系建设规划》(2014—2020年)向外界传达出一个极为明确的信息:职业教育要告别过去"单向发展""断头教育"的基本格局,迈向"互联共享""系统发展"的崭新图景。只有职业教育与外部其他行业、领域间实现互联互通互补、优势资源共享以及职业教育内部各教育元素之间有机整合、一体推进,才能形成职业教育的高质量发展格局。学校德育一体化推进成为必须,协同育人的长效机制建设成为家庭—学校—社会能否形成自适应系统的关键一环。2015年学校启动中国职教学会德育工作委员会、教育部职业技术教育中心研究所课题《"三全耦合"育人实践研究》,完善"三全育人"机制,形成协同育人合力。

所谓"三全"即全员、全过程、全方位,"三全耦合"育人是指全员育人、全过程育人、全方位育人相辅相成,形成以三位一体、多元融合、共治共育为特质的

育人实践体系。在这一过程中,"自信、负责、成功"自主德育模式为主体的全方位育人体系建设得以进一步完善,我们重点在以"德育一体化"建设为主体的全过程育人体系和以"多元携手,协同治理"为特质的全员育人体系建设上着力。"德育一体化"建设以"大德育"教育理念为引领,以"立德树人"为根本,以学科素养为核心,以全人发展为目标,以"知行合一"理念为逻辑起点,对学校德育课程体系、学科育德体系进行拓展、创新与重构,推行《全方位、立体化思政育人工作实施方案》《教学德育一体化实施方案》,开发青岛市优秀校本德育课程《青岛华夏职业学校主题教育指导教程》,将"育德"贯穿于教育教学全过程,打通学科教学与德育实践之间的育人壁垒,建设培育社会主义核心价值观长效机制,形成适宜校情、吻合学生成长、富有创新特色的"德育一体化"育人格局。全员育人体系建设中,一是实施家庭教育质量提升行动,依据习近平总书记"四个第一"的讲话和《全国家庭教育指导大纲(修订)》的精神,开发了青岛市精品家庭教育指导课程《中职校家庭教育指导教程》,建设符合中职教育的家庭教育指导体系;二是进行"华夏红"全员牵手导师制立体式育人实践,为每一名学生选配一位职业发展导师,指导学生完成自我认知、生涯认知及生涯规划,全方位引领学生的三年发展及未来预设,全员育人机制得到完善,形成职业生涯规划教育个性化指导体系;三是建设社会育人联盟,建设社区义工服务基地和学生专业实践基地,形成社、校互动融合育人体系。学校主导、家庭支持、社会参与的协同育人机制有效增强德育实效。

"三全耦合"育人实践加快了德育一体化育人的建设步伐,解决了学校德育片面化、散乱化、片段化等突出问题,将育人过程最大程度延伸,建立个性化指导机制,形成了多方联动、协同育人的长效机制,使各教育因素一体化推进,更好发挥育人效果,丰厚了学生职业生命成长底蕴。

在多年的德育创新实践中,我们都在围绕"培养社会主义建设者和接班人"这一根本目标做有价值、有实效的回答,努力实现"四个更":一是更优体系,形成按照类型教育特点办学的德育体系,为学生多元成才搭建更多成长平台;二是更加人文,促进个体全面可持续发展的人文关怀更加突出;三是更高质量,为"人人皆可成才、人人尽展其才"创造条件,提升学生的获得感、幸福感和荣誉感;四是更加开放,不断深化协同育人,为推动构建育人共同体做出新的贡献。这些都为班级建设模式研究提供了充分的条件保障。但学校德育工作的整体推进始终存在一个无法回避的现象,即同一工作不同班级呈现不同的成效。班级作为学校实施管理的基层组织,它承载着学生发展的平台作用,平台的质量直接影响工作的成效,所以启动班级建设模式研究成为必须。

第二节 "双元耦合"班级建设模式建构下的班级特点

党的十九届五中全会审议通过的《中共中央关于制定国民经济和社会发展第十四个五年规划和二〇三五年远景目标的建议》提出,要"加大人力资本投入,增强职业技术教育适应性"。培养出的学生具备较强的经济社会适应性,是增强职业技术教育适应性最根本的质量标志之一。对学校来说,就是要强化高质量办学,构建富有特色、符合职业教育规律的育人方式,把推动学生认知职业、认识社会,促进学生全面发展作为教育改革的重点,为学生实现更高质量就业和职业生涯更好发展夯实基础。提升学生经济社会适应性,要求学生在掌握企业需求的较高技术技能的同时,具有良好的职业精神、工匠精神和劳模精神,具备良好的职业道德、职业素养和职业行为。在此背景之下,学校进行"双元耦合"班级建设模式的探索与实践,也就有了更为深刻而广泛的价值。在这一模式的积极建构中,中职学校作为培养学生全面发展的重要手段的班级,愈发凸显了鲜明的教育功能和特点。

一、班级的教育功能

班级是学校进行教育教学和其他工作的基层单位,学校大部分教育教学活动都是以班级为单位展开和实施的,学校教育功能的发挥主要是在班级活动中实现的。班级授课制虽然历经100多年的变革,但仍然是现代学校教育制度的基础,它是德育科学化的重要表征,班级教育教学是现代最具代表性的一种教育形态。现代教育意义上的班级,已经不啻是一个规范化的教育、教学的组织,一种管理学生的基本手段,而是由几十个鲜活的学生相互联系而形成的有情感、有需求、有思想的文化心理共同体,并且不断成长着的特殊的学生主体。所以班级具有如下教育功能。

(一)促进学生社会化发展

"所谓社会化,是指个体从'生物人'逐渐成长为一个'社会人'的过程,亦即个体习得社会文化规范和适应社会环境,成为社会合格成员的过程。人的社会化包括道德的社会化、性别角色社会化、行为社会化、观念的社会化、能力的社会化、知识的社会化,等等。"教育社会学认为,班级是学生参与社会生活的微观社会体系,它对于学生而言,既是促进学生实现社会化的重要机构,也是实施教育教学活动的基层组织。主要表现在班级积极的价值导向和符合社会发展的目标要求,可引领学生理解和掌握集体观念和规范,学会处理人际关系,懂得做人的道理,习得扮演各种社会角色和行为的能力,为养成社会公民的基本品质奠定基础。同时班级内拥有的组织机构和制度规范还可帮助学生提高社会适应能力和自我教育能力,班级可以为学生参与社会实践活动提供条件和机会,为学生选择职业、扮演社会角色及发展相应能力奠定基础。

(二)促进学生心理健康发展

马斯洛的需求层次论告诉我们,人类需要的满足对于其动机的发展有着极为重要的促进作用,需要是人行为动力的源泉。人的需求有生理需要、安全、爱与归属感、尊重与自我实现需要的高低层次之分,但心理需要是人最基本的需求,个体心理只有在基本心理需要得以满足的前提下才可能健康发展。良好的班级具有很强的人际包容性和安全融洽的心理氛围,置身其中,学生的需要满足不断提高,发挥创造潜能追求自我实现的动机也就更加强烈,学生会在尊重他人、关心他人、帮助他人和承担班级责任中不断发现自身价值,并在自我价值的实现中强化良好的心理体验,这对学生的心理健康而言,无疑是一种最有效的保护。同时,班级积极的价值追求,可促进学生心理、行为的良性循环,使学生体验集体的精神力量,从而树立乐观的生活态度,明确生命的意义,形成自爱、自尊、自信、自强的心理品质。

(三)促进学生独特个性和职业性健康发展

学生独特个性和职业性的健康发展是中职教育的终极目的。所谓个性是指一个人独有的与其他个体区别开来的整体特性,是个人的相对稳定的精神面貌或心理面貌,它包括个体的情绪、思想、价值观、信念、感知、行为与态度等方面因素,它确定了个体如何审视自己以及周围的环境。这种自我意识的健康发展是人的个性发展的核心因素。从实际意义上说,个性发展过程最终应该实现人的个性化和社会化的和谐统一。首先,班级的自主管理引导学生承担角色责任,促进其情感、能力、行为等方面发生积极变化。其次,班级丰富的精神生活可促进学生发挥个性创造潜力,在丰富的班级生活中汲取养料,不断体验、拓展、提升自身发展能力。再者,恰当的班级评价,有利于学生积极客观的审视自我,形成较为恰当的自我意识,从而唤起学生积极追求自我价值的内驱力。对于中职学生而言,他们社会化的过程其实就是职业生命成长的过程。

实际上,良好的班级不仅对学生发展具有重要的教育价值,同时还可优化学校教育教学过程,提高德育实效,促进教师人格健康发展。

二、班级的特点

(一)具有社会主义核心价值观引领下的价值共识

苏霍姆林斯基说:我认为有一条特别重要的教育原则,就是使每个人从童年起,就在道德财富世界里以及在我们的思想意识、我们的祖国、我们的历史和人民的世界里充满精神的生活。他强调,把积极的价值观、道德准则和行为规范等赋予每一个社会个体是道德教育的核心任务。当代中国精神集中体现于社会主义核心价值观之中,它凝结着全中国人民共同的价值准则和价值追求。青少年正处在价值观形成和确立的时期,他们的价值取向会对未来整个社会的价值选择产生决定性影响,所以培育和践行社会主义核心价值观就是"双元耦合"班级精神追求的核心,也是它充满生命活力的表现。这直接映照在班级集体共同愿景和集体目标上,班级形成在全体成员达成共识基础上的、能激发全体成员发展动力的班级发展职业蓝图,以及把班级共同愿景转化为全体成员共同行动的具体指向和达成要求的集体目标,是学生个人发展目标与班级发展目标共同实现的同步契合。所谓价值共识是指在社会主义核心价值观引领下,形成班级规范的一种内在标准,也是班级集体目标和共同愿景的灵魂,既有共性,又最大限度地适宜于每一个学生的生命和职业发展需求及个性特征,有利于促进学生个体和集体协同发展。

(二)具有促进学生职业生命成长的自主管理机制

班级的自主管理是指班级中的学生个体,为实现班级的共同愿景和集体目标以及个人的发展目标,有效调动自身的能动性,规划和调控自己的行动。教育家陶行知说:"最好的教育是教学生自己做自己的先生。"具有自主管理的机制与能力,是一个班级集体主体性最重要的标志之一。作为基层的教育教学组织,中职班级要建立健全班级规范和管理,保障学生的职业发展;作为可以促进学生职业生命成长的文化共同体,班级需要形成富有职业特色的、由师生共同参与管理、利于学生自主发展的管理机制。教师在中职班级的建设中应以学生为主体,形成满足学生全面发展和职业生命成长需求的管理机制和管理方式,使每一个学生在班级这个"微社会"中,通过参与班级管理、承担角色责任,发挥自己的价值,让集体拥有自己去解决集体问题的机会,具有参与创造班级精神生活的权利,培养学生适应生活、适应职业、适应社会的能力,为职业发展积淀基础。班级的管理机制与方式不是一成不变的,而是随着学生职业发展需要和教育要求不断变革和创新的,最终形成学生自我教育能力与职业发展能力连合提升的同频相合。

(三)具有"互动涵泳"式的精神生活

班级的精神生活是在班级的各种集体活动与交往中产生的,目的是满足学生的精神需求,促进学生的精神成长。所谓"互动涵泳"是指人的思想品德是在活动和交往中潜移默化形成的,又通过活动和交往表现出来,也就是说品德的形成是以"互动涵泳"式活动和交往为基础。丰富而有智慧、充满人文性、教育性、职业性与社会性的集体活动和交往是有目的地形成思想道德品质的德育过程的基础。对于一个群体来说,精神生活是维系班级有序运作的纽带,是班级发展和学生职业生命成长的必要条件。苏霍姆林斯基在《全面发展个性的培养问题》中写道:"学校作为拥有高度教养和文化的基地,缺乏集体的多样的精神生活是不可思议的,个性缺乏丰富的精神生活也是不可思议的。"由此可见,班级的精神生活是班级文化的核心,它对于激发学生自主发展的内生动力,提高学生的认知水平,培植学生的职业属性,尤其是在培养学生的集体观念、公共道德、民主精神等社会精神方面具有独特价值,以致学生的世界观、人生观、价值观的形成,实现自身社会化准备都具有十分重要的作用。而且良好的班级精神文化环境,能产生高度的凝聚力、归属感,使生活其中的学生个体具有强烈的责任感和自豪感,他们会为班级贡献力量而感到愉悦和满足。

(四)具有和谐的人际关系和融洽的心理氛围

从人际关系建构的主体来看,班级人际关系包括班级学生个体之间、个体与集体之间、正式组织和非正式组织之间、学生与教师间以及班级与学校社会各方面的关系,等等。班级和谐的人际关系,是指学生个体间、学生群体和教师之间以及班级与学校社会各方面在班级生活中形成的可促进师生共同发展的关系。和谐丰富的人际关系是班级建设的一项极为重要的工作,是良好班级形成的重要标志,它可以成为一种促进班级自主发展的自觉自发的内在驱动力,对于推进班级建设、提高班级各类教育性活动实效、发展学生的健康个性、促进学生职业生命成长有着十分重要的作用。班级人际关系既是一种社会关系,融道德、规范、责任、价值于一体,又是集体成员之间情感、认识、态度、行为互动的心理关系的一种体现。通常和谐的人际关系往往通过集体融洽的心理氛围体现出来,影响和感染每一名班级成员。所以班级的人际关系具有潜移默化的教育心理影响作用和极为丰富的教育力量,是班级具有强大凝聚力、影响力、发展力的必要条件。班级和谐的人际关系,应建立在以人为本、互尊互爱、真诚交流、协作共生的基础上,成为学生最为重要的心理环境,它可以满足学生基本的心理需要,使每一名班级成员都能感受到来自集体成员间互相关爱、互相尊重、互相扶助的强大精神力量。

（五）具有职业教育专属的开放性特质

班级具有职业教育的开放性特质是中等职业教育作为类型教育的属性决定的。随着职业教育的纵深发展，学校办学模式向专业特色突出、社会企业共同参与的类型教育转变日益鲜明。2014年，习近平总书记对职业教育做出重要批示："职业教育是国民教育体系和人力资源开发的重要组成部分，是广大青年打开通往成功成才大门的重要途径，肩负着培养多样化人才、传承技术技能、促进就业创业的重要职责。"[①]肩负这样的育人使命，作为学生走向社会的"中介"——班级，其职业教育的开放属性覆盖了班级建设的全要素和全过程。从班级肩负的育人目标看，要对接国家经济社会发展的需要，《中等职业学校德育大纲（2014年修订）》规定我国中等职业学校德育目标是把学生培养成为爱党爱国、拥有梦想、遵纪守法、具有良好道德品质和文明行为习惯的社会主义合格公民，成为敬业爱岗、诚信友善，具有社会责任感、创新精神和实践能力的高素质劳动者和技术技能人才，成为中国特色社会主义事业合格建设者和可靠接班人。目标的通识性与职业性育人相辅相成。从班级建设过程看，对接学生的职业成长需求，将职业生涯教育融入班级建设全过程；从班级建设要素看，班级组织、班级文化、班级活动、班级心理和班级评价等各要素均高度体现了对接行业企业需要的高素质技术技能人才培育的职业仿真性；从班级建设的共同体看，需要行业企业、学校、学生、家长、社会等多元主体的共同发力，构成目标趋同一致、内容衔接统一、功能全面互补、配合密切协同的良好教育场。家庭教育要立足差异，准确定位，实践体验。将班级建到行业企业，发挥行业在人才需求预测、用人导向等方面的优势。要用好社会资源，更加深入开发社会资源推进职业教育发展和促进学生职业成长的功能。总之，职业教育作为类型教育的属性使班级呈现出独有的开放性。

第三节 "双元耦合"班级建设模式的内涵及建构

一、"双元耦合"班级建设模式的内涵

（一）班级建设模式

班级建设模式是以育人目标为导向，立足班级学生实际情况，选择适合班

---

① 2013年6月23至24日，全国职业教育工作会议。

级特点的建设策略,开展富有班本特点的教育性活动和生活,不断创新适合本班学生发展需要的个性化动态班级建设样式。它以班级中所有成员共同愿景为导向,以促进学生个体和谐发展为根本目标,对班级这一模拟社会组织中的各种资源进行计划、组织、协调、控制,从而达到构建学生的主体地位,实现班级生活促进班级和学生共同成长发展。

(二)"双元耦合"班级建设模式

"双元耦合"班级建设模式即区别于常规模式而具有创新色彩和独特风格的班级建设模式,它以实现班级和学生双元和谐发展为目标,以新视角切入,以新路径实践,将职业生涯规划教育融入班级建设中,构建"双元耦合"的三维组合:将职业生涯规划教育全过程与班级建设全方位的高度融合,学生个人发展目标与班级发展目标共同实现的同步契合,学生自我教育能力与职业发展能力连合提升的同频相合。

它立足学生认知自我、认知职业、认知环境,重新调整班级建设的功能、目标,发挥班级作为学生生活直接"微社会"体系的作用,通过构建职业仿真的班级组织、班级文化、班级活动、班级心理和班级评价体系,培育学生职业素养和职业生涯规划能力,促进学生职业目标小步趋成、阶梯进步,实现班级和学生双元和谐发展。

二、"双元耦合"班级建设模式的建构原则

所谓建构原则,是"双元耦合"班级建设模式探索与实践过程所遵循的原理和基本指导思想,从而为这一实践的科学性和有效性奠定坚实的理论基础。

(一)思想导向统一性原则

班级建设作为一种以一定的思想和方法论为指导的、有目的、有计划的教育实践活动,班级建设方向必然会因思想和方法论的不同而呈现出差异。在社会主义学校,班级建设要树立科学的管理观和管理方法,马克思主义哲学和毛泽东等老一辈无产阶级革命家的哲学思想以及习近平新时代中国特色社会主义思想必然成为班级建设的理论基础,将之贯穿班级建设的全过程。坚持马克思主义的思想导向统一性,是"双元耦合"班级建设模式的根本所在。

立德树人是教育的根本任务,教育要坚持德育为先,育人为本。习近平总书记指出,"培养什么人,是教育的首要问题"。我们的教育必须把培养社会主义建设者和接班人作为根本任务,培养一代又一代拥护中国共产党领导和我国社会主义制度、立志为中国特色社会主义奋斗终生的有用人才,这是我们国家

作为中国共产党领导的社会主义国家的国家性质决定的，这也决定了班级建设的根本目的。坚持育人目的的思想导向统一性，是"双元耦合"班级建设模式的核心所在。

班级建设的思想导向统一性还必须有建设的现代化方向。也就是以马克思主义、毛泽东思想以及习近平新时代中国特色社会主义思想为指导，运用辩证唯物主义的立场、观点和方法，揭示班级建设的客观规律，从我国经济社会发展实际出发，从学生的成长规律出发，从学生思想道德实际出发，从学生职业发展出发，探索新时期班级建设行之有效的模式和方法，逐步建立具有中国特色社会主义的中职班级建设模式。

（二）系统整体性原则

按照系统论的观点，系统是普遍存在的，它存在于世界上任何事物之中。系统论核心思想是系统整体性原理，一般系统论的创立者贝塔朗菲就曾用亚里士多德的名言"整体大于部分之和"来说明系统整体性的核心内涵。如果说学校是一个教育管理系统，那么班级就是隶属其中的一个子系统，也是由各个要素组成的整体。班级系统整体性的建设，首先取决于科学认知其构成要素并发挥各要素的作用；其次要在整体观念的指导下，把班级建设放到学校的教育体系中思考，放到整个经济社会对职业教育的用人需求中思考；再者还应探求班级系统建设各要素间的有机关系，形成最佳结构，以发挥其整体功能。具体建构过程中从如下三方面凸显班级系统的整体性：一是确立统一的德育目标，班级建设均以学校"身心俱健、德能双馨、学业兼收、人职共生"的育人目标为总领，系统分解为各年级的班级和学生发展的子目标，循序渐进、螺旋上升；二是科学认知中职班级系统的构成要素，即班级建设划分五个维度，分别是班级组织、班级文化、班级活动、班级心理、班级评价，并将职业生涯规划教育与班级建设的五个维度有机结合，形成各维度内部模块化的、特色化的有序构建；三是形成班级建设各维度间的有机关系，即以班级组织建设为基础，以班级文化建设为引领，以班级活动建设为载体，以班级心理建设为支撑，以班级评价为保障，形成利于学生职业成长的班级建设模式。

（三）知行统一性原则

知行统一性原则又称理论联系实际原则，辩证唯物主义的认识论认为社会实践是人们的思想品德形成的基础，所以，思想品德培育必须通过有意识的、系统的培养，在思想品德培育中必须把理论教育和实践锻炼结合起来，培养德智体美劳全面发展的社会主义建设者和接班人，就应该是培养知与行一致、理论和实践统一的有用人才。这一原则也反映了思想品德心理结构的要求，道德认识、道德情感、道德意志和道德行为构成品德心理结构的基本心理成分，道德认识是其他各要素形成发展的前提和依据，道德情感、道德意志是品德形成的内部条件，三者统一构成道德信念；道德品质的外在表现即为道德行为，当各心理要素得到相应的协调发展，思想品德即形成。于是，在德育过程中既要重视并联系实际系统的传授道德认知，又要强化实践，特别是在丰富的社会体系和职业体系中进行实践，有目的、有计划地进行思想道德行为的训练，培养学生运用知识与实际的能力，也就是要在人才培育中把提高思想认识与培养良好行为习惯统一于一体，使学生做到言行一致、表里如一。这一过程中，应该重点关注两个问题，一是要依据学生自身成长及职业发展的需要和实际安排道德教育；二是要正确认知学生的成长特点，准确把握学生道德认知和道德实践之间的不统一，甚至是矛盾，合理解决学生知而不行、行而不佳的问题。

（四）主体能动性原则

班级建设本就是人的活动，无论是建设的主体、建设的客体，还是建设的过程和各个环节，尊重人、理解人、激励人、发展人，充分发挥人的主体能动性，就应该是班级建设的重要内容。从班级建设的主体而言，建设的成效主要来自人与人、人与组织的科学组合，这就要求建设主体合理设定建设目标，并依据目标组织、运用各种德育力量，融合各种德育途径，促进学生社会化、职业化发展，同时考虑学生的个体差异，为他们创设个性化的发展平台，以调动学生的主动性和积极性。从班级建设的客体而言，学生有自己的思想和内在的发展需求，有自己理想的管理者形象，他们不是被动地接受管理者的教育指令，而是主动积极的执行者，他们能够根据自己的实际，独立选择实现思想道德指令的具体途径和方法。班级建设的主体和客体之间"具有同质性、相关性，两者是相互依存、相互作用的辩证关系"。所以，班级建设要重视建设主体和客体的主体能动性，尊重人的主体地位，最大限度开发人的潜能，实现人的自我教育、自我发展和自我完善。

（五）集体与个体并举性原则

"通过集体、在集体中和为了集体"的教育，是苏联教育家马卡连柯关于集体教育理论的核心思想，他认为集体既是教育的基础、对象、目的，也是教育的方法和手段，教育的对象始终是"一伙人"和"一个人"，培养一个好的集体，即"一伙人"，就会有效地教育影响"一伙人"中的每"一个人"。同时，马卡连柯提出"平行教育的原理"，也就是教师应合理运用"通过集体去教育、影响学生"和

"直接教育学生"两种平行协同的方式去有效地影响学生。据此,"双元耦合"班级建设中要突出做好如下工作:一是培养和建立良好的班集体,使其成为教育的主要力量。教育实践中,要运用科学的方式建设班集体,提高班级的整体素质,通过集体影响个体,从而达到促进每一个学生个体成长、发展的目的。二是要针对班级中每个学生的特点和发展需求,加强个别教育指导。一方面集体的价值共识、文化传统、情感态度、思维方式等,作用于学生个体的成长;另一方面,学生个体也以自己的价值观念、行为选择、个性情感等反作用于班级,所以应把对学生个体的教育指导置于班级建设的整体背景中考虑,使个体的正向发展成为班级建设的正能量。更何况班级教育的根本目的是成就每一位学生的出彩人生,这是班级建设的出发点和着眼点。三是要建设健康的班级舆论和优良传统,对每个学生施加影响。学校教育的本质目的是促进并形成学生的自我教育,但是学生的自我教育是建立在班级自我教育的基础之上的,培育健康的班级舆论和优良传统是形成班级自我教育的重要途径,也是涵养学生主体意识的有利土壤。

(六)实效性原则

效益原理是现代管理的重要原理之一,是指现代管理要讲究效益,追求实效,最大限度地发挥管理系统的作用,以最可能小的投入与能源消耗,去获得尽可能大的产出,创造尽可能大的价值,实现最佳的经济效益和社会效益。这一原理同样适用于"双元耦合"班级建设。班级建设的实效性要求我们以最经济的投入发挥最大的效能,实现最优的成效。"双元耦合"班级建设是一个由诸多要素组成的巨大系统,要素的选择与组合,方法与策略的运用等,都需要有一套综合性的选择标准,而这一标准无疑就是班级建设的实效性,也就是班级建设目标的实现程度。因此我们设定"双元耦合"班级建设模式的主要目标是建设形成具有职业仿真特色的班级组织、班级文化、班级活动、班级心理和班级评价育人体系,促进学生和班级双元发展,培育学生职业素养和职业生涯规划能力,促进学生职业目标小步趋成、阶梯进步,为学生职业成长奠基。从中不难看出,建设形成具有职业仿真特色的班级组织、班级文化、班级活动、班级心理和班级评价育人体系是"双元耦合"班级建设追求的最经济投入,学生和班级双元发展是这一建设求取的最大效能和最优成效,并在建设过程中务求实事求是,一切从实际出发,坚持目标与行为统一,内容与形式统一,动机与实施统一。

三、"双元耦合"班级建设模式的建构途径与策略

班级建设不是教师的简单教育，不是一蹴而就的，集体是在班级共同的教育活动和交往中形成与发展的，以合理的方法和策略提高班级建设的有效性和科学性。

（一）在班级组织体系建设中建构模式

班级的管理必须服从育人目标，以教育为核心，以学生自主发展为目的，构建适应新时代、新形势、新要求的新型管理模式。班级管理的基本任务一方面是帮助学生正确地认识和找到自己满意的职业角色位置，明确自己的社会责任，习得社会价值标准，积淀未来社会公民生活必备的职业素养，促进学生由"自然人"向"社会人"的顺利转轨；另一方面，班级管理还必须促进学生自身的发展，充分发挥其主体能动性，实现学生的个性化发展。班级组织管理体系建设是班级其他要素建设的基础，包括组织机构设置、组织管理制度和组织运作方式。角色结构，是班级学生在班级生活中承担的所有角色关系的总和。对于班级建设而言，往往通过班级组织管理体系和角色结构的设定来确定班级及其成员在班级生活中的权利、责任和行事方式，从而深刻地影响着班级及每个成员的情感态度和行为选择。班级组织管理体系的建设要具有发展性，要随着班级及其成员发展加以变革和调整，以提高班级管理的参与度和管理效能，随着班级的自主发展不断拓展班级成员的权利和责任，激活其发展的内生动力，促进学生更好地自主成长，增加班级成员之间的良性互动。同时班级组织管理体系建设还要具有协同性，发挥社会、家庭、企业在班级育人中的共育作用，形成"三全"育人格局。

（二）在班级文化体系建设中建构模式

班级文化是"班级群体文化"的简称，有着自己的独特外延和内涵。首先，班级文化是一种代表着班级独有特点的特殊文化，是班级所特有的精神内核和灵魂。其次，班级文化源自班级全体师生的同心培植，是全体师生共同创造的劳动结晶和精神财富，最能体现班级全体成员的舆论导向、价值取向、精神审美、文化制度和班级风貌。第三，班级文化是一个在班级建设中不断发展、不断完善的动态调整的系统工程，对学生具有自我调节、自我约束的功能。所以中职班级进行文化建设需得做到几个"加强"。一是要加强班级教师队伍，尤其是班主任精神引领和行为示范作用。二是要加强班级"隐性文化"建设，包括制度文化、观念文化和行为文化，充分发挥其潜移默化、润物无声的教育功效，正如

苏霍姆林斯基所说：教育的意图越隐蔽，越能被受教育者所接受，越能转化成受教育者对自己的内心要求。三是要加强班级人文文化和专业文化、职业文化和班级文化的有机融合，以人文素养培育为专业素养提升奠定基础，同时形成企业和班级精神的有机结合，促进学生职业素养的提高及职业能力的发展。

(三)在班级活动体系建设中建构模式

班本化教育活动主要是指除了班级教学与管理活动以外的，根据班级建设需要开设的班级活动，如主题班会、班级特色活动、社会实践活动、职业指导活动等。班本化教育活动对于班级建设具有十分重要的作用，它有利于丰富班级的精神生活，有利于塑造班级精神，有利于营造和谐的班级人际关系。同时班本化教育活动对于学生个体的全面发展亦意义重大，特别是对学生的道德培育有着突出的价值功能。道德教育的终极目标是为了学生实践道德，将道德知识活化为道德实践最为有效的途径就是教育活动，而班本化的教育活动以其突出的针对性和个性化，对于提高学生道德实践的动机具有明显的促进效果，从而增强学生的自我教育效能。富有价值的班本化教育活动建设要注意如下几个方面：一是整体架构，围绕班级专业特点和发展需求形成有机的活动体系；二是把握关键，抓住班级建设和学生成长的核心问题开展活动；三是精心设计，做到内容与形式的高度统一；四是学生主体，使班级活动过程成为学生的自我教育过程；五是价值引领，通过集体教育拓展和深化活动的教育价值。

(四)在班级心理体系建设中建构模式

心理教育对于班级建设来说具有很重要的作用，班级的心理特点是班级教育产生影响的基础条件，对学生能否顺利进行思想品质教育受制于其是否具有健康的心理及良好的心理品质，任何道德行为都是在一定的心理基础上产生的，所以班级建设需以培育良好的班级心理为基础，而良好的班级心理则是建立在和谐的人际关系基础上的。班级和谐的人际关系，是学生个体、学生群体和教师之间在班级生活中共同建设的结晶，因此集体的心理气氛往往是班级人际关系和谐程度的重要指数，它会影响和感染班级每一个成员，以积淀形成良好的班气级风，使集体成员拥有强烈的心理认同，从而产生安全感、使命感、幸福感，促进学生健康成长和职业发展。建设和谐的班级心理应做好以下工作：一是客观分析班级心理，准确评估班级人际关系和舆论水平；二是加强集体教育，形成积极的班级舆论；三是积极开展集体活动，建设乐群、合作、进取的班级心理氛围；四是搭建真诚、平等、民主的沟通交流平台，排解集体心理障碍；五是协调好师生关系、班级正式群体和非正式群体的关系。

(五)在班级和学生综合评价体系建设中建构模式

"德育评价是人们依据一定的评价标准,通过科学的方法和正确的途径,多方面收集适当的事实性材料,对德育活动及其效果的价值做出判断的过程。"德育评价具有导向功能、鉴定功能、改进功能、调控功能和服务功能。德育评价种类繁多,有过程性评价、结果性评价、效率评价、效果评价以及质量评价,等等。对于班级建设而言,重要的应是班级建设质量评价,包括工作质量和结果质量两个方面。其中工作质量评价应抓住建设目标、方法和维度,重点考量班级建设的效率;而结果质量评价应通过学生品德素质、班风和学生社会适用性,重点考量班级建设的育人成效。在班级建设质量评价中,尤其要以学生的品德评价为主,所以科学构建学生评价体系和班级评价体系是班级建设中不可缺少的一环。实践过程中应注意:一是坚持过程性评价与终结性评价相结合,使评价成为一种教育手段;二是坚持在品德评价运用形成性评价,发挥评价的激励、导向作用;三是坚持评价主体的多元化,挖掘多层次教育资源。

第四节 "双元耦合"班级建设方案示例

一、指导思想

以习近平新时代中国特色社会主义思想为引领,全面贯彻党的教育方针,立德树人,培育和践行社会主义核心价值观,秉持"德技双馨、人职共生"育人理念,推进职业生命成长背景下的"双元耦合"班级建设,提高学生思想水平、政治觉悟、道德品质、文化素养,培养德、智、体、美、劳全面发展的社会主义建设者和接班人。

二、班级情况分析

(一)班级特点

本班组建于2018年8月,会计专业,是由13名男生与31名女生组成的大家庭。其中,住校生33人,离异家庭学生2人,建档立卡家庭1人。与父母共同居住生活的42人,与其他长辈共同生活的2人。无心理异常生。

我校处于沿海地区,所在区域正处于区域经济结构调整,"推动新旧动能转换,奋力推进经济高质量发展"的关键期,对于财会从业人员需求较大,综合要求高。因此,会计专业作为热门职业,吸引的生源学生普遍综合素质较好。对于本班学生而言,既是机遇又是挑战,对于职业认知尚不到位的他们必须卧薪尝胆,奋起直追,这样的话他们未来的职业发展和就业前景可以有一番作为。

立足班情,做SWOT科学分析,见图2-1。

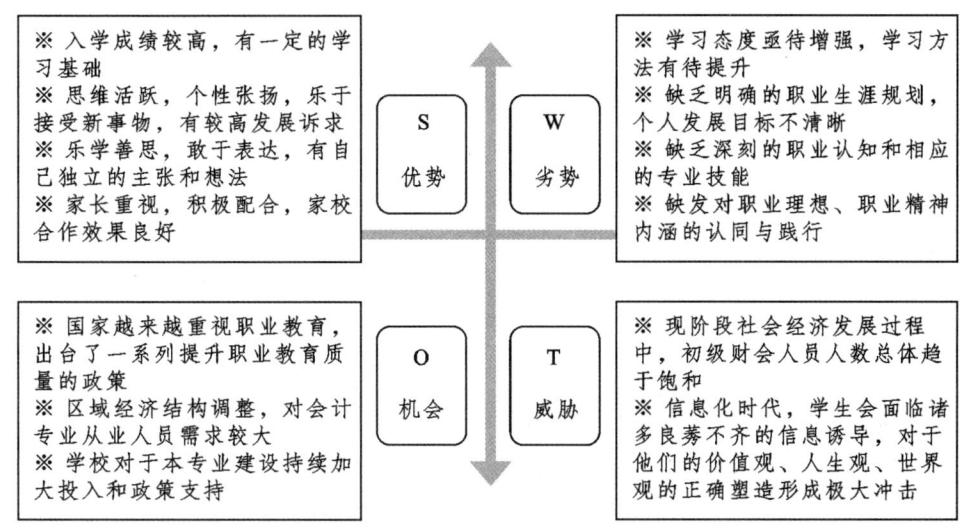

图2-1 班级情况SWOT分析

(二)重点关注的工作领域

(1)思想道德教育。学习习近平新时代中国特色社会主义思想,培养学生正确的人生观、世界观、价值观,树立高尚的职业理想,明确个人奋斗目标。

(2)班级常规管理。引导学生自觉践行《中等职业学校学生公约》,推行"双元耦合"班级建设模式,优化班级建设,突出职业特色,实现学生和班级的健康发展。

(3)职业指导工作。将职业教育与班级建设有机融合,将职业生涯规划教育贯穿三年班级建设,强化职业理想,涵育职业精神,培育职业能力,为学生终身职业素养发展保驾护航。

(三)重点解决的问题

(1)学生个人发展目标与班级发展目标不匹配的问题。

(2)"双元耦合"班级建设模式有效推进,扎实落地。

(3)结合会计专业要求,遵循学生个体差异和成长规律,开展班级职业指导。

三、建设目标与原则

（一）建设目标

1. 总目标

以习近平新时代中国特色社会主义思想为引领，立德树人，推行"双元耦合"班级建设，将职业生涯规划教育与班级建设有机结合，学生发展目标和班级发展目标有机结合，提升学生自我教育能力与职业发展能力有机结合，实现学生和班级的双成长，建设品德高尚、积极进取、学业精进、团结一心的班集体，学生百花齐放，人人出彩。

2. 阶段目标

班级建设阶段目标见图 2-2。

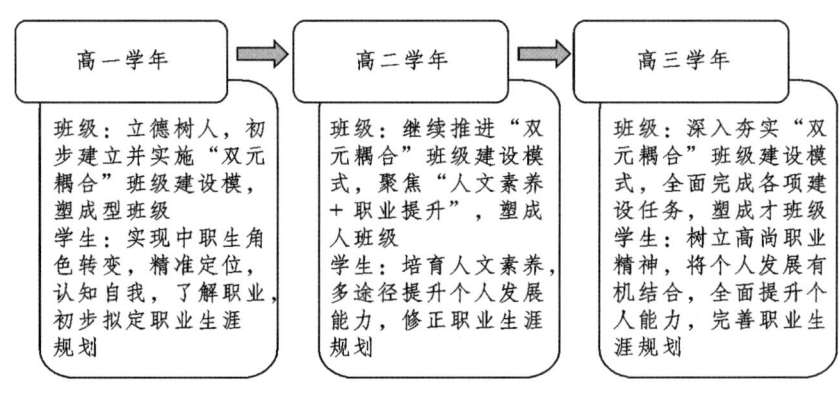

图 2-2　班级建设阶段目标

（二）建设原则

(1)方向性和时代性相结合原则。坚持正确的政治方向和育人导向，紧密结合社会需要、时代发展及专业发展要求，增强针对性和实效性。

(2)贴近实际、贴近生活、贴近学生原则。尊重学生自我教育的主体性，适应学生身心成长的特点，开展富有成效的教育和引导活动，提高吸引力和感染力。

(3)班集体建设与学生个体发展统一性原则。激发学生主观能动性，自觉参与班级建设，达到个体与集体双成长、双提升。

(4)班级建设与职业教育结合原则。突出专业特色，引领班级与学生发展。

四、建设内容和策略

(一)建设"一条主线,多维共进"思想道德教育体系

以爱国主义教育为前提,以习近平新时代中国特色社会主义思想为引领,坚持立德树人,牢记为国育英才,打造"一条主线,多维共进"的思想道德教育体系,开展形式多样、贴近时代要求、满足学生成长需求的系列主题活动,在班级中形成思想认知高度统一,学生行有所引,行有所止,行有所获(图2-3)。

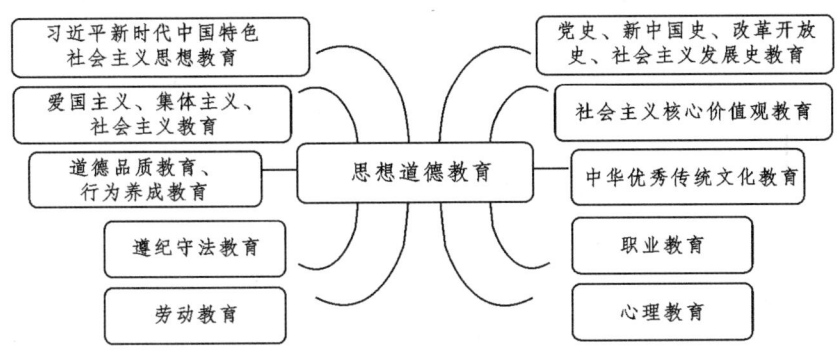

图 2-3 思想道德教育体系

(1)开展系列主题班会(表2-1)。根据学生身心发展规律和成长需求,立足班级建设,围绕民族精神教育、理想信念教育、道德品行教育、职业生涯教育、心理健康教育、法治知识教育,间周召开主题班会,不断提高学生思想水平、政治觉悟、道德品质,树立社会主义核心价值观。

表 2-1 主题班会列表

年级	题目	内容
高一	《峥嵘岁月栉风沐雨,华夏儿女有为奋进》	民族精神教育
	《培育良好习惯,打造精彩人生》	民族精神教育
	《以规矩,成方圆》	道德品行教育
	《弘扬诚信精神,传播正能量》	道德品行教育
	《梦想有多远》	职业生涯教育
	《挚友之手,一路同行》	心理健康教育
	《劳之美,动而生》	理想信念教育
	《培养卫生健康习惯,创造精彩人生》	道德品行教育
	《明法于心,守法于身》	法制知识教育

(续表)

年级	题目	内容
高二	《恭德慎行,人生至境》	道德品行教育
	《学做事先学做人》	道德品行教育
	《责任》	道德品行教育
	《明礼于心,行礼于人》	道德品行教育
	《团结合作力量大》	民族精神教育
	《珍爱生命,热爱生活,成就人生》	法治知识教育
	《学会感恩,与心同在》	道德品行教育
	《习得工匠精神,成就精彩人生》	理想信念教育
	《聚焦生态文明,践行低碳生活》	道德品行教育
	《预防校园欺凌,创造精彩人生》	法治知识教育
高三	《蝶变》	职业生涯教育
	《让梦想照进现实》	理想信念教育
	《有的放矢,锲而不舍》	职业生涯教育
	《原来创新我也行》	理想信念教育
	《精准择业,成就人生》	职业生涯教育
	《在沟通中建立良好的同伴关系》	心理健康教育
	《悦纳他人》	心理健康教育
	《乘风破浪,逆风飞翔》	道德品行教育
	《书包中的玫瑰花》	道德品行教育
	《愿你被网络温柔以待》	法制知识教育

(2)开展"我们的节日"系列节日文化教育活动(表 2-2)。以校本教材《我们的节日》为蓝本,突出传统节日文化内涵,开展春节、元宵节、清明节、端午节、中秋节和重阳节等传统节日活动,增进学生对优秀传统文化的认识,加深对民族文化的认同。充分利用重大节庆日开展革命传统教育,传承红色基因,培养学生热爱祖国、报效祖国的精神。

表 2-2 《我们的节日》主题列表

类别	名称	内容
中国传统节日	春节、元宵节、清明节、端午节、中秋节、重阳节	传承中华美德、加强中华传统文化教育
国家节庆日、纪念日	元旦、劳动节、五四青年节、建党纪念日、建军节、教师节、国庆节、国家公祭日	激发爱国爱党的情感共鸣和民族共振,深化社会主义核心价值观教育
国际主题日	世界地球日、国际禁毒日、世界环保日、世界志愿人员日、国际劳动妇女节、国际儿童节	树立正确的世界观、人生观和价值观,培养学生放眼看世界,有独立的现代思维

(3)开展心理健康教育(表 2-3)。配合专职心理教师间周开展一次心理健康讲座,帮助学生树立心理健康意识,培养学生乐观向上的心理品质,增强心理调适能力,促进学生人格的健全发展;帮助学生正确认识自我,增强自信心,学会合作与竞争,培养学生的职业兴趣和敬业乐群心理品质,提高应对挫折、匹配职业、适应社会的能力;帮助学生解决在成长、学习和生活中遇到的心理困惑和心理行为问题,并给予科学有效的心理辅导与咨询,提供必要的援助,提高学生的心理健康水平。

表 2-3 心理健康教育主题列表

一年级	环境适应
	挑战舒适区
	气质——你生命的底色
	性格——个性系统的核心
	提升自信心
	塑造阳光心态,快乐职高生活
二年级	提升自我效能感,加快复学适应步伐
	如何得到对方的肯定
	拥有和谐的亲子关系
	书包里的玫瑰
	拒绝不良诱惑
三年级	机遇垂青有准备的人
	对手是一面镜子

(二)建设"一线十类"班级制度体系

(1)构建"一线十类"班级制度体系(图2-4),凸显网格化、立体化、职业化班级工作特点。以制度建设为抓手,形成动态调整机制,有效引导班级各项工作有序开展。

(2)签订《中等职业学校学生公约》和《诚信之约》,开展系列主题教育活动,内化于心,外化于行,知行合一。

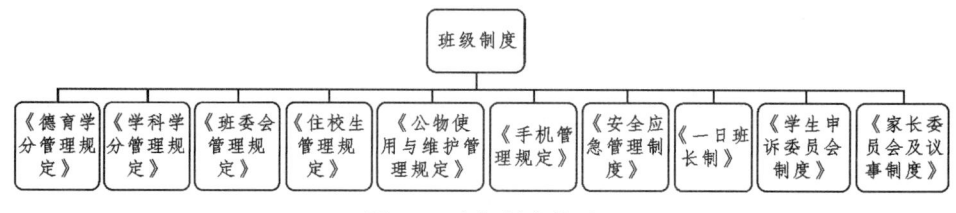

图 2-4 班级制度体系

(三)建设角色模拟组织管理育人体系

成立班级建设领导小组,构建角色模拟组织管理育人体系(图2-5)。借鉴企业管理模式,采用项目管理、督评管理,落实过程管理,凸显自主管理,帮助学生习得职业规范、角色意识,夯实职业基础,锤炼职业精神。

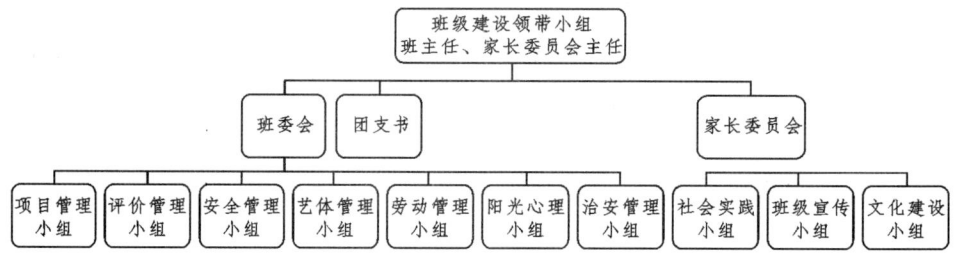

图 2-5 角色模拟组织管理育人体系

(四)建设"三维一体"的班级文化体系

构建社会主义核心价值观引领下的职业文化与班级文化融合,专业文化与人文文化融合,显性文化与隐性文化融合的"三维一体"班级文化体系,陶冶学生情操、净化学生心灵。

1. 开展"最美"系列建设

(1)建设"最美"精神。制定班训、班风、班级精神,一以贯之,形成精神感召,价值共识。

班训:诚信、博学、团结、进取。

班风:态度决定高度,细节决定成败!

班级精神:创最好的班级,做最好的自己!

(2)建设"最美"环境。

让墙壁会说话。建立班级文化墙,细化功能区,规划六板块(时事报道、专业导读、阅读沙龙、榜样推介、职场体验、班级风貌),建设全员宣传队伍,一月一主题,传播正能量。

让角落有文化。开办"沁香读书角",自拟书单,开展阅读活动。

(3)建设"最美"网络。设立班级微信群、班级QQ群、家长微信群,用好学校公众号和校园网,发挥家长学校网络平台的资源优势,拓展育人空间。

2. 开展品牌活动建设

(1)开展"双三十"教育行动计划(表2-4)。制定"学生人文素养提升必做30件事""学生技能素养提升必做30件事",每年分别完成10件,科学设置达成体系,厚植人文情怀,提升综合素质。

表 2-4 "双三十"教育内容

年级	学生人文素养提升必做30件事	学生技能素养提升必做30件事
高一	了解学校校史	搜集我国著名科学家钱学森的事迹
	策划组织一次"校园啄木鸟"志愿者公益活动	自己动手用纸壳做一个圆锥体数学学具
	父亲节或母亲节为父母做一道菜	有感情地背诵毛泽东的诗词《沁园春·长沙》
	掌握心肺复苏的方法	了解并推介当地知名企业文化
	核算"打架"成本	欣赏全球最受欢迎英文经典歌曲之一:《不要哭》(Don't cry)
	寻访并推介青岛栈桥	用Word制作一份介绍中国传统习俗"过春节"的电子简报
	阅读《增广贤文》	用PPT制作一份介绍班级风采的演示文稿
	了解校友刘娟的成长故事	独立完成一次境内旅行设计
	了解自己姓氏的来源及家庭的历史	独立完成一次到银行柜台进行的存取款业务
	观看电影《在世界转角遇到爱》	我的专业技能成长座右铭

（续表）

年级	学生人文素养提升必做 30 件事	学生技能素养提升必做 30 件事
高二	制定自己一周的营养餐谱	设计一份本市三日游的方案，做出经费预算
	了解并欣赏约翰·埃·密莱的画作《盲女》	用楷体抄写苏轼的诗词《念奴娇·赤壁怀古》
	阅读《钢铁是怎样炼成的》	以《我为理想而奋斗》为题，做一次不少于10分钟的励志演讲
	鉴赏中国古典乐曲《春江花月夜》	准确无涂改书写阿拉伯数字 1～300
	掌握游泳运动技能	同学合作创作并表演一个应聘面试小品
	介绍现代职业教育大家：黄炎培	设计一份适合自身发展的职业生涯规划书
	探访中国传统节日"寒食"的来历	制作记录本人上一年度学习、生活情景的成长电子相册
	回访一位自己最敬佩的老师	用 PS 为学校"技能节"设计一个 logo 并制作一份宣传海报
	寻访雷锋	查找一个校内(外)的安全隐患，并提出解决方案建议
	观看电影《阿甘正传》	观察身边的资(能)源浪费现象，设计一份节能倡议书
高三	观看《海上钢琴师》	给你理想的某企业写一封求职信
	了解中国传统孝文化"二十四孝"	运用 3D 打印技术为自己打印一尊肖像作品
	了解毛泽东的国学才智	假如有 10 万元启动资金，请你完成一份自主创业计划书
	学习掌握一种面对挫折的心理调适方法	为自己设计制作一份实用的求职简历
	介绍华为的企业故事	联系参观一个与所学专业相关的企业，并就该企业的发展前景和人力资源需求等撰写一篇调查报告
	为学校校庆撰写一副楹联	抄写所在实习单位的实习岗位操作工作流程和劳动纪律的规定，并提出优化建议意见

(续表)

年级	学生人文素养提升必做30件事	学生技能素养提升必做30件事
高三	了解"手表定律"	记录实习工作中最难忘的一件事,说明难忘的原因和体会
	了解"儒家、道家、佛家"思想对比	搜集并记录世界上三个国家的人们在工作中、生活中的利益、习俗和禁忌常识
	阅读余华作品《活着》	为自己的将来规划制定一份理财方案
	创意DIY——"我的毕业礼"	运用Dream Weaver为你所参加的社团(或你的班级)设计制作一个推介网站

（2）实施"十个一"行动计划。要求每一个学生都要掌握一项体育技能、学会一项艺术才能、阅读一本好书、书写一篇日记、参加一次劳动、学会一支歌、朗诵一首诗、进行一次演讲、参加一次研学、参与一次志愿服务。让每一位学生立足基础，培养兴趣，开发潜能，养成习惯，受益终身。

（3）开展"文明风采"竞赛活动、"三节一会"（技能与科技节、艺术节、体育节、运动会）"经典诵读"活动。活动贯穿全学年，全员参与，为每名学生搭建全面发展的平台。

（4）打造"红色文化""诚信文化""工匠文化""公益文化""社团文化""仪式文化"。举办"红色精神"网上展播和国防教育活动，开展"我与诚信有约"系列活动，"诚信十字诀"耳熟能详，要求每位学生参加一个社团，举行"八礼四仪"系列活动，办好入校、入团毕业仪式，开展主题团日活动，促进学生健康成长。

（五）建设"四维联动"职业指导体系

"四维联动"职业指导体系（表2-5）是依据会计专业人才培养方案，遵循中职学生身心发展规律，落实"双元耦合"班级建设模式，以职业理想为舵、职业道德为锚、专业素养为桨、职业仿真为帆，通过职业生涯规划、主题德育活动、专业理论及技能培训、社会实践与模拟实训等途径，全面提升学生的职业认知及职业素养，构建"重生涯、精专业、厚基础、健心智"的"四维联动"职业指导体系，培养符合社会及企业需求的具有可持续发展能力的应用型人才。

表 2-5　"四维联动"职业指导体系

年级	指导内容		实施途径	负责人	达成目标
高一	职业生涯规划	自我认知	专业心理测试：自信心量表	班主任 心理教师	对自我及环境有清晰且正确的认知，初步确立职业目标
		环境认知	主题德育活动：社会调查——就业市场分析	班主任	
		制定职业生涯规划	全员牵手导师制	成长导师	
	职业素养	职业信念	主题德育活动：社会调查——榜样在身边	班主任	树立职业道德观念，见贤思齐
		职业行为习惯	主题班会：《明礼于心，行礼于人》	班主任	培养学生养成举止得体、严谨细致、有条不紊、注重效率、随时记录的会计人员行为习惯
			德育学分考核	班主任	
		职业技能	专业课学习	专业教师 班主任	提高学生专业知识及技能水平
			技能七达级 "技能之星"评选		
			专业实践		
		职业心理	主题班会：《做情绪的主人》	心理教师 班主任	培养学生自我情绪管理的能力
高二		职业生涯规划调整与反馈	全员牵手导师制	成长导师	修正、完善职业生涯规划
	职业素养	职业信念	社会公益活动：专业技能反哺社会（成立假币鉴定、心肺复苏术、理财小常识、巧用手机银行等公益团队）	班主任	亲身体验职业意义、提高学生社会公益意识及利用专业技能反哺社会的能力

(续表)

年级	指导内容	实施途径	负责人	达成目标
高二	职业素养 / 职业行为习惯	主题德育活动：优秀毕业生进班级（成立优秀毕业生辅导员团队）	专业教师 班主任	以优秀毕业生为鉴，认识良好行为习惯对职业成功的意义
		德育学分考核	班主任 心理教师	通过考核督促学生养成良好的职业行为习惯
	职业技能	专业课学习	专业教师 班主任	大幅度提升学生专业知识水平及技能训练水平，提高学生实用职业技巧
		职业仿真："模拟银行"实训		
		主题德育活动："家长讲堂"		
	职业心理	专业心理测试：《霍兰德职业兴趣测试》	班主任 心理教师	帮助学生梳理不良认知，构建阳光心态
		主题班会：《走出阴霾向阳而生》		

（六）建设"1530"安全教育模式与"网格化"应急管理体系

以培育学生"安全重于泰山""为生命负责"的意识为核心，以"1530"安全教育模式为路径，以"网格化"应急管理体系为保障，以专题活动为辅助，提高学生自（他）护意识和能力。

1. 建设"1530"安全教育模式

依据校本教材《安全教育秘籍》，分别开展"1分钟"放学前安全教育，周末放学前"5分钟"安全教育，节假日、放假前"30分钟"安全教育课，辅以高质量完成"安全教育平台"学习任务及各类专题活动（高一心肺复苏术培训、安全应急体验，高二观看预防校园欺凌舞台剧《花样年华》，每年12月举行"宪法教育月"活动），引导学生掌握应知应会安全知识与技能（表2-6）。

针对新冠肺炎疫情防控工作，重点进行新型冠状病毒性肺炎居家防护知识、新型冠状病毒性肺炎知识、卫生与健康、预防新冠肺炎之校园防控、科学消毒是防疫的第一步、防疫制度与应急演练等专题学习。

表 2-6 安全教育主题列表

篇	节
第一篇 校园生活	第一节 报警方法 第二节 遭遇恶势力胁迫如何处理 第三节 心肺复苏
第二篇 家庭生活	第一节 安全用电常识 第二节 燃气泄漏、煤气中毒怎么办 第三节 被困电梯如何自救 第四节 如何应对性骚扰 第五节 拒绝毒品的诱惑 第六节 溺水的自救与施救方法 第七节 滑雪（冰）遇险如何自救 第八节 爬山遇险如何自救
第三篇 网络安全	第一节 遭遇网络应聘陷阱、交友陷阱如何处理 第二节 遭遇网上恶意伪造、传播个人信息如何应对 第三节 微信1句话＝判刑9个月
第四篇 交通安全	第一节 乘坐交通工具的安全常识有哪些 第二节 交通标识有哪些 第三节 乘坐网约车的安全常识
第五篇 食品安全	第一节 如何查看安全食品标识 第二节 食品中毒如何处理
第六篇 消防安全	第一节 火灾的主要起因有哪些 第二节 如何防范火灾的发生 第三节 遭遇火灾如何正确脱险 第四节 认识消防设备
第七篇 意外伤害	第一节 踩踏事故及安全防护 第二节 气道异物梗阻的急救 第三节 烫伤烧伤后的应急处理 第四节 常见外伤处理
第八篇 自然伤害	第一节 雷暴天气如何避免雷击 第二节 夏天中暑如何处理 第三节 野外迷路如何自救 第四节 台风来临前，我们应该做好哪些防护措施

(续表)

第八篇 自然伤害	第五节 雾霾天气如何自我防护 第六节 海啸发生的前兆 第七节 地震发生如何逃生
第九篇 卫生防疫	第一节 传染病预防知识 第二节 中学生该怎样预防近视眼
第十篇 心理健康	合理调控不良情绪的方法
附录	应急安全知识

2. 建设"网格化"应急管理体系

以"人人都是安全员"为准则,建设5级44点(班主任—家长—用人单位—安全管理员—44名安全协管员)安全应急管理体系,以协议管理明确各方各人安全责任,每月进行一次安全演练,在实践中落实班级15类应急工作预案(表2-7),形成网格化联动式应急管理格局。

表2-7 班级应急管理预案

序号	内容
1	课堂教学突发事件预案
2	大型集体活动安全应急预案
3	食品和饮用水中毒应急预案
4	交通安全事故应急处置预案
5	消防安全事故应急预案
6	地震应急预案
7	传染病防控应急预案
8	网络突发事件应急预案
9	实习安全及突发事件应急预案
10	预防拥挤、踩踏应急预案
11	学生外出活动安全应急预案
12	校园反恐防暴及重大治安事件应急预案
13	校园欺凌应急预案
14	晚间停电应急预案
15	其他突发事件应急预案

(七)建设"双层多元"班级考核评价体系

立德树人,以实现班集体和学生个体的双成长为目标,遵循学生差异、成长规律、教育规律,实施成长激励、文化激励、成就激励,坚持方向性、科学性、全面性、综合性、客观性、可行性"六大原则",建设分别以班级和学生为评价对象,以学生主体参与,教师、家长、社区和企业、学校共同参与的"双层多元"班级考核评价体系,实现班级和学生阶梯式成长。

1. 建设以学生、教师、家长、企业与社区、学校共同参与的班级评价体系

班级评价体系见表2-8。

表2-8 班级评价体系

评价主体	评价内容	评价要素	评价目标
班级评价管理小组、任课教师与班主任、家长、企业、社区、学校	思想道德建设	开展以爱国主义教育为核心的系列主题教育,丰富德育活动	学生能够自觉培育并践行社会主义核心价值观、形成爱国、爱校、爱家的基本思想,有共同的发展愿景
	班级制度建设	建立班级学生《德育学分管理规定》《安全协议书》《班级量化考核管理规定》等	有行之有效的班级制度、执行、督评、反馈体系,形成自主管理、自我教育的良好氛围
	班级组织建设	(1)选举并形成班干部队伍,明确班级岗位职责,科学管理运行体系; (2)建立班级建设共同体,成立班级家长委员会	学生有岗位责任意识和质量意识;家长有参与班级管理建设的态度与行为
	班级文化建设	(1)熟知校园文化和学校精神,学生有爱校意识; (2)形成班级独特的精神文化内容,凝聚班级力量	对学校有良好的认同感,对班级有良好的归属感,学生之间相互悦纳,有亲切和谐、张弛有度的师生关系
	职业指导	在社会调查的基础上,能够熟悉专业及社会环境,并制定职业生业规划,随时进行调整	对专业、环境及自我有正确的认知,有座位职校生的正确定位,能够初步确立职业目标
	安全与应急	建立"1530"安全教育制度,形成人人参与班级安全管理的良好局面	学生有"安全重于泰山"、"为生命负责"的意识,能够掌握必备的安全技能

2. 建设以德育目标分层管理为指导的学生评价体系

遵循"最近教育发展区"原理,依据"行为循环论",以促进学生自主教育为目标,以尊重学生个性差异为原则,以学生自主选择为前提,确立三层评价目标,制定评价考核条款,一以贯之,螺旋上升,强化学生成功体验,唤起学生发展的内驱力,下面以高一年级为例。

(1) 日常考核内容见表2-9。

表 2-9　班级日常考核内容

评价内容	层次	考核条款	分值
思想道德	A 层	热爱祖国,热爱中国共产党,自觉践行社会主义核心价值观,崇尚科学,反对迷信;遵纪守法,无违法犯罪行为	15分
	B 层	热爱祖国,热爱中国共产党,自觉践行社会主义核心价值观,崇尚科学,反对迷信;遵纪守法,无违法犯罪行为	15分
	C 层	热爱祖国,热爱中国共产党,自觉践行社会主义核心价值观,崇尚科学,反对迷信;遵纪守法,无违法犯罪行为	15分
集体活动	A 层	能够参加各项集体活动,遵守各项活动规则,无无故缺勤现象	10分
	B 层	积极参加各项集体活动,遵守各项活动规则,无无故缺勤现象	20分
	C 层	积极参加并组织各项集体活动,有较强的领导能力及创新意识	20分
职业纪律	A 层	学期请假累计不超过24节,迟到、早退次数不超过5次,无旷课现象	15分
	B 层	学期请假累计不超过18节,迟到、早退次数不超过3次,无旷课现象	20分
	C 层	学期请假累计不超过6节,无迟到、早退、旷课现象	25分
人际关系	A 层	遵守课堂纪律,尊重教师,服从管理,无顶撞老师现象	20分
	B 层	自觉遵守课堂纪律,尊重教师,服从管理,认真参与课堂活动	25分
	C 层	自觉维护课堂纪律,尊重教师,服从管理,认真积极参与课堂活动	30分
学习态度	A 层	学习态度端正,能够完成作业并按时上交,任课教师评价为合格	10分
	B 层	学习态度端正,认真完成作业并按时上交,任课教师评价为良好	15分
	C 层	学习勤奋,态度严谨,认真独立完成作业,质量较高,任课教师评价为优秀	20分

（续表）

评价内容	层次	考核条款	分值
诚实守信	A层	能够遵守考试纪律，无作弊等违纪现象	5分
诚实守信	B层	自觉遵守考试纪律，无作弊等违纪现象	5分
诚实守信	C层	自觉遵守考试纪律，无作弊等违纪现象	5分
社团活动	A层	积极参加社团活动，遵守活动要求，考核合格	5分
社团活动	B层	积极参加社团活动，自觉遵守活动要求，考核良好	10分
社团活动	C层	积极参加社团活动，自觉遵守活动要求，维护活动秩序，能在活动中主动开展工作，考核优秀	15分
社会实践	A层	寒暑假参加学校、班级组织的各类活动，完成假期作业；按照学校要求，参加各类社会实践活动（寒假不少于18学时，暑假不少于30学时，形成报告）	10分
社会实践	B层	寒暑假参加学校、班级组织的各类活动，完成假期作业；按照学校要求，参加各类社会实践活动（寒假不少于18学时，暑假不少于30学时，形成报告）	15分
社会实践	C层	寒暑假参加学校、班级组织的各类活动，完成假期作业；按照学校要求，参加各类社会实践活动（寒假不少于18学时，暑假不少于30学时，形成报告）	20分
职业习惯	A层	能够遵守学校《一日常规》要求，爱护公共财物，遵守公物管理有关规定，无故意损坏公物行为	15分
职业习惯	B层	能够自觉遵守学校《一日常规》要求，爱护公共财物，自觉遵守公物管理规定，无故意损坏公物行为	20分
职业习惯	C层	能自觉维护学校《一日常规》要求，具有较强责任心及管理能力。爱护公共财物，自觉遵守公物管理规定，无故意损坏公物行为	25分
职业礼仪	A层	能够遵照学校要求，穿校服，佩戴胸卡，仪表仪容符合学校要求	10分
职业礼仪	B层	能够遵守学校要求，穿校服，佩戴胸卡，仪表仪容符合学校要求	15分
职业礼仪	C层	能够模范遵守学校要求，穿校服，佩戴胸卡，仪表仪容符合学校要求	20分

(续表)

评价内容	层次	考核条款	分值
职业素养	A层	能够与同学友好相处,无打架、骂人行为,能够恰当处理男女同学的正常交往,无行为过当现象,无吸烟喝酒等不良行为	10分
职业素养	B层	团结同学,礼貌待人,无打架、骂人行为,能够恰当处理男女同学的正常交往,无行为过当现象,无吸烟喝酒等不良行为	15分
职业素养	C层	团结协作,乐于助人,举止文明,有良好的语言习惯,能够恰当处理男女同学的正常交往,无行为过当现象,无吸烟喝酒等不良行为	20分
劳动教育	A层	能够爱护环境卫生,按要求完成自己所承担的劳动任务,无乱扔杂物随地吐痰等行为	10分
劳动教育	B层	能够维护环境卫生,认真主动完成自己所承担的劳动任务,无乱扔杂物随地吐痰等行为	15分
劳动教育	C层	能自觉维护环境卫生,劳动态度积极,能带头完成各项劳动任务,无乱扔杂物随地吐痰等行为	20分
人文素养	A层	能够及时完成《华夏学生人文素养提升三年必做三十件事》,考核合格	10分
人文素养	B层	能够及时完成《华夏学生人文素养提升三年必做三十件事》,考核良好	10分
人文素养	C层	能够及时完成《华夏学生人文素养提升三年必做三十件事》,考核优秀	10分
安全教育	A层	能够按要求完成各项安全教育作业	5分
安全教育	B层	能够按要求完成各项安全教育作业	5分
安全教育	C层	能够按要求完成各项安全教育作业	5分

(2)激励考核内容见表2-10。

表2-10 激励考核内容

激励项目	考核条款	加分	评价主体
学期全勤	按所选德育目标等级加分(A层)	15分	学生自评
学期全勤	按所选德育目标等级加分(B层)	10分	学生自评
学期全勤	按所选德育目标等级加分(C层)	5分	学生自评

（续表）

激励项目	考核条款	加分	评价主体
获奖奖励	省级、市级、校级一等奖	20分、15分、10分、5分	学生自评
	国家级、省级、市级、校级二等奖	15分、10分、8分、4分	
	国家级、省级、市级、校级三等奖	10分、8分、5分、3分	
	国家级、省级、市级、校级优秀	5分、3分、2分	
特殊贡献	经评议加分	1~5分	学生评价管理小组
公益活动	经评议加分	1~5分	
荣誉称号	国家级	25分	学生自评
	省级	20分	
	市级	15分	
	校级	10分	
组织管理	经评议为优秀（校级、班级）	20分、15分	学生评价
学习进步	经评议为良好（校级、班级）	15分、10分	
其他情况	经评议为合格（校级、班级）	10分、5分	
	经认定模拟情况加分	1~5分	管理小组
	经学生、教师、家长、企业、社区评价认定	报学校审批	

（八）建设"三位一体"协同育人体系

构建学校、家庭、社会"三位一体"协同育人体系，建设线上线下结合的育人网络，打造"参与式"家校携手共进模式、"共建共育式"学校社会协作模式，切实为班级和学生发展保驾护航。

1. 打造"参与式"家校携手共进模式

（1）发挥学校教育主导作用。依据校本市级精品课程《中职校家庭教育指导教程》，通过家长学校和家庭教育网络平台，开设家庭教育指导课程，见表2-11。

表2-11 《中职校家庭教育指导教程》教学安排

年级	课程内容	课时	时间
高一	第三章第一节 家庭教育之转段指导	1	入校
	第一章第一节 家庭教育的内涵与外延	1	第一学期期中

(续表)

年级	课程内容	课时	时间
高一	第一章第二节科学的教育观与儿童发展	1	第一学期期末
	第一章第三节家庭教育观	1	
	第二章第一节中职生身心发展规律	1	第二学期期中
	第二章第二节家庭环境与中职生发展	1	第二学期期末
	第二章第三节家庭结构与中职生发展	1	
	第二章第四节家长素质与中职生发展	1	
高二	第三章第五节家庭教育之中职生职业生涯规划指导	1	第一学期期中
	第三章第二节家庭教育之亲子沟通	1	第一学期期末
	第三章第三节家庭教育之青春期指导	1	第二学期期中
	第三章第四节家庭教育之中职生价值观教育	1	第二学期期末
高三	家长交流	1	第一学期期末

（2）发挥家庭教育主体作用。实施协议管理，明确家长责任；建立家长委员会，参与班级管理；成立家长助教团队，每月入校讲座或参与班级活动；开设"家长沙龙"，交流育子经验；发挥榜样作用，每学期评选"优秀家长"。

2. 打造"共建共育式"学校社会协作模式

（1）牵手海瑞社区，依托会计专业特长，成立5支专业义工团队，每学期开展不少于8课时社区专项志愿活动，学以致用，服务社会。

（2）牵手入校企业，学校实施校企合作"现代学徒制——会计梦工厂"项目，引进会计代账企业，学生工学交替，实现理实一体、实岗育人。

（3）坚持社会实践，学生寒暑假分别完成30课时、18课时社会实践，形成调查报告，指导职业成长。

五、班级建设成果

采用"双元耦合"班级建设模式，班级呈现出好的发展态势，形成"事事有人干，人人有事干"的良好局面，实现了班级发展目标。学生与班级共成长，班级先后荣获市级先进班集体等15项荣誉称号，30余人次获得校级以上奖励，10人次在市级以上比赛中获奖。

六、反思与改进

(一)特色与创新

"双元耦合"班级建设以新视角切入,以新路径实践,将职业生涯规划教育融入班级建设中,构建"双元耦合"的三维组合:将职业生涯规划教育全过程与班级建设全方位的高度融合,学生个人发展目标与班级发展目标共同实现的同步契合,学生自我教育能力与职业发展能力连合提升的同频相合。它立足学生认知自我、认知职业、认知环境,重新调整班级建设的功能、目标,发挥班级作为学生生活直接"微社会"体系的作用,培育学生职业素养和职业生涯规划能力,促进学生职业目标小步趋成、阶梯进步,实现班级和学生双元发展。

(二)不足与改进

(1)尊重学生差异、成长规律、教育规律,为每位学生创设适合的发展平台,促进健康成长。

(2)育人过程要注重工作方法,善于捕捉教育契机,力求育人实效。

(3)创新活动方式,与时代发展接轨,提高工作实效。

(4)深化协同育人,发挥家庭教育的基础作用,挖掘校企合作的共育作用。

教育不是一蹴而就的,用心耕耘,静待花开。班级建设也是如此,因循规律,关注每一个学生成长,用我们的教育智慧托起明天的太阳。

第三章 中职学校"双元耦合"班级建设模式之管理育人体系建设

班级作为学校教育的基本单位,自组建之日起,就被赋予了独特的目标、功能和作用,全体成员在管理者(教师)的带领下,有计划地组织和协调各种资源,形成并发展自己的知、情、意、行,同时不断地丰富并实现不同的教育目标。班级管理的重要性不言而喻。长期以来,在我国"应试教育"基础下的班级管理,忽视学生内在的需求,班级管理制度缺乏活力,民主管理程度不高。随着时代发展,人们的需求已经从物质性需要逐渐发展到社会性需要、心理性需要,如何开展有效的班级管理,突破以往旧的班级管理体制,以适应不断发展的时代要求,是我们思考与实践的重要课题。尤其是中职学校,除班级管理的一般功能外,还需兼具"职业"属性:启蒙学生的职业意识,培育学生的职业素养,强化学生的职业能力,提高社会适应性。因此,创新班级管理势在必行。

第一节 时代呼唤创新班级管理

一、新时代发展呼唤创新班级管理

当今世界正经历着以知识为基础的一场革命。21世纪的到来,给教育提出了更高的要求和目标,学会求知、学会做事、学会做人、学会共处,这既是联合国教科文组织国际21世纪委员会发布德洛尔报告《学习:内在的财富》中提出的学习"四大支柱",也是一份国际社会的宣言,昭示着"培养具有适应变革能力的人"成为教育的重要方向,教育不能也不可能从数量上永远满足时代发展所需要的知识和技能的需求,而是要让受教育者能够跟得上时代的步伐,能够抓住各种机遇,利用时代变革的机会,不断地更新、深化、充实曾经获得的知识,不断满足社会和工作的需要,通俗来说,不被发展的社会淘汰。

在智能化时代到来的今天,行业的数字化转型、网络化重构和智能化提升方兴未艾,必将促使新职业不断涌现,陈旧职业不断淘汰,学习革命、终身学习成为这个时代的关键词。据一项研究表明,仅需5年的"封闭",就会让一个很有学问的专业人士,进入"知识半衰期":原来所掌握的专业的、新领域的知识和技能已经落伍或是淘汰。所以,随着知识更新周期的缩短以及知识更新速度的加快,如何提升应变能力和创新能力,如何提升生存质量和发展成效,是教育适应新时代发展应考虑的重点内容,也是受教育者适应新时代发展应具备的思维方向。

作为教育主阵地的学校,承担奠基铸魂功能的同时,如何有效解决学生毕业不失业的问题,解决学生毕业几年后,依然有能力适应时代发展的需要,有能力跟上时代发展步伐的问题,这是学校的任务,也是作为学校生活首属群体的班级的任务。班级管理的核心要素是学生,班级管理目标的最终指向,也应该是学生不断地成长和发展。因此,新时代对人才的需求,也应落实到班级管理中。创新班级管理,以培养适应时代要求的学生,这是班级建设的出发点和落脚点,也是教育理念的根和魂。

二、职业教育改革呼唤创新班级管理

近几年,职业教育的重要性已经成为国家、社会的共识,但是囿于传统观念等诸多因素的影响,"宁做普高凤尾,不做职教鸡头",使得职业教育或多或少还是存在"叫好不叫座"的尴尬。2019 年,国务院印发《国家职业教育改革实施方案》,明确"职业教育与普通教育是两种不同教育类型,具有同等重要地位","把职业教育摆在教育改革创新和经济社会发展中更加突出的位置",在肯定职业教育地位和重要性的同时,也为我国职业教育指明了未来的发展方向。

从显性来看,启动 1＋X 证书制度试点工作、建设多元办学格局、促进产教融合校企"双元"育人等,都是围绕"职业"两字所做的文章。融合社会力量参与职业教育,打通人才培养立交桥,既突出了职业教育"社会性"特点,也夯实了学生可持续发展基础。这种社会参与,拓展学生发展渠道、"贯通"培养的特点,恰恰是全过程、全方位育人的体现,也体现了新时代职业教育学习目标的变化:从简单知识技能传授到全面的职业能力发展,这与《中等职业学校德育大纲》(2014 年修订)中的相关德育要求也是相契合的。

从隐性来看,"职教 20 条"所释放出来的信号进一步表明,一方面,职业教育提供的是一种教育服务,应满足教育需求者的需求,即应以学生为主体,从培养学生的综合职业能力出发,以社会需求这一"指挥棒"为导向,以质量为中心。另一方面,职业教育不是淘汰式的精英教育,而是成长式的大众教育,"成长比成功更重要,成长比成才更重要",输了或赢了都不重要,"成为最好的自己"才是硬道理。第三方面,职业教育不是终结教育,而是终身教育的重要组成部分,

铸造人格、发展个性，充分发展个人潜在的能力，这是"授之以鱼不如授之以渔"的道理，是每个人一生成长的支柱。以学生为主体的、成长式的终身教育，是新时代对职业教育的要求。

班级是制度化教育的基本组织形式，作为落实政策、培养学生的学校中的基本单位，也应同步建立顺应新时代要求、适应社会发展所需的管理体系。班级管理不能仅局限于学生在校三年，而要立足于学生发展全过程，不仅要在班级中落实职业生涯规划教育内容，也要为学生今后的职业发展储备能量，让学生拥有持续发展的能力，只有这样才能符合国家给予职业教育发展的政策要求，跟得上社会对于职业教育发展要求的脚步。因此，创新班级管理模式，是职业教育改革发展的需要。

三、中职学校教育发展呼唤创新班级管理

党的十九届五中全会在谋划"十四五"时期经济社会发展和规划 2035 年远景目标时，重新部署了职业技术教育发展的方向，即增强职业技术教育适应性。这既是中国全面建成小康社会的需要，也是不断满足人民群众美好生活的需要，是教育改革的新任务和新要求。作为落实工作目标的中职学校，培养适应性的学生，就成为其重要任务之一。为此，我校遵循教育规律和职业学校发展规律，坚持"为学生终身职业素质发展奠基"的办学理念，将职业生涯规划教育纳入学校工作规划中，鼎力锻造学生终生受用的政治、思想、道德、文化、技能、身心等方面的素质，为提高适应性做足储备。

班级作为学校教育的主要组织载体，是教育学生、管理学生、服务学生的主要组织形式，在学生成长发展中发挥着重要作用。在班级管理中体验职场管理氛围，是将职业生涯规划教育落地落实的有效措施，它突破了传统班级管理要实现教学目标、建立班级秩序、促进学生成长的基本功能，还兼具培育学生职业属性的作用，这也是中职学校的独特功能。

可见，在增强职业教育适应性背景下的创新班级管理，要凸显职业属性，将职业生涯规划教育融入学生学习生活，为职业生涯发展打下坚实基础，也为学生后续发展奠定基础，提供强大支撑和发展后劲，这是中职学校教育工作发展的必然要求。

四、全人教育呼唤创新班级管理

传统的班级管理模式中，班主任是班级的"管家"，"程式化"的工作，往往让学生处于被动状态，忽视了学生成长的内在需求，特别是"班主任—班干部—小

组长—组员"这种"四级式"班级管理制度，发展了小部分学生干部，限制了大部分普通学生，学生的自主性、民主意识、自治自理能力都相对缺乏。显然在传统班级管理中，解决中职学生的实际问题，唤起每个学生"出彩"的意识和能力，是有一定难度的。因此，从全面、全方位的角度，营造人人发展的氛围，创新班级管理也是必然趋势。

上层有国家政策的支持，中层有学校搭建的平台，如果再加上充满活力、有利于学生发展的班级管理的下层助力，"人人皆可成才、人人尽展其才"的良好局面，就不是空中楼阁了。由此，构建符合时代发展要求、符合中等职业学校教育特点的新型班级管理模式成为必然。

第二节 角色模拟班级管理模式的建构

班级是一个"小社会"，是学校履行教育管理职能的基本组织，是学生走出象牙塔、融入社会课堂前获得"社会化"知识和能力的基本组织。《关于加强中等职业学校班主任工作的意见》中指出"每个班级必须配备一名班主任"，明确中等职业学校班主任"是学生管理工作的主要实施者""是学生思想道德教育的骨干力量""是学生健康成长的引领者"三大作用，且这一"班级管理工作"是中等职业学校班主任的工作职责。由此可以看出，中职学生的思想教育、职业发展等工作，皆是通过班级这一基本组织得以落实。所以，探讨班级管理方法，建构新型班级管理模式，就显得格外重要。本文将这种新型班级管理模式称为"角色模拟班级管理模式"。之所以建构此种模式，是基于以下方面考虑的。

一、角色模拟班级管理模式建构的源起

1925年，我国近代职业教育的创始人、被誉为职业教育之父的黄炎培提出了"大职业教育主义"思想。大职业教育思想有着深刻的内涵，在中国现代教育史上独树一帜，也必将影响着新时代中国特色职业教育的改革和发展。其中的部分观点，可作为创新班级管理模式的重要参考。

任何一个人，无论学业上如何进步和发展，终究会面临就业问题，是否选择了适合自己的就业与择业，对于人的一生都会有重要的影响。就业和职业都是可以选择的，"凡事预则立，不预则废"，提前做好计划和储备，才不会因茫然而错过最佳的机会。黄炎培认为，学生从小要接受职业观的指导，学校的教育要及早关注学生的发展，磨刀不误砍柴工，做一件事情，临时抱佛脚要不得，功夫

必须用在平时。所以,对学生的职业启蒙教育、职业观指导越早越好。黄炎培关于职业观的思想,与学校"日晷式职业生涯规划教育模式"的目标不谋而合。我们无法改变学生的初中教育,但是在中职班级形成之初,职业生涯规划教育,就应该一路伴随班级建设管理,即职业生涯规划教育全过程与班级建设全方位高度融合,这也是黄炎培大职业教育思想中"实施全面职业教育"的体现。

"必须把教育和生活密切地联系",20 年代初期,黄炎培针对当时教育脱离学生实际的现状提出了实用教育主义学说。教育不能离开生活存在,如果学习与实践相脱节,学用不一致,就会造成毕业即失业的情况。心理学上的"花盆效应"也揭示了这个道理。在封闭或半封闭的学校教育中,学生整天被关在教室里,与沸腾的现实生活脱节,经不起挫折,也极易滋生以自我为中心的价值观、是非观和荣辱观。班级作为促进学生发展的教育环境,在这样一个重要的"花盆"中,开放的管理理念,才能让"花盆"里的作物和花卉经得起考验。哲学界已经取得共识:"21 世纪是体验的时代"。这都给新型的班级管理模式建设提供了参考,那就是将班级模拟成为社会生活的舞台,在这个舞台上增强学生的体验,习得将来社会生活的经验。这也是黄炎培关于职业教育社会性和实效性的体现。

黄炎培职业教育思想中将职业生涯规划教育融入班级管理、增强学生体验的论述,为建设适合新时代要求的班级管理模式提供了源起思考。

二、角色模拟班级管理模式建构的理论依据

1. 杜威"新三中心论"

杜威作为传统教育的改造者、新教育的拓荒者,主张"教育即生活""教育即生长""学校即社会""从做中学",他提出了"儿童中心""活动中心""经验中心"的"新三中心论",反对教师作传统教育中的"监督者或独裁者"角色,认为"一切真正的教育从经验中产生"。这为建构角色模拟班级管理模式提供了两个方向:一是重视学生体验,二是尊重学生主体。

2. 陶行知生活教育理论

我国教育家陶行知先生继承和发展了杜威的思想,提出一个理论(生活即教育理论)和三大原理(生活即教育,社会即学校,教学做合一),他反对传统教育脱离生活、学生和社会脱节、学生不能适应社会的局面,提出全体学生要主动、自觉参与学校与班级的教育管理,学校要模仿社会化的环境,帮助学生在其中学会自我管理,锻炼学生自治能力。陶行知先生模拟社会场景、全体学生参与班级管理的理念,为创新班级管理模式提供了更切合实际的理论依据。

3. 魏书生民主与法治的班级管理策略

我国教育家魏书生先生在班级管理中，突出"民主"与"法治"的鲜明特点，提出并运用"法治"的班级管理策略，经过研究实践，建立了一整套科学的计划系统、科学的检查监督系统、科学的总结评价系统，致力于提高学生自主学习和自我管理能力。魏老师"人人有事干，事事有人干，时时有事干，事事有时干"的民主化班级管理方式，管理权利下放，让每位学生都成为班级的主人，学生丰富的思想、现实的生活、独特的观点等，都是被关注的生存状态，被重视的个性特点，体现了"培养全面发展的人"的班级管理教育旨归，这也是教育"以生为本"的体现，对于创新班级管理模式实践，有着重要的指导作用。

三、角色模拟班级管理模式建构的实践依据

从以个人经验和判断为主的传统经验管理阶段，发展到在经验基础上进一步总结提炼为科学、系统理论的科学管理阶段，再到内涵不断深化、外延不断扩展的现代管理阶段，在这一发展历程中，人在管理中的地位越来越突出，以人为中心的管理特点越来越鲜明，注重人与组织的共同成长、注重员工需求的满足、注重人才在企业持续发展中的作用，这与传统管理模拟中"见物不见人"，或把人作为工具、手段的管理模式截然不同，为角色模拟班级管理模式的建构提供了实践思考。

（1）从人的精神方面来看，班级管理中要注重班级集体和学生个体的共同发展。传统企业管理中，认为"获得最大报酬"就是员工的目标，而对于现代企业而言，员工工作的主要目的不再仅仅是为了生存，更重要的是实现自身的价值。当员工价值体系中高度认同这项工作时，就能够创造性地高效率地完成该项工作。班级管理中要注重学生与班级的共同发展，形成班级良好的秩序是班级管理的目标之一，学生的发展更应该是班级管理的重要目标。

（2）从人性角度思考，班级管理中要懂得尊重学生、满足学生需求。美国心理学家亚伯拉罕·马斯洛 1943 年在《人类激励理论》一文中提出"需要层次论"，把人的需求分成五类，像阶梯一样从低到高，按层次逐级递升：维持自身生存的生理需求、整个有机体的安全需求、希望得到关心和照顾的社会需求、渴望被认可的尊重要求和最高层次的自我实现。班级管理中要相信并关注学生的各种需要，运用不同方式进行调研，弄清学生不同时期的需求，尊重学生的主体意识，并不断地通过满足学生低层需求而唤起更高层次的需求意识。

（3）从人的发展来看，班级管理中要将学生成长作为班级持续发展的动力源。现代企业鼓励员工不断超越自我，充分挖掘现有人才的潜力，承认人的价

值和尊严，并且有计划地、主动积极地对员工进行培养培训，帮助他们发展，去追求卓越，而这也是企业经久不衰的秘诀。班级管理中要包容学生的个性特点，努力发展其特长，以实现集体和个体发展的共赢。

四、角色模拟班级管理模式的含义

1. 角色模拟班级管理模式的提出

角色模拟班级管理模式的提出，基于以下两个概念。

（1）情境教学。夸美纽斯在《大教学论》中写道："一切知识都是从感官开始的。"我国古代就有"耳闻之不如目见之"的说法，这也反映了"情境教学"法的特点和作用，那就是将抽象的知识具体化、形象化、直观化，再通过开放的情境、身临其境的体验，让学生在真实的场景中理解知识，提供暗示或启迪，从而激发学习情绪和兴趣，引发体验和感悟，在释放身心的同时，有利于锻炼创造性思维，培养适应能力，如同孔子所言："无言以教""里仁为美。"

我们分析情境教学的概念，不难看出"设置情境—学生体验—感知情绪—激发情感"这样一条主线，这条主线的关键在于组织和创造学习情境，只有在情境中经过体验，学生才会真正有感知、有情绪，最终激发情感。保加利亚学者G·洛扎诺夫说过："我们是被我们生活的环境教学和教育的，也是为了它才受教学和教育的。"在班级中模拟一种社会情境或是职业情境，促使学生在情境中进行体验，会有效地唤醒学生的能动性、创造性，帮助学生更为顺利地实现从自然人到社会人的自然转化。

（2）角色扮演。角色扮演原本是一种心理治疗技术，用于教育中，也是一种情景模拟活动。如果说上文中的"情境教学"重点在于情境的设置，那么角色扮演的关键点就在于学生的体验：让学生沉浸到设置的情境中，自己模仿其中某一角色，包括替代其行为、体会其情感，在模仿中获得体验和感悟，将理论知识在潜移默化中变成技能。美国教育家菲利普在教学研究中提出，学生往往可以记住90%他们正在做或曾经做过的事情，而对于读到的或是听到的，仅能记住其中的10%或是20%。可见，"主体"身心投入的重要意义，角色扮演就是充分运用这一原理的模拟活动，将理论与实践有效地结合，促进学生自我成长，而不是被迫记忆或成长。

现实的社会生活中，每个人都有其特定的工作角色、社会角色。班级作为社会组织，在管理过程中引入"角色扮演"方法，将学生置于一定的社会情境、职业情境中，通过给他们赋予一定的角色，进行体验式生活，有意识地进行社会技能训练，促使学生具有多种发展可能性，在角色扮演中进一步认知职业、专业、发现生活周围不同社会角色的言行特点,学会表达与沟通,提高社交能力和工作技能,提高自我学习认识和学习能力,提高分析归纳和组织管理能力,提高职业认同感和社会适应性。

参照情境教学和角色扮演两个概念,本文中提及的班级管理模式,既包含对社会、专业情景的模拟熟悉,也包含对学生将要从事的职业、岗位的模拟熟悉,因此命名为"角色模拟"班级管理模式。

2. 角色模拟班级管理模式的内涵

班级是一个人出生后所加入的第一个社会组织,这一组织不是自动自发聚焦形成的,而是由于班级中的成员——学生,他们有着相近的年龄,同等的知识程度,学校按照教育意图安排组合而成的。角色模拟班级管理模式是指班级这一组织中的全体成员,根据学校教育要求,按照共同制定的组织运行规则,通过在班级中模拟职场情景、每个成员自主选择职场角色并担负角色职责的方式,实现班级发展目标以及成员发展目标的过程。

3. 角色模拟班级管理模式的特点

(1)从班级管理目标上看,"内指向性"目标更为突出。

传统班级管理中,"目中无人"的现象较为普遍,班级管理者"一盘棋"的思想占主导,与生产组织管理相似度极高:有明确、统一的目标,强调效率原则,强调领导与服从。所以,外指向性目标较为突出:以输出产品为目标和归宿,更关注于优秀班级的构建。

而角色模拟班级管理,其目标不是构建一个表面看起来优秀的班级:纪律统一,动作一致,而是要构建一个有内涵、有发展的、班级成员共同进步的班集体,在这样的班级中,学生全面发展的主动性被唤醒,培养学生具有新时代品德素养(如社会责任感、创新精神、合作精神、规则意识、诚信精神等)是班级管理的重要任务。在角色模拟班级管理模式下,班级中设置社会、专业情景,模拟社会组织及社会关系,构建"微型社会"的管理模式,就是为学生今后参加社会化活动创造实践条件和实践机会,促使学生在主动参与其中的学习、活动、交往等的过程中,在角色扮演中,提高适应能力,发展社会性特点,获得特殊才能。所以,内指向性目标较为突出:以学生的个体目标为出发点和归宿,关注学生的健康成长和全面发展。

当然,在角色模拟班级管理模式中,班级管理目标同样关注外指向性目标——班级目标。但班级目标与个体目标之间,不是"1+1=2"的简单叠加关系,也不是哪一方面为另一方面铺垫或是让步的关系,而是两者的高度契合。换句话说,班级目标在个体目标实现的过程中,既发挥着服务的作用,也发挥着旗帜的作用,是发展个体目标的基础和核心,个体目标的实现也促进、带动班级目标的推进。

(2)从班级组织机构上看,"民主化"方式更为突出。

一般社会组织中,强调成员之间的领导与被领导关系,重视权力分配和责任承担,班级作为社会组织,虽然也会设立班干部、小组长等"干部"职位,也会赋予他们一定的管理权限,但是班级作为一种特殊的社会组织,其特殊性还在于"干部"与"群众"之间的关系主要是"伙伴"关系,而非领导者与被领导者,支配与被支配的关系。传统的班级管理中,不自觉地用用行政管理的办法来搞班级管理,如直线式的"班主任—班长—委员—小组长—组员"管理模式,"家长制"特征相对明显,既会产生"精英"阶层,也会产生"弱势"群体,人为地造成学生之间的"不平等"。

而高中阶段的学生,自主意识越来越强,社交需求、尊重需求和自我实现需求更为突出。

在家庭中他们会直接表现为不"服从"爸妈的管理,与爸妈顶嘴,"你让往东我偏向西",以此争取"权力"。而在班级这一"小社会"组织中,他们往往提出不同的见解,希望被关注、被认可。这既是一种"自我管理"愿望的体现,也是一种普遍的心理需要。角色模拟班级管理模式中,充分考虑学生"自治"的心理需求,全体学生都是班级管理的主体,每位学生有一定的情景角色,有一定的角色职责,有一定的管理权限,"主人翁"的意识被强化,少数"干部"垄断现象、部分学生边缘化现象得以有效避免,班级的民主化管理真正落地。

(3)从班级组织规范上看,"游戏规则"的地位更为突出。

游戏规则,即班级管理的规章和制度。传统班级管理中"家长制"特征较为明显,班主任的权威就是班级制度,班委会也是唯班主任马首是瞻,班级内部容易松散,难以形成真正意义上的有机整体。如果班级中再缺少系统的激励机制、评价机制,那么班级就会缺少活力,学生的主体意识越来越淡漠。

角色模拟班级管理模式中,规范和制度不是个人权威,而是全体学生共同制定的、班级各项工作可依据的统一的规范、标准,不仅用以规范学生行为、树立规则意识、培养良好习惯,同时用来明确办事程序、权责分配、机构设置、评价办法、激励政策等。正如游戏开发工程师们,无法设计出任何一款没有游戏规则的游戏一样,如果我们把班级看作一台机器,每一位同学就相当于一个零部件,要使机器高效运转,离不开"游戏规则",只有在共同的规范下,各自承担一定的功能,彼此恰当组合,链接成整体,在发挥自己作用、实现自我价值的同时才能推动班级有效运行。可见,规章制度在角色模拟班级管理模式中至关重要。

第三节　角色模拟班级管理模式的实施

一、实施原则

1. 目标一致性原则

马卡连柯说："如果一个集体没有目标，那就找不到组织这一集体的方向。"首先，一个班级必须有明确的目标，否则班级无法发展，作为班级成员的全体学生无法在这一集体中协作。其次，班级不仅应当有目标，而且这一目标还要被班级内的所有成员理解和接受，否则班级活动无法统一开展，班级也无法做出统一决策。再者，班级目标与学生成员个人目标虽不是一回事，但是班级目标和个人目标是互相促进共同推进的，步调是一致的，即实现个人目标有助于达成班级目标，实现班级目标有助于达成个人目标。所以，实施角色模拟班级管理模式的时候，班级目标和个人目标必须始终一致：有统一的方向，有统一的认识，有统一的步调。

2. 体验最大化原则

"纸上得来终觉浅，绝知此事要躬行。"体验是人类社会学习的重要形式，在个体社会化过程中起着很重要的作用。角色模拟班级管理模式在实施时，要高度重视学生"体验"，避免两种管理情况：第一，班级管理绝不只是班主任的事情；第二，班级管理绝不只是在班主任直接授意或委托下，几个主要学生干部的事情，而要以学生体验为主要的实施途径，一方面通过分组管理化大为小，让更多的学生参与到班级管理工作；另一方面变单一的管理为自治，提供给学生更多的自主管理空间，从而实现学生体验最大化，让学生在亲身经历中认知专业、认知社会、深挖潜能、提升能力、增强自律、获得自信、发展自我，有效避免"学而不信"，成就"最好的自己"。

3. 角色适配性原则

唯物辩证法认为，世界上任何事物都有对立统一的两个方面。人也是如此，"人无完人，金无足赤""尺有所短，寸有所长"，这些都较生动地概括出了人的特点。用长容短、协调互补，用合适的人干适合的事，这是一个组织得以凝聚人心的法宝，也是发展组织中个人能力的原则。角色模拟班级管理模式，在具体实施时，学生要承担某一岗位职责，扮演某一岗位角色，必须要充分考虑适应性，避免用其短藏其长。每一小组内的成员，知识、能力、素质、性格等等各有不同,分组时要取长补短、优势互补,充分考虑并遵循适配性的原则。适合的才是最好的,也只有这样才能最大限度地发挥各自的特点。

4. 正确价值导向原则

价值观看不见摸不着。当一个人去评价某一事物、发表自己的看法、做出重要的选择时,价值观就会在其中发挥作用。它体现了个人在社会生活实践中做人做事的基本准则,是认知和理解的依据,也是判断和抉择的标准,更是社会秩序得以维持、社会系统得以运转的基本精神依托。角色模拟班级管理模式在具体实施中,面对的对象是中职学生,而中职学生极易产生"性犹湍水也,决诸东方则东流,决诸西方则西流"的现象。所以,班级管理中要紧紧抓住社会主义核心价值观培育这一关键,坚持正确的价值导向,引领和融合多样化的思想观念和社会思潮,筑牢学生理想之基、信念之魂,引导学生全面健康成长,做德智体美劳五育并举、全面发展的新时代青年。

二、实施过程

作为社会组织的班级,其管理过程必然具有社会组织的特征。

既然班级是一种社会组织,其管理过程中必然体现社会组织的特征:一定数量的固定成员、特定的组织目标、制度化的组织结构、普遍化的行动规范、开放的系统。班级并非几十个学生自愿结合的产物,也不能由学生自己决定,而是学校这一外部力量,将他们"强制性"地组合到一起的,是学校指定的结果。所以,对于"一定数量的固定成员"这一特征,在实施班级管理的过程中是无法决定或者改变的。因此,下面展开的角色模拟班级管理模式的实施过程,仅从其他四个方面进行表述。

(一)制定班级管理目标

从社会学的角度来看,组织目标是社会组织存在的第一要素,班级作为非自愿形成的一个社会组织,其目标更是班级得以运行的首要要素。班级管理目标的制定,要在充分认识班级外部环境的基础上,以班级的客观现实为依据,遵循学生成长需求、班级发展期望等。具体来讲,可以从以下几个方面考虑制定。

1. 全面掌握信息

制定班级目标之前,要全面收集资料,掌握信息。

(1)把脉时代信息。班级管理目标的制定,要紧跟时代步伐,贯彻和体现党和国家的教育方针政策。中国特色社会主义进入新时代,"努力让每一个人都有人生出彩的机会""培养德智体美劳全面发展的社会主义建设者和接班人"，这才是班级管理目标制定的依据。只有当班级管理目标与社会发展的总体目标相统一时，班级发展才有活力，学生成长才有价值。

（2）明晰教育目标。学校在人的发展中具有独特的、重要的教育功能，是学生完成社会化角色转变的重要单位，学校教育是所有教育形式中最重要的一种。学校教育的培养目标绝不是凭空捏造的，而是在国家教育方针的指导下，结合受教育者的现实情况制定的，班级管理首先要明晰这一目标，这也是培养学生的方向。只要方向对了，路再远也会到达。

（3）熟知专业属性。从类别上看，职业教育是与普通教育等其他类教育并列的一类教育，是专业教育或专门教育，它从社会需求实际出发，培养某一领域的职业人员，从培养学生实际能力出发，培养某一领域的专业人员，因此，职业学校班级管理目标要以班级的专业特点、人才培养目标为依据而制定。同时要结合终身教育的要求，在目标制定时，充分考虑培养具有可持续发展能力、自我学习能力、适应性强的人。

（4）明晰现实状态。班级发展的最终指向是"外指向性"的，即发展学生个体，所以班级管理目标制定时要依据班级中学生个体的现实状态。要主动发现和捕捉班级学生的特点，综合考虑学生的普遍性和特殊性。一方面，中职学生存在普遍性特点，比如自卑感比较强，学习能力、行为习惯、自我控制能力等相对较弱，这是班级的共性。另一方面，每个班级的学生都有其特殊性，比如学生的来源结构、班级学生的性别比例、原生家庭情况、学生的心理状况等，这是班级的独特性。制定班级目标时，既要考虑共性，也要兼顾独特性。

以上信息，在制定班级目标之前，要全面了解，全方位掌握，这样才能保证班级目标符合政策要求、符合实际情况，才能接地气、有生气，才能有助于班级的发展，有助于凝聚人心。

2. 科学确立目标

在了解、掌握全面、全方位的信息资料后，要将信息资料进行归类分析，以民主协商的方式，将目标表述明确清晰，立足实际，远近结合，确立班级目标。

（1）立足全员共同制定。理由决定结果。明确的目标具有一种潜意识的强大能量，是学生进行自我教育的助推力，但是制定目标的过程和目标制定的原因，比目标本身更具激励作用。因为这一过程，是反复分析资料的过程，是全面了解专业的过程，是对自己深刻认识、深层剖析的过程，也是对自己成长负责的过程。所以不仅是学生个人目标的制定，班级目标的制定也需要每一个学生参与，当学生真正了解原因，才会在班级管理过程中不断地、主动地参与目标的规划以及后续的修正中,能够自觉督促目标的实现,甚至超载,最终在实现班级目标的同时,达成最优化、最大化的个人发展。因此,班级目标的制定,需要全体学生共同参与,不存在旁观者。

(2)立足年级分层制定。一般来讲,目标包括长远目标、中期目标和短期目标。根据苏联著名教育家马卡连柯的平行教育理论,设置班级这一集体的教育目标时,要考虑"远—中—近"的层递性。不同年级的学生有着不同的阶段特征,不同阶段的班级管理也有着不同的阶段要求,在班级系统目标和个人发展目标的制定上,要考虑层次性和递进性,根据班级不同年级、不同阶段,制定分段目标,一年级重在"形成专业意识,夯实行为习惯,超越初中",二年级重在"提升专业技能,发挥榜样作用,超越自我",三年级重在"追求持续发展,树立职业理想,超越梦想"。从改变以往的行为习惯入手,到自己与自己相比,每天进步一点点,再到追求更高的发展,一步步显现出"远—中—近"的层次性和递进性,显现出不同阶段的不同要求。

(3)立足实际动态制定。切合实际的班级目标更有号召力和吸引力。根据苏联教育家维果茨基的"最近发展区"观点,班级目标的确立,要切合实际,目标过大,挫伤学生积极性;目标过小,不利于引领前进方向。因此确立目标时,就需在前期收集信息资料的基础上,科学分析班级和学生个人的"最近发展区",确立不同的,但是"跳一跳"可以达到的目标,而不是无论怎样努力都做不到,或者不需要努力就能够轻易实现的目标。尤其是班级制定的第一个目标,更需要科学研判,发挥"首因效应"的作用,使学生能看到集体和自己的力量,增加自信心,调动积极性。

(4)立足成效整体制定。培养什么人,是教育的首要问题,也是班级目标的核心要素。学生德智体美劳的发展,班级建设的成效等,这些都是在目标中需要明确定性的内容。但是仅如此表述,会让班级目标不具体,且难以评估。因此,班级目标中还应有定量的表述,需要有一定的数量指标,具体表述建设成效。通常情况下,定量描述可以从成绩、竞赛、荣誉、奖项等维度进行,如学科学习、专业技能等成绩发展到何种程度,参加技能大赛、文明风采活动的情况,班级、学生获得什么荣誉、奖项等。定性是为了设置路径,定量是为了具体实施,前者是后者的依据,后者是前者的具体化、数字化。没有定性,就没有方向,盲目而无价值,没有定量,可见性、可评性变弱,容易流于形式。所以,班级目标的制定,以文字语言和数学语言相结合的描述方式,定性和定量互相结合,互为补充,让班级目标更具可视性、可操作性、可评价性。

(二)设置班级组织机构

我们很难想象,一个各自为政、各行其是的集体,会有凝聚力和向心力,会有高效率和高质量的执行力。如果说班级目标是凝聚班级这一社会组织存在的第一要素,那么组织机构的设置就是提高班级执行力的第一步。角色模拟班级管理模式中,如何设置班级组织机构?

1. 遵循两个构建原则

根据角色模拟班级管理模式的内涵特点、实施原则,班级组织机构的构建应该着眼于解决两个问题:一是班级管理不只是班主任的事情;二是学生的实际体验更有利于增长才干、提高素质、锤炼品格、适应社会。所以构建班级组织机构时要遵循两个原则。

一是全员体验的原则。角色模拟班级管理模式中的班级,要力争为每个学生设置一个"位置",选定一个"角色",赋予每一个学生均等的、平等的班级管理权,让每一个学生都有参与的体验,都有自己的管理角色和岗位。

二是全面体验的原则。在角色模拟班级管理模式的组织建设中,要让学生尽量体验各种职业角色,在体验中寻找不同职业、不同岗位的感觉,同时也体验各种"地位"角色,体验不同"位置"的职责与管理,消除在班级组织中地位固定和滞化现象,也消除"不干事就不会犯错"的消极"躺平"现象。

2. 形成两级组织体系

(1)第一级组织体系:班级管理执行委员会。腾讯在对"00后"调研中发现,66%的"00后"表示:"有很多决定都是我自己的",他们习惯于自己做决定,对自我的认知较强。角色模拟班级管理模式要充分考虑这一实际情况,强化学生主体地位,把"权利"交给学生,模拟股份公司管理形式,形成第一级宏观管理组织体系:班级管理执行委员会,如图3-1和图3-2所示。

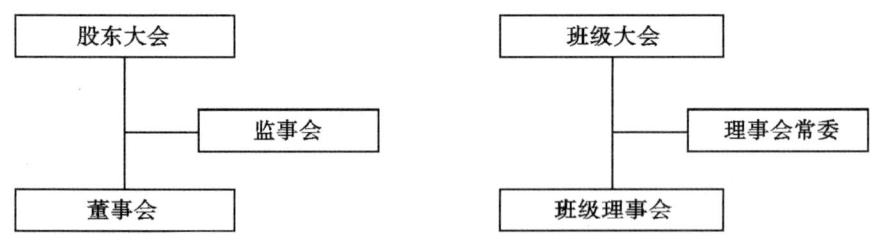

图3-1 股份制公司组织结构图　　图3-2 班级管理执行委员会结构图

班级大会就像股东大会一样，是班级（公司）的最高权力机关，由全体学生（股东）共同组成，拥有选举班级理事（公司董事）、组成班级理事会（董事会）的权限，负责制定或否定班级（公司）的一切规范制度。班级理事会，如同公司的董事会，由班级大会（股东大会）选举产生，由于是会议机构，所有人员数量限定，不能少（有法定限额）也不能太多，一般是奇数。班级理事会（董事会）中有人员分工，内设首席理事（董事长）以及其他理事（副董事长、常务董事等），具体负责班级各种事务（董事会负责处理公司诸种重大经营管理事项）。理事会常委相当于公司的监事会，是专门监督机关，提当班级总管（代表股东大会行使监督职能）。

班级管理执行委员会的建立，让每个学生都有说话的机会和权利，尊重学生的决定，每个学生都参与了班级事务管理，并在其中担任一个角色，没有权威的强制，更有利于学生的认同与执行。同时实行常态化的人员轮换，创造每个学生的"均等机会"，如每月轮流一次，学生可以自由组阁，轮流执政，全面体验。本月学生甲可以是首席理事（董事长），下个月就有可能成为班级大会（股东大会）中的一名成员（股东）。如此，学生获得足够的"沉浸体验"，满足了学生被尊重的需要，而且特权阶层将不再存在，班主任"控制"的"亲信"也就消失了。

（2）第二级组织体系：班级管理运作体系。现代管理学中，以直线职能制为主要的组织结构形式（图3-3）。

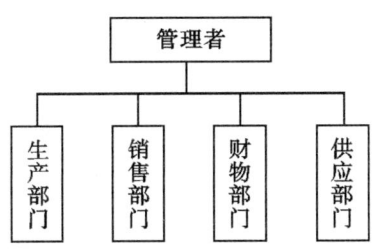

图3-3 企业直线职能制组织结构图

作为组织的班级，规模并不大（一般40人左右）、相对稳定（学生一旦进入该班，轻易不会转出），可以参考直线职能制的组织形式，分解班级管理框架，将班级管理事务归到几个部门，让班级管理"化整为零"，全部学生参与到班级具体事务的管理中来。至于职能部门与岗位设置，根据班级专业属性进行设置，突出专业特点，突出职业特点，突出岗位特性（图3-4）。

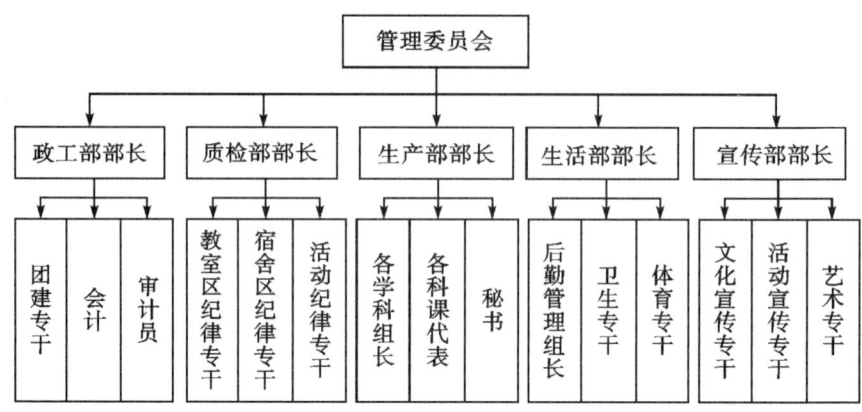

图 3-4　班级组织机构图

版面的原因,并不能完全将各岗位呈现出来。从框架来看:按照职能分为五个部门,每个部门中的岗位,都有许多相似的技能。如质检部中的三位"专干"岗位,都有同一种特定工作:该区域内或活动时的纪律检查、督查。每个部门中再以直线制的形式管理,如生活部中的后勤管理组,后勤管理组长要负责管理安全管理员、电教管理员、手机管理员等,管理形式是后勤管理组长—安全管理员,或者后勤管理组长—电教管理员。在具体实施的时候,各岗位的名称可以根据"角色"或岗位的具体职责进行调整,比如电教管理员,可以叫作"机器人",安全管理员可以叫作"保安",还要允许学生自主申报、增设相关岗位,允许学生身兼数职,有多个"角色"。

如果说班级管理执行委员会解决了班级管理谁负责,以及如何负责这个宏观层面问题,那么班级管理运作体系解决了班级管理具体操作的微观层面问题,两类组织体系共同运行,从着眼整体,到落实细节,从关系的界定,到岗位的设置,有效实现"人人有事做,事事有人做"。每一个岗位,每一个角色,对于学生而言,都是自我价值能力的体现,都是自己在班集体中"存在"的证明,也给自己的成长提供了可能。

总之,班级组织机构的设置,要讲究责、权、利的统一,赋予某岗位的权力,该岗位就要有能力履行岗位职责,享有相应的收获。所谓"人尽其才,才能相称,才得其用,用得其所",这是科学设置班级组织机构的目标。

(三)建立规范班级制度

"轮流分粥,分者后取"的故事告诉我们,一个组织的最高权威是制度。班级管理就像企业管理,其真谛也在"理"而不在"管",学生像企业员工一样,也有各自利益之分,如何兼顾,建立科学、合理的制度是非常重要的。泰罗的科学管理理论之父泰勒曾指出:"在过去,人是第一位的,而在未来,制度是第一位的。"要实现班级的有序运行,建立班级制度规范是必不可少的。

1. 构建三层制度

角色模拟班级管理模式,从三个层面建立班级制度规范。

第一层:"班级宪法"——全局制度建设。"班级管理执行委员会"是角色模拟班级管理中的第一级管理体系,确保班级各项事务的决定权在全体学生。为保证执行委员会的科学运行,需要拟定"班级自主管理章程",在章程中确定班级民主自治的总原则,确定组织建设体系、班级"人事"任用办法、权利和义务的划分等。如确定班级精神(包括班级公约、班训、班徽等内容);确定班级管理机构,并确定每个部门、每个岗位的工作职责;确定多长时间召开一次班级大会,审议各专项管理规定、小组管理办法等。总之,此章程是班级全局性的制度,是建班之本,其他管理都要以它为基础和准绳。

第二层:"地方自治条例"——小组成员管理办法。直线职能制班级组织体系中,在职能部门中是直线管理的,也就是说分组管理。因此,每个职能部门(小组)的运行,需要根据自身的需要,制定内部管理纪律,规范小组成员的行为,实现小组内自我管理的有序化。如部长工作职责,就是针对各职能部门的负责人的管理办法,当然也有各专干的工作职责。好比一个企业中的不同车间,需要根据车间内的具体分工来制定各自的员工管理办法一样。但是所有管理办法不能违背全局性制度,即班级宪法。

第三层:"专项条款"——具体事务管理规定。班级中要管理好各项事务,需要建立一系列专项的规章制度,这是学生在班级中学习生活的依据。如果说"地方自治条例"是针对各小组成员的管理办法,那么这个"专项条款"就是根据各职能部门的工作内容而制定的管理办法,面向的对象是全体学生。比如,按照学校学分管理的要求,需要制定《德育学分管理规定》《学科学分管理规定》,为保证宿舍生活的有序管理,需要制定《住校学生管理规定》,为落实教育部手机管理要求,需要制定《手机管理规定》等。

这三个方面的制度,分别从"总—分—专"三个角度,针对班级管理运行、班级中的人、班级中的事三个对象来制定,有需要大家共同遵守的,也有针对各工作岗位、工作角色所独特的制度内容。

2. 突出四个特点

(1)突出学生主体。角色模拟班级管理模式强调学生为主体这一核心思想,班级管理制度的建立,要规范自下而上的程序,要求学生全员参与,体现全体学生的共同意愿,是全体学生达成的共识。根据学生意愿制定的管理制度,可以有效保证其人性化,从而保证制度内容的可行性,也为制度的执行奠定了基础。

(2)突出方向引领。管住人限制人,这不是角色模拟班级管理模式所要追求的目标,发展人成就人,才是班级管理的方向。因此,制定班级管理制度时,要明确制度制定的目的,以维护学生利益、培养良好习惯为原则,同时要以国家教育政策、法律法规、学校制度为依据,不能凭空臆想、捏造,《中小学生守则》《中等职业学校学生公约》等都是中职学校班级管理制度的依据。

(3)突出教育目的。制度不是用来欣赏的,而是用来执行的,所以制度的制定不能摆"花架子",既要明确标准和要求,也要明确奖惩措施和办法。奖励过度,等同于无效表扬,惩罚过度,打击信心,一蹶不振,都不符合教育的要求。魏书生老师的写说明书、唱歌、给班级做一件好事、免一次值日等奖惩措施,是值得借鉴的。当学生认同度高了,制度的执行力就会强,就会凸显教育效果。

(4)突出动态变化。班级建设的过程是一个动态发展的过程,每一个阶段都有各自的任务和特点与之相对应,班级制度的建立也要随着班级的发展而调整,哪一部分制度在哪个时间段调整,其根本依据还是班级建设的实际需要。早了,一纸空文,效度降低;晚了,容易造成被动局面。高一年级制定实习管理制度就不如高三年级实习开始时再制定。时间在流逝,空间在变化,情况、境界在转移,班级制度要及时、适时地调整,以适应变化的时空。

(四)整合班级教育力量

从夸美纽斯的班级授课制开始,班级作为一个教育系统而存在,"教师"与班级这一概念不可分隔,作为受教育者的学生,不可能完全独立于教育者的教育之外,而是受到社会代言人——教师基于教育目标的直接作用。同时,班级成员是"非成年人",按其年龄特点,家长的参与必不可少。班级是社会组织,社会属性的强化与体现也需要社会的参与。因此,班级不只是学生的班级。我们强调学生主体地位,但是不能忽略在班级建设中其他教育力量的整合,否则就是人为制造"生态危机"。所以,角色模拟班级管理模式中,重新定位和整合这四种教育力量的职责和作用。

1. 发挥班主任的主导作用

《中等职业学校德育大纲》中明确指出,"班级是学校德育工作的基层单位,班主任是组织班级管理和德育的直接实施者"。传统班级管理中,班主任既是法定的班级专属管理者,又是班级办事员。角色模拟班级管理模式中,突显班主任主导地位和作用。

主导不同于主管，以导为主，而非以管为主。这与"学生的主体地位"并不矛盾，班主任主导，学生主体。班主任淡出管理前台，不包办，但也不甩手，而是用教育智慧、用教育理念为学生的主体地位"保驾护航"，潜移默化中引导、影响班级健康的舆论但良好的方向发展。魏书生老师在自己的班级中，凡是学生能干的，干部不干，凡是干部能干的，老师不干，而且魏老师经常出差，也能做到班级有序发展，学生健康成长，其背后所蕴含的道理就是要充分发挥班主任的"主导"作用，做到班主任导而不放，学生独立自治而非自由散漫。

2. 发挥任课教师的导师作用

习近平总书记在全国教育大会讲话中指出，"要把立德树人融入思想道德教育、文化知识教育、社会实践教育各环节"。任课教师要转变观念，重新审视教学所肩负的育人使命，不能只单纯地关注自己所教授的学科本身，不能只做本学科知识的传播者，也不能只做技能的培训者，而应发挥导师作用，做学生的成长引路人、心灵成长师。

班级管理中要主动邀请任课教师参与。职业学校中的班级，从建班之初就被赋予了某个专业属性，班级目标的确立、班级中每个同学角色岗位的设定等，都与本专业人才培养方案、本专业在社会上的应用等相关，要整合并发挥任课教师的优势，给予专业、科学的指导，同时参与班级管理评价，监督制度运行、活动开展，评价班级与学生发展，推进德育一体化建设。

3. 发挥家长的协作作用

家长作为孩子人生中的第一任老师，在学生健康成长中的作用和意义是不可忽视的，而且家长也同样是学校教育的利益主体之一，他们对学校教育和管理具备参与权、监督权、建议权等，这是教育管理时代发展的必然趋势，也是教育价值取向多元、教育需求多元、民主理念深入人心的必然要求。班级作为一个未成年人群体组成的教育组织，每个学生在思想意识、性格特征、家庭环境、生活背景等方面的不同，增加了班级管理难度，也更需要家长能够积极参与其中，发挥作用。

班级管理要主动邀请家长参与，征集家长管理建议，特别是对于一些边缘化问题的解决。班级要成立家长委员会，班级的管理制度、办法等，在征求家长委员建议的基础上，可以更全面更实用，也有利于在班级中推广实施，同时，家长委员会可以帮助班级解决诸如学生矛盾、家长疑问等"纠纷""难题"。班级还可以组织"助教团队"，充分发挥家长的社会资源、职业资源等，为学生的职业规划助力，为班级活动的开展助力。家长可以有权对班级各项事务进行督导、评价,比如学生评优评先。在督导评价过程中,家长全程见证什么是优秀,既有利于班级事务的透明和公开,也有利于家长审视自己孩子的成长和发展。

4. 发挥社会的支持作用

习近平总书记在 2018 年 9 月召开的全国教育大会上的讲话中指出,办好教育事业,培养成长成才的青少年,培养德智体美劳全面发展的社会主义事业建设者和接班人,家庭、学校、政府、社会都有责任。社会要支持教育,教育应与社会接轨,特别是职业教育,要解决适应性问题,需要在接受学校教育的同时完成社会化转换。角色模拟班级管理模式中,"家庭、学校、社会"三位一体教育体系,哪一位都不可缺席。

社会是班级管理的实践平台。班级管理的终级目标都是培养适应社会发展的人才。人不可能脱离社会而存在,社会的需要就是班级管理的指向。在职业学校中,学生与社会接轨、与生产接轨的机会较普通高中多,与一线劳动者接触的机会也多,抓住这些机会,对学生进行职业道德、职业纪律、职业精神、安全生产等教育,这是实施德育教育的途径之一,也是职业教育必然要求。除学校整体安排的实习实训外,从班级的角度而言,可以联合社区,建立班级专业实习基地,用专业服务社会,是检验班级管理成效、学生专业掌握情况的最好实践方式。

《中等职业学校德育大纲》中指出,"学校要充分发挥主导作用,与家庭、社会密切配合,拓宽德育途径,实现全员、全程、全方位育人"。班主任、任课老师、家长、社会这四种教育力量缺一不可。角色模拟班级管理模式,要科学整合班主任、任课老师、家长、社会"四位一体"教育力量,摒弃简单叠加,要协调一致、各司其职,形成密不可分的管理共同体,用集体的智慧,科学有效地做好班级管理的指导工作、对学生成长的指导工作,促进班级和学生健康、稳定、持续、幸福地发展。

三、价值意义

美国心理学家奥尔德弗在马斯洛的需求层次论基础上,把人的需求分为三种:生存的需求、关系的需求和成长的需求。这两种需要层次论,尽管在表述上不一致,但是都包含了生存和发展这两个基本概念。任何一个组织中,组织成员都会面临生存和发展两个基本状态,生存是基础,发展是趋势。角色模拟班级管理模式的价值意义,就在于以人为本,营造了良好的生存空间,形成了适宜发展的班级氛围,构建了共同的价值追求。

1. 打造幸福生存状态

学生在班级这一组织中接受教育、获取知识、训练技能,也在班级这一组织中,学会生活、增强本领。学生在班级中的生存状态,比起学生的发展,更值得关注,这也是班级管理最基本的价值追求。

对比近几年学生心理健康情况的摸排数据,发现学生心理健康水平呈现明显下降趋势。有自责倾向、冲动倾向、学习焦虑、社交障碍等的学生不在少数,尤其是有焦虑症、抑郁症的学生,比例上升较大。以2020年525名学生为调查数据,自述在初中阶段就患有抑郁症并开始用药的学生居然有13人,15.4%的学生存在不同程度的心理问题。通过分析学生的咨询记录、与学生面对面的沟通交流以及与家长的沟通等方法,发现这种现象往往与学生在原生家庭中、学习环境中、人际交往中不被认可有关,学生看不到自己。

为每一个学生量身定制一个岗位,学生自己选择并承担某个角色职责,这是角色模拟班级管理模式的一大特点。这种管理模式下,学生以独立的个体被尊重、被承认、被需要、被接纳,当自己不再是可有可无的存在时,学习和生活就有了意义,班级也成为了学习和生活的快乐场所。

2. 形成自主发展态势

按照需求层次论,当学生生存的需要满足时,就会开始追求"自我实现"的需要。这是实现学生自主发展的基础。

心理学中的"登门槛效应"揭示一个道理:在实现了较小的、较易完成的要求和目标后,愿意接受并会努力完成较大的、较难完成的要求和目标。角色模拟班级管理模式中,从班级目标的设定,就注意到了"跳一跳,摘果子"的层次性和递进性,不同层级的目标,像一条无形的线,牵着学生不断向前。而且在班级组织机构的设置上,以职能为依据划分小组,而不是以个人能力为原则设置干部角色,突出小组的团队力量,而非个人英雄主义,更易利用同伴效应,发挥集体力量。不断实现新目标的追求,再加上不轻言放弃,班级中自然形成自主发展的良好态势,这也是角色模拟班级管理模式的价值意义之一。

3. 促进学生精神成长

教育是一个精神成长的过程。托尔斯泰说:"人类被赋予一种工作,那就是精神成长。"精神性是人的本质属性,精神成长是人的本质成长。在人的漫长而又短暂的生命成长过程中,精神成长一直存在,不离不弃,它体现为人的精神生活的丰盈与充实,是力量与价值的拓展。

在角色模拟班级管理模式中,班级目标的设定,往往是一种荣誉追求,或是营造一种氛围,不在目标本身,而在于目标会引领学生不断进步,自觉提升生命质量。班级组织机构的设置、班级制度的建立,其过程是为了唤醒学生自主意识,培养独立精神,其指向是养成教育,培养和形成良好的品德习惯、文明行为习惯等。养成教育的终极目标是培养学生学会做人、学会做事、学会学习、学会生活、学会创造,这正是精神成长的体现。

德国哲学家费希特说:"教育必须培养人的自我决定能力,而不是去培养人们去适应传统的世界。教育不是首先着眼于实用性的,不是首先去传授知识和技能的,而是要去'唤醒'学生的力量,培养他们的自我性、主动性,抽象的归纳力和理解力,以使他们能在目前还无法预料的未来局势中做出有意义的选择。"角色模拟班级管理模式,坚持让学生自己的事情自己做,自主自治,自律自立,学会自我选择,学会承担责任,不但营造了良好的生存状态,形成自主发展态势,也促进了学生的精神成长,提升了学生的生命价值。

第四节 角色模拟班级管理示例

班级管理中的"点、线、面"

栾芳

"上下千条线,左右万根绳",这恐怕是对班主任,尤其是职业学校班主任工作最贴切的描述,从另一个角度上,也说明了班级工作的琐碎与繁杂。学校作为学生管理的地方,一切的工作离不开学生这个主体,也离不开班级这个最基本的组成单位。凡是涉及学生教育的方方面面的工作,都会从班级这条线上展开。所以,很多班主任也很无奈地说:"如果哪一天我请假了,班级肯定就乱套了。"其实,班主任工作,不仅仅是一种岗位的设置,更是一种艺术的体现。班级管理的好与坏,有时候与班主任跑多少腿、走多少路、说多少话,是不成正比的,还必须讲究一定的方法。我在这几年的班级管理中,尝试使用"点、线、面"相结合的管理方法,收到了事半功倍的作用,不但让自己从琐碎的事务中摆脱了出来,班级更是有序的、稳定的发展。

一、以日常小事为"点",培养学生的优秀品质

丢失了一个钉子,坏了一只蹄铁,
坏了一只蹄铁,折了一匹战马,
折了一匹战马,伤了一位骑士,
伤了一位骑士,输了一场战斗,
输了一场战斗,亡了一个国家。

这是一首名为《钉子》的小诗。这首诗表面上说的是一个钉子与一个国家的故事，虽有夸张之嫌，但却隐寓着一个哲理：那就是细节决定成败。就班级里的大多数学生而言，做人的基本品质都是无可挑剔的，但是很多学生身上存在着不同程度的"坏毛病"。例如，乱丢纸花、做事丢三落四等，这些小事充溢在学生生活中的许多点滴行为中。如果任由这些行为蔓延，最后一定会影响班级的整体发展，到了那时候，班主任就算再下十倍的功夫去抓，效果也不一定能好。所以，班主任在班级始业教育阶段，就应该善于以班级的日常小事为主抓"点"，从培养学生良好的习惯入手。

还记得学生刚入校参加军训时的一个故事。军训的时候要求学生随身带着一个小板凳，训练的时候，就把它摆在路上。有一次，正在学生休息期间，有一辆车从路上开过来，学生的小板凳正好挡住了去路，我赶紧过去把学生的凳子往一边挪。在我忙乱期间班里只有一个女同学跑过来帮我。我观察到这个细节后，利用休息讲评的时间，让学生进行了"一滴水怎样才能不干涸"的讨论，并借此让每位同学写了一篇关于此事的心得体会，在军训结束的班会上交流，以此提高"班级"这一概念在每个学生心中的地位。在随后的建班过程中，我逐渐尝到了本次大讨论的"甜头"，每位同学都能以班级为家，不仅热心参与班级事务，还能时时处处从班级的利益出发，校运动会、市运动会上学生高度团结、凝心聚力，取得了非常好的成绩，得到了学校领导和老师的一致好评。

当然，在学生的学习、生活中还有许许多多平时看似微不足道，但其实能体现一个人品性、修养的小事，作为班主任，我们要有一双慧眼善于发现、寻找学生的道德细节。这些细节小而实，来自生活实际，却很有现实针对性，容易让学生接受。抓好这些"点"，让学生在道德细节体验中成长，就可以培养学生的优秀品质，养成良好的习惯。

二、以班干部队伍建设为"线"，引领班级健康向上的舆论

作为一个班的领导者，必须培养一支素质高、能力强、作风过硬的班干部队伍，这是班级管理的一项极其重要的工作。因为班干部是贯彻落实班级各项制度的第一执行者和推动力，代表了班级的舆论和发展，也是学生平日学习生活的榜样，所以，班干部队伍的建设就成了班级工作中一条重要的"线"。

在班干部队伍建设中，我主要采取了三步策略："选""教""放"。先说"选"。在组班之初，成立任期一月的"临时政府"，让班级迅速稳定下来，并在此期间及时发现和培养学生干部；时间一到，通过职位竞选演讲，成立"选举政府"。对班干部的选拔，要本着认真、负责的原则，一开始可以不会干，但一定不能不想干。

第二步是"教"。对选举出的班干部,定期进行培训,"扶"一把,"送"一程。班干部毕竟也是学生,各方面还有待于成熟。例如,我班负责纪律管理的一位同学,他非常具有责任心,敢于大胆管理,但缺少方法,引起不少同学的不满。为此我找了他多次,进行耐心的引导,一段时间后,他的领导才能有了很大的提高。为了班干部队伍的整体发展,我还组织他们一起读书,一起学习,我要求他们一学期内必须读完《谁动了我的奶酪》《给加西亚的一封信》《学习力》3本书,并结合自己的工作写出心得体会。这对于提高他们的整体素质有非常大的帮助。其中,有位学生家长告诉我,他的孩子当了半学期的班干部后,在家里说话做事明显成熟多了。第三步是"放"。在班干部的工作稳定后,班主任一定要放手,让他们大胆管理,独立处理班级事务。例如,我在班级里成立了由4位同学组成的"班会小组",自己制作班会课件,选择班会材料,自己主持,效果非常好。他们选用的材料结合学生实际,制作的课件图文并茂,真正体现了德育从学生中来到学生中去的思想,起到了很好的教育效果。更重要的是,在这个过程中,他们的责任心、处理问题的能力、与同学的相处等各方面都有了很大的进步。

一个班级中如果有50位同学,10位班干部的话,那么每个班干部只需要带动4位同学就可以让整个班级大变样,所以说,班干部是班主任教育管理工作的可贵资源,这个资源要发掘,要获取,要培养,要使用。同时,班干部也是班主任教育管理工作中的一条重要的"线",他串起了整个班级的精神面貌,串起了整个班级的凝聚力。抓好这条"线",班主任的工作也就一点点地从繁重琐碎中走了出来。

三、以班级的制度建设为"面",健全班级的各项管理

"凡兵,制必先定。制先定则士不乱,士不乱则刑乃明。金鼓所指,则百人尽斗。"(《尉缭子·制谈》)这段话的大概意思是指凡是军队,必须先定好制度,制度确立了,士卒就不会散乱,刑罚就会分明,号令一下,部属就能奋勇拼斗。对于军队是这样,运用于班级管理也是同样的道理。"没有规矩不成方圆",一个班级初建之时,制度的完善以及运作,对于班级的良性发展是非常重要的。

其实学生对于哪些事该做,哪些事不该做,心理都有一杆秤。但是学生的自控能力达不到一定的高度,如果没有制度的强制性,就不可能保障班级的良性发展。所以,我在初建班时,就从各方面制定了班级的规章制度。例如,值日生条约、自习课规范、出勤规定、仪容仪表标准、课间午休纪律等,还在班级里成立了各种检查小组、纪检小组、卫生小组、宣传小组等,以便检查各方面的工作。这些涉及方方面面的班级制度,就好比是一张渔网上的结,抓住了这个结,就起

到了纲举目张的作用。

但是，制度的建设也是有"两面性"的，它绝不仅是指"冷若冰霜式"地制定各项班级管理规定，"强制性"地要求学生无条件地遵守，更重要的却是要关注制度的"人性化"。例如，我在班级制度的生成过程中，充分采纳学生的意见和建议，让全体学生共同参与，这样建立的班级制度被大多数学生认可，也利于制度的实施。而在制度的真正实施过程中，也要体现"人性化"。比如迟到是制度中绝对不允许的，但是对于特殊情况，就得特殊处理。有一次我在上班的途中遇到了塞车，班里和我一条路线的学生有4名，他们前后给我打来了电话，电话里都特别着急地说："老师真不好意思，我今天要迟到了，又要给班级扣分了，怎么办？"我的回答是："不要着急，老师知道了。"到校后，我特意在全班同学面前说："如果你的迟到有不可抗拒的原因，那就放心迟到好了，一定注意路上的安全，不要着急。"结果一个学期下来，全班迟到的只有那次塞车的4个学生，甚至下大雪的那天，车那么不好坐，也没有学生迟到。

班主任都知道，如果班里有那么两三个"特别"的学生，自己就别想清闲了。而要这两三个学生不成为班里的"特殊生"，班级制度的建设就是必不可少的。要做优秀的班主任，抛弃"少不了自己"的感觉，就得建立起全面的、严格的、人性化的规章制度，让学生自然地形成一种学习与行动的标准。

正如开头所说的，"千条线，万根丝"，都需要班主任这根针将它们串起来。可能每个班主任的工作，都是从劳心劳力开始的，毕竟班级里的琐碎小事太多了，只要是有责任的班主任，就会全力付出，就会劳累。有句话说得好，"办法总比困难多"，只要我们用心，纵然班级管理工作千头万绪，我们的工作方法也会与时俱进。就让我们在实践中去探索总结行之有效的方法和经验，让学生健康地成长和发展，让我们快乐地工作和生活。

班级制度建设

李耘心

俗话说："没有规矩不成方圆。"一个班的班风、学风好坏很大程度上与班主任的管理权威和科学的保驾制度是分不开的，其中科学的、有针对性、不断完善的班级制度是树立班主任管理权威的重要基础。有经验的班主任即使不天天跟班，其班级秩序井然，而有的班主任即使天天到班、勤找学生谈话，班级秩序依旧混乱。当然，导致以上区别的原因有很多，但不可否认，班级规章制度的制定是否科学,奖惩条例的落实是否到位是至关重要的因素。

一、班级制度建设的含义及理论基础

班级制度是班级成员为实现班级目标共同制定的,全体成员在班级活动中必须遵守的行为规范总和,包括班级日常管理制度、奖惩制度、班委选举及班级活动管理制度等。一个班级,相当于一个社会、一个国家,这个班级的健康和良好取决于班级制度,班级制度的建立,目的是更好地协调班级管理,使得班级各项活动有序展开。

近代德国教育家赫尔巴特说:"如果不坚强而温和地抓住管理的缰绳,任何功课的教育都是不可能的。"这话道出了班级管理工作的重要性。而班级管理的重点则在于是否建立了完善、可行的班级管理制度。建立和完善班级管理制度,才能促进班级管理上一个新台阶,进而促进良好班风的形成,提高整个班级管理的水平。

现代班级管理强调制度化,而制度化管理是科学管理的产物,它基于 X 理论这一管理哲学:关于人是"物"的基本假设,把人当成"物"来加以管理和利用。从这一管理理念出发,人们把制度建设的科学化作为提高管理效率和效果的唯一途径,认为科学化的制度就是要实现对人的行为的有效控制和利用。对人的管理就是要将对人的行为进行有效监督、规范和强制地进行组织性干预来实行管理运作的程序化、秩序化并逐步实现管理目标。随着管理科学的发展,人们不断对制度化管理注入诸如满足人的基本需求、关注制度自身的激励功能等新的理念,使制度化管理本身不断发展。

在此理论基础上,近几年教育界一直推崇班级管理的"人性化",而这一观点也是我所推崇和在班级管理过程中所推行的。以"人本"为核心的当代人性化管理理论的基本理念是:人不仅仅具有一般"物""有理性的动物"所具有的规律性,更具有自己特殊的规律性——"人性"。最重要的是依照人性来管理,发挥人力的关键性作用。管理哲学观念的变化,正在还"人"本来的价值和尊严。在我看来,班级制度化管理中适时注入当代管理思想新理念,建立以"人性化"为特征的新班级制度化管理模式,以适应现阶段中职学生管理是切实可行和卓有成效的。

二、班级制度的分类

班级规章制度是由班级自行制定的各种制度和规范,它应属于班级的内在制度,应包括以下四种类型。

（1）各种习惯性规则。如"门前三包制度"，学生见到自己桌椅周围有垃圾应随手拾起，做好卫生保洁工作。

（2）内化规则，也是道德规则。如要求学生诚实守信，学会感恩，崇尚节俭，在班级内部形成正确的舆论导向，使学生自觉抵制并谴责班级内部的不良行为。

（3）各种习俗和礼貌。如要求学生学会尊重人，右行礼让，见到老师要问好，进出教室要随手关门等。

（4）正式化的班规。这种班规对班级建设是最为有效的，有较强的可操作性，这是本文要阐述的重点。

三、班级制度的主要内容及制定过程中应注意的问题

班级制度应涵盖学生学校生活的各个方面，通常包括"出勤请假制度""仪容仪表管理制度""纪律管理制度""学习制度""卫生值日制度""班干部岗位责任制"等几个主要方面。在班级制度制定的过程中，我们应注意以下几个方面。

1. 班级管理制度由全班学生共同制定

在我们日常工作中，有的班级规章制度是由班主任或班主任带领部分班干部等几个人制定出来的，而这种办法是我们所不提倡的，因为这样会使大部分学生觉得制定班规是少数人的事情，于己无关，对班级制度在情感上产生漠视，进而易在行动上大打折扣，从而失去我们可以依赖的群众基础。因此，我们提倡班级制度应在学生广泛讨论的基础上自下而上地形成。只有得到学生普遍理解和认可的班规学生才会认同并自觉维护和执行。比如，在一个新的班集体成立之初，班主任可以组织全体同学围绕学校规章制度制定本班切实可行的班规。在此过程中，班主任应充分听取学生的建议和意见，对于不合理的要求应给予学生耐心、细致的分析和解释；对于合理建议可以与本班实际相结合予以采用。

2. 班级管理制度在制定过程中应力求细致、全面

在班规制定过程中教师应全面了解学生的实际情况，将现实存在的以及在今后有可能发生的所有情况通盘考虑，并在班规条例中得以体现，即要做到未雨绸缪，不给学生留有犯错误的空间。以卫生值日制度为例，在班规中须包括值日生到岗及完成值日任务的时间、工作分配、检查标准、奖惩制度等内容。班规越明确，其可操作性越强。例如，我班卫生值日制度明确规定：值日生每天7:00到达卫生区开始值日，7:15卫生委员检查，检查合格者可以回教室上早自习；值日过程中每名学生都有自己的卫生包干区，不搞大锅饭；明确规定值日生和卫生管理哲学观念的变化，正在还"人"本来的价值和尊严。委员的责任分

工：值日生不服从管理及值日不彻底的,要扣除其相应学分,卫生委员工作不到位和合格的,扣除卫生委员的相应学分,并与班干部期末考评相挂钩。

3. 班级管理制度的制定应体现"人性化"

班级制度制定过程中应体现"人性化"原则,充分考虑学生现状和心理特征,使制定的规章制度在不违背原则、不与校规校纪相冲突的前提下,使学生更乐于接受,从而既保证了班级制度的贯彻实施,又可以有效改善并拉近师生关系,使学生感受到班主任对自己是理解的。我所带的班级一直实行"事不过三"制度,即学生违纪次数不超过三次的,可以不扣除其相应的德育学分,但涉及班级底线的三种行为除外:打架斗殴、顶撞老师、旷课。这一制度对绝大多数学生是有效的,即可对学生产生一定程度制约,又让学生感受到老师对自己的理解和宽容。这一制度自实行以来效果良好。

四、班级管理制度实施过程中应注意的问题

管理制度的落实比制定更重要。因为如果管理制度无法真正的有效地落实,形同虚设,有时比没有制度所造成的影响还要恶劣。因此班主任要高度重视班规的落实工作,其中要注意以下几个问题。

(1)做好班规的宣传工作,强化学生的规则认同意识,使学生认识到建立班级制度是自身发展和班级发展的客观需要。在班级制度施行之前以及实施过程中,要对班级制度实行的原因以及对学生及班级发展的重要性进行宣传,使学生理解班级制度的实施,不是对学生的约束,更不是对学生自由和权利的限制,而是帮助学生养成受益终生的良好行为习惯,建立良好的班级秩序和管理机制的客观要求,从而使学生形成规则认同意识,自觉规范自身行为,而不是被动地服从。

(2)教师应重视班级制度的过程管理,及时了解班级制度落实情况,并加以调整和反馈。班级制度实施过程中,教师应及时了解班级制度的落实情况,发现问题及时加以调整,并向全班学生进行反馈,决不能使其放任自流,否则学生会对班主任的管理能力产生怀疑,会觉得班主任也拿我们没办法,进而试图全面挑战班主任权威,班级各方面工作都会出现滑坡,问题越攒越多,到时便会无从下手。

总之,班级制度主要是约束学生的某些不良习惯,用教育专家田恒平教授的话说:"制度的运用应达到的境界是以外在制度造形——达成规范;以内在制度导行——达成自觉;以文化认同塑神——达成自发。"这应是班级制度实施的最高境界。

第四章　中职学校"双元耦合"班级建设模式之班级文化育人体系建设

第一节　"三维一体"班级文化育人体系的价值溯源

在人类社会历史发展过程中,通过不断的继承、改造、创新,逐渐积累形成的物质财富和精神财富的总和就是文化。它体现的是精神内核,更是一个国家综合实力的体现。习近平总书记在党的十九大报告中明确指出:"文化兴国运兴,文化强民族强。没有高度的文化自信,没有文化的繁荣兴盛,就没有中华民族伟大复兴。要坚持中国特色社会主义文化发展道路,激发全民族文化创新创造活力,建设社会主义文化强国。"

教育属于国家文化的重要组成部分,同时又是文化得以传承的重要途径,承载着国家意志。因此,作为班级文化育人体系的构建,应全面体现中国特色社会主义文化建设方针,发挥培养"德智体美劳全面发展的社会主义建设者和接班人"的育人功效。

一、新时代文化建设的溯源与价值

自20世纪上半叶起,新中国的文化建设逐步发展壮大。自1949年新中国成立,我国文化建设共经历四个发展时期,分别是新中国文化建设奠基期、停滞期、恢复期和繁荣期。

新中国成立初期,文化建设以巩固新中国政权为核心,以"为人民服务"为中心,弘扬社会主义文化和坚定社会主义国家意志是该时期文化建设的核心体现。这一阶段,毛泽东同志提出了"双百"方针,为当时我国发展科学、繁荣文学艺术提供了根本保证。

1967—1978年,新中国文化建设进入停滞期。这一时期我国在意识形态领域民族虚无主义思潮泛起,文艺创作遭受巨大打击,文化产品数量锐减,传颂千年的文化古迹、书画古籍等文化遗产遭受严重破坏。

1978年十一届三中全会拉开了改革开放的序幕,国民经济逐渐回复,伴随着市场经济的不断深入,经济活力不断增强,国家文化建设也逐步复苏,进入建设恢复时期。1982年,党的十二大明确指出:要建设高度的社会主义精神文明。1992年党的十四大准确阐述了建设有中国特色社会主义理论,强调"把物质文明搞上去的同时,精神文明也要搞上去"。1997年党的十五大全面深刻阐述建设中国特色社会主义文化。党中央在文化建设上的论述与部署上一脉相承,逐步深化,探索出一条适合中国国情,具有中国特色的社会主义文化发展道路,我国文化建设加快发展,日益繁荣,取得历史性伟大成就。

党的十八大以来,党中央在文化建设上高度重视,将增强中国特色社会主义文化自信作为中心,进一步丰富和发展了中国特色社会主义文化内涵,迈入了文化大发展大繁荣时期。党的十九大报告提出,要坚定文化自信,推动社会主义文化繁荣兴盛,并提出了新时代文化建设的基本方略:坚定文化自信,坚持中国特色社会主义文化发展道路;激发文化活力,不断满足人民的美好生活需要;凝聚全社会的奋进力量,通过文化繁荣助推民族伟大复兴。

回顾新中国成长发展历史,中国共产党从中国国情出发,矢志不渝地探索具有中国特色的社会主义文化发展道路,从顶层设计的高度将文化建设摆在更加突出的位置,实施文化强国战略,丰富和发展了中国特色社会主义文化。

中国特色社会主义文化是以培育四有公民为目标,具有开放性、创新性、民族性、大众性的特点,体现时代精神的社会主义文化。社会主义文化建设是推动我国社会经济发展和实现中华民族"两个一百年"梦想的战略目标,对提高我国综合国力,不断铸就中华文化新辉煌,构筑中华民族的精神家园,厚植家国情怀,增强民族自尊、自信发挥着重要作用。同时社会主义文化建设是推动构建人类命运共同体的必然要求,对不断提升中华文化的国际影响力,维护世界文明多样性,推动人类命运共同体理念更加深入人心发挥着重要作用,为人类文明进步做出重要贡献。

我国教育教学过程中应始终坚持把中国特色社会主义文化作为育人方向,构建"明是非、强信念、重创新"的文化育人内容体系,加强师生的理想信念教育,树立以马克思主义为指导的世界观、方法论。学校与文化有天然的内在联系,在一定意义上可以说,学校即文化。学校承担着人才培养、文化传承、创新与发展的重要职能,建构以科学知识和理想信念为育人核心要素的育人体系是其重要课题。

二、校园文化建设的价值分析

校园文化是学校在教育教学过程中经过一定时间的积累形成的以物质文

化、精神文化和制度文化为核心,以校园学习、生活为背景,由师生共创并共享的,体现育人氛围、学校特色的一种文化体系。健康、和谐的校园文化通过"润物细无声"的教育力量,使师生不断反思、领悟,形成独立的人格,激励成长的精神力量;健康、向上的校园文化对学生的优秀品格的塑造发挥持久的渗透作用,帮助学生不断拓宽视域,提升人文素养,都具有长远的意义。校园文化建设的价值主要体现在以下几方面。

(一)校园文化建设是社会主义文化建设的需要

文化兴,国运兴,文化强,民族强。一个民族在其形成发展的历史进程中造就了其独特的文化,其文化也成了该民族智慧与创造力的集中体现。中国特色社会主义文化是中华民族几千年文化传承的智慧结晶,它源于博大精深的中华思想文化,是对优秀中华思想文化的传承与发展。中国特色社会主义文化是推动社会主义事业发展的精神动力,更是实现"两个一百年"梦想和中华民族伟大复兴的不竭精神源泉。坚持社会主义先进文化的前进方向,是学校校园文化建设的根本任务。中职学校肩负着培养有理想、有文化、有担当的新时代技能型人才和国家未来建设者的重任,校园文化是传播中国特色社会主义文化的主阵地,在帮助青年学生坚定社会主义理想信念,引领中职学生科学价值观的形成,全面提高中职学生综合素质发挥着重要作用。

(二)校园文化建设是提升学校文化软实力的需要

习近平总书记在不同场合多次提出提高国家文化软实力的问题,并反复强调提高国家文化软实力直接关系到'两个一百年'奋斗目标和中华民族伟大复兴中国梦的实现。校园文化建设是国家文化战略中的基础一环,在构建和谐社会,深入推进社会主义精神文明建设中至关重要。学校文化是一所学校"软实力"的重要构成要素,展现的是该学校的文化底蕴和社会影响力。学校文化是在长期的办学过程中凝聚形成并为全体师生共同遵循的理想信念、价值标准和行为规范,它由物质文化、制度文化,以校风、校训、教风、学风为主要表现形式的学校文化标识以及校内人际关系等精神文化组成。校园文化建设是学校软实力的充分体现,这种内在的校园文化软实力不仅是一所学校的精神力、文化力和凝聚力所在,更是学校综合实力的充分体现。

(三)校园文化建设是承载学校育人任务的需要

社会主义教育以培养有理想、有道德、有文化、有纪律的"四有"人才,培养合格的社会主义建设者和接班人为目标,这是校园文化建设的出发点,也是校园文化建设的根本任务。中职学校人才培养,除了具备娴熟的专业技能,成长为工匠型劳动者外,更重要的是培育学生高尚的道德情操和职业道德情感,增强学生的职业精神和责任观念,提升创新创业能力和承担民族复兴大任的担当精神。校园文化是鼓励学生独立思考、增长学识、涵养心性、激励成长的主阵地,充分挖掘校园文化建设的内涵、功能与实践路径,将在促进学生思想道德和综合职业素养方面发挥极其重要的作用,为社会输送更多高素质劳动者。同时,优秀的校园文化还具有凝心聚力,激发集体意识和责任意识的功效,是学校精神、学校文化长期积淀的产物,其作用的充分发挥也必将提升学校综合竞争力,推动学校向更高质量发展。

三、班级文化的内涵与使命

班级文化主要指形成于班级内部的,是符合班级特点、具有班级特色的思想观念和行为规范的总和。班级文化以全体师生为主体,以班级作为主要活动场所,通过班级物质环境、精神理念和心理态度等进行呈现的具有群体性的文化,是一个班级内涵和外延的集中体现,代表着整个班集体的形象和精神面貌;也是构成一个完整班级建设管理体系必不可少的部分。广义上看,班级文化包括班级生活中一切文化要素;狭义上看,班级文化仅指精神文化的体现。作为一种潜移默化的教育力量,班级文化是国家意志的传承与体现,是班级良性发展的动力,是学生生命成长的体验场和未来公民生活的预演。在班级生活中,班级文化无时无刻不在潜移默化地影响着学生的思想和言行,因此与学生教育目标保持一致的班级文化有利于教育目的的快速达成,有利于学生整体素质的提升。因此,班级文化建设无论对于学生个体和班级整体而言都具有举足轻重的意义。

(一)培育践行社会主义核心价值观,实现价值引领

大力培育和践行社会主义核心价值观,帮助青年学生树立崇高的人生理想,自觉抵制不良价值观的干扰,最终将他们培养成为有理想、有能力、有担当,为实现中华民族"两个一百年"梦想和伟大复兴的合格建设者和接班人。社会主义核心价值观从国家、社会和个人三个不同层面阐述了对价值取向的衡量标准,是对社会主义价值取向的高度凝练。在班级文化建设中融入社会主义核心价值观,通过多种育人手段让学生在班级文化的熏陶下,不断提高政治素养和社会责任感,增强民族认同感,树立社会认同的价值共识,使学生在情感上认同社会主义核心价值观,在行为上自觉践行社会主义核心价值观。

(二)规范学生行为,预演未来公民生活

班级文化建设应重视构建制度文化,制定班级所有成员普遍认同的行为准

则，最终形成制度文化形态。班级制度文化是指班级内的成员在实现班级管理目标的过程中所形成的人与人之间的各种关系的总和。班级制度为班级全体成员确立了行为标准，使大家在此标准下有序地生活和学习，与其他人和谐共处，从而让班级卓有成效地运转。它包括班级岗位责任制、班级运转机制和行为规范等制度内容。制度文化应将科学管理原则与人本化思想相结合，以发展学生的主体意识、促进学生的全面发展、提升生命价值为终极目标。同时制度文化在培育优良班风学风，促进学生良好行为习惯养成，培育健全人格方面也发挥了重要作用。

（三）增强班级凝聚力和向心力，打造协同发展共同体

班级文化是班级成员共同创造的群体文化，在其创建过程中最大限度地将班级全体成员共同的理想和追求，共同的价值观念和心理特点与班级整体的价值追求进行了融合，形成了为班级全体成员所共同认同的精神内核，因此，它可以使班集体更具有向心力和凝聚力。因此，班级文化可以更好地激发班级成员的归属感和使命感，在行动上目标性更加明确，执行力会更强，时刻提醒班级成员围绕班级价值核心进行行动。

（四）设计"最佳"发展路径，促进学生个性化发展

党的十八大提出，"把立德树人作为教育的根本任务，培养德智体美全面发展的社会主义建设者和接班人"。教育的真正价值是开发和激活人的潜能，培养具备独立思考和判断的能力，并且掌握可以支撑其未来生存和发展技能的综合型人才。班级是学生成长的主要环境，班级文化建设在开发学生潜能，提升学生综合素养以及独立个性发展方面都发挥了不可忽视的作用。在班级生活中，通过利用和创设文化环境、文化制度，开展文化活动，树立理想信念等来熏陶和培育集体成员创造性人格，全面激发集体成员自我发展潜能，实现立德树人的教育任务。

第二节 "三维一体"班级文化育人体系的建构与内涵

一、"三维一体"班级文化育人体系概念的提出

（一）"三维一体"班级文化育人体系的含义

中职德育大纲明确指出，中职德育的目标是将学生培养为拥有爱党爱国情

怀、拥有梦想追求、具有良好道德品行、爱岗敬业、尽职履责、技能过硬的社会主义合格公民和高素质的技能型人才。

依据中职德育目标，遵循"生活教育"理论，"三维一体"班级文化育人体系构建融合班级物质文化、制度文化、精神文化为一体，以人文素养与职业素养双提升为目标，以显性文化和隐性文化双渗透为手段，以职业文化和班级文化双融合为路径，凸显价值引领、文化浸润，涵养学生心性，陶冶学生情操，提升学生素养的班级文化育人体系。

（二）"三维一体"班级文化育人体系的特点

"三维一体"班级文化育人体系吻合班级文化育人功效，更加凸显职业教育特色，更加符合中职学生身心发展特点，更易达成中职学生综合素养培养目标，其特点主要表现在以下几方面。

1. 凸显价值引领，推行知行合一

社会主义核心价值体系是当前中国的主流价值体系，也是支撑中国人民和中华民族不断发展的强大精神动力。党的十七届六中全会提出，"社会主义核心价值体系决定着中国特色社会主义发展方向"，因此将社会主义核心价值体系融入学校教育势在必行。"三维一体"班级文化育人体系以社会主义核心价值体系作为价值引领，通过开展各类文化活动，大力倡导富强、民主、文明、和谐的价值目标，大力倡导自由、平等、公正、法治的价值取向，大力倡导爱国、敬业、诚信、友善的价值准则，引导学生树立科学的世界观、人生观及价值观，不断增强"四个自信"，激发青年学生勇于担负民族复兴大任的担当与内在动力。使青年学生对社会主义核心价值体系内化于心，肯学、学会，进而产生情感认同；外化于行，将社会主义核心价值体系自觉应用于学习生活工作实践，在实践中检验其真理性，进而更加深化其情感认同。

2. 凸显职业教育特色，关注职业生命成长

《国务院关于大力发展职业教育的决定》明确指出，职业学校应为社会生产、服务一线培养高素养、高技能的应用型专业人才，使学生能顺利适应社会和企业的选择，在就业中找到自己的一席之地。因此，作为中职学校在教育教学过程中不仅要锤炼学生的专业技能，更应在职业理念、职业行为规范和职业道德以及学生的道德修养、行为习惯、合作互助、工匠精神、人职匹配和就业实用技巧上多下功夫，关注学生的可持续发展能力，助力学生的职业生命成长。"三维一体"班级文化育人体系立足中职班级建设，以"为终身职业素质发展奠基"为宗旨，以适应社会人才需求为目的，将职业文化与班级文化相融合，关注学生

职业行为和职业意识的养成，培养和提高学生综合职业能力，营造具有职业特色的班级文化氛围，打造具有职业特色的班级文化育人体系。

3.凸显因材施教教育思想，促进学生发展

因材施教源于我国古代朴素教育思想，在现代教育中得到继承和发展，成为我国当前普遍推行的一条重要教育原则。实行因材施教，对于中职学校培养适应时代需要的创新型、技能型人才，同样具有非常重要的现实意义。所谓因材施教是指在教育过程中，根据不同学生的认知水平、学习能力以及自身素质，教师选择适合每一名学生特点的教育方法和手段进行有针对性的指导，充分发挥学生的优势，弥补学生的不足，激发学生自身潜能，树立信心，从而促进学生全面发展。"三维一体"班级文化育人体系遵循因材施教原则，尊重学生的个体差异，以职业生涯规划作为主要引领手段，激发学生主体参与意识，在对学生进行充分认知和分析的基础上，确定个性化的培养方案，通过理想信念、行为习惯、职业精神等多层次、多角度的文化渗透，全面提升学生的综合素养，提高学生的职业适应能力和社会适应能力，实现学生全面发展的教育目标。

二、"三维一体"班级文化育人体系建构的理论依据

(一)坚持显性文化与隐性文化相统一

显性教育具有教育目标明确的特点，是当前教育的主要形式，但仅有显性教育是不够的。隐性教育方式具有淡化教育痕迹，以平等、民主、开放为其价值理念，更加尊重受教育者的主体地位和内心感受，强调受教育者的自我教育，注重学生的身心发展和人格培养。因此，习近平总书记提出，坚持显性教育与隐性教育相统一，形成"全天候全方位全过程"的育人模式，使学校真正成为化育为人的天地。班级文化是实现化育为人的重要途径，因此在班级文化建设中应重视显性文化与隐性文化相统一。所谓班级显性文化是指班级文化的物质形态，可分为班级设施文化、班级人文环境文化等，表现为班级文化的硬件，是我们走进教室看得见、摸得着的物质载体。班级隐性文化通常是指在班级内部形成的统一的价值观，共同的思想与行为准则。它是一个班级的灵魂所在，是班级生存和进一步发展的动力。班级隐性文化有广义和狭义之分，广义的隐性文化是指班级生活中的所有与文化相关的方面与内容；狭义的隐性文化是指班级全体成员创造出来的，具有班本特色的文化元素，如班风、班训、班规等。本文所述专指广义隐性文化。

"三维一体"班级文化育人体系是强调显性文化和隐性文化的有机结合，重

视显性文化和隐性文化的相互协调推进，互为支撑。班级显性文化具有目标明确、热烈直观的特点，它是隐性文化的强化，也是隐性文化的基础和保证。班级显性文化所表达的理念、态度和价值标准，也就是班级隐性文化的状态。因此，隐性文化涵盖了班级文化的主要方面，应作为重中之重。

(二) 职业文化是班级文化的重要范畴

中等职业学校德育大纲明确规定，将职业精神培养作为重点内容，引导学生树立崇高的职业理想，确立科学健康的职业观念，培植综合职业素养和工匠精神，重视专业实践，提高人职匹配的能力。因此，将职业文化融入班级文化是职业教育和中职班级建设的必然要求。

所谓职业文化是在该职业的长期发展过程中所形成的，并为该职业从业者所普遍认同并遵守的价值观念、行业规范以及其他相关内容。职业文化的核心是职业认同感、归属感和荣誉感，以及具有普适性的职业规范和礼仪标准等。职业文化包括职业理念、职业道德、职业纪律、职业礼仪和职业制度等内容，其核心是职业价值观。将职业文化深度融入育人全过程，帮助学生强化职业人意识，培育契约精神，提升学生对"工匠精神"的认识，引导学生树立爱国、报国的决心和强大信心，最终服务于国家产业发展。

职业教育的根本目的不仅在于培养技术高超的产业工人，更在于通过学习涵养学生的精神世界，使学生的精神世界得以充实和升华，使学生成为一个精神富足的人。基于此，"三维一体"班级文化育人体系将职业文化纳入班级文化建设的整体范畴，注重对班级群体和学生个体整体职业文化涵养的培养，将职业文化深度融入班级育人全过程，全方位提升学生的文化修养和职业素养，打造高素质的技能型应用人才。

(三) 专业文化与人文文化双向并行

专业技能教育必须以人文素养教育为基础，夯实专业发展的根基。中职班级文化建设过程中同样应高度重视人文素养教育的问题，而不能忽视人文教育，只专注专业素养的提升，只有双向并行才能使得职业教育发挥作用。

人文精神的核心内核是人文关怀，表现为对他人人格的尊严、价值的肯定、命运的维护以及对人类各种文化遗产的尊重与珍视。在班级中开展人文素养教育就是在弘扬、传播优秀人类精神文化的过程中，不断提升学生思想认识的境界，学会欣赏、辨别文化的优劣，坚定自己的理想信念，培育民族精神和民族信仰，极大地丰富学生的精神世界，切实提高学生的人文素养。

专业文化是职业学校的内核，它对提升学生专业意识和专业素养，构建系统化的专业知识体系,维系学生未来可持续发展能力至关重要。因此,在班级文化建设过程中重视专业文化对提高学生的综合职业能力具有重要意义。

一是专业文化有助于培养学生的人文精神。人文精神的核心要义在于尊重、进取和创新,而这与专业文化所宣扬的价值追求是一致、同向的,与工匠精神所追求的境界是完全吻合的。加强专业文化建设,可以让学生在校学习期间就能感受到先进行业、企业文化的熏陶,有助于学生增强职业自信心,培养优良的专业品质,提高踏入社会后职业适应性。

二是专业文化有助于提升学生的职业素养。在班级文化建设过程中推行与行业、企业文化相适应的专业文化,能让学生在校期间了解不同职业、不同岗位群的职业要求,潜移默化地认同不同职业岗位的价值理念,逐步确立职业目标,自觉提升职业素养,使学生快速完成从"学校人"到"职业人"的转变。

三、"三维一体"班级文化育人体系的内涵

班级所形成的集体文化和氛围对学生的教育作用与影响是不可估量的。一般认为,文化的基本要素包括物质、符号、规范和价值观等,以此为鉴,我们可以把班级文化分为物质文化、制度文化和精神文化三个层面,三个方面相辅相成,互为依托,形成以精神文化为帆、物质文化为桨、制度文化为舵的班级文化建设结构体系。

(一)班级物质文化内涵

班级物质文化属于显性班级文化,它直观、强烈,具有冲击力,是班级文化的基础层面和外化,具有潜移默化的教育功能与教育效果。班级物质文化建设的目的是构建良好的教育教学外部文化环境,营造健康向上的文化氛围,给学生增添学习生活、健康成长的乐趣。基于此,"三维一体"班级文化育人体系下的班级物质文化建设其内涵具有以下特点。

1. 班级物质文化应具有教育性

班级文化建设作为班级建设的重要组成部分,体现着党和国家的教育方针,在育人培德方面发挥着重要作用。因此,班级物质文化体现教育价值本就是其应有之义。通过创设优美、整洁的学习生活环境,对学生进行美育教育;通过对教室功能区的重新规划与调整,对学生进行智育和劳动教育;通过班级标识、标志物的设计与使用,对学生进行集体观念的熏陶;通过对班级宣传栏的合理规划,对学生进行价值观的引领。总之,通过充分挖掘班级物质文化建设元素,使其发挥"润物细无声"的育人功效。

2. 班级物质文化具有全员性

班级文化建设的目标是实现以文化人。在班级文化建设中,学生是最主要的文化感受主体。只有文化感受对班级文化产生文化认同,班级文化才能更好地与文化感受主体产生文化互动,班级文化建设才能取得最大成效。"三维一体"班级文化育人体系的落脚点是人,一切都以学生的发展为本,以培养、提升学生的综合素养和职业发展能力为宗旨。因此,班级物质文化建设应由全体学生来建设,学生成为班级文化真正的创造者、享用者以及践行者,由全体学生共同参与、构思、打磨、敲定,共同营造温馨、乐学、励志的幸福家园,并在这一过程中使每一名学生得以成长,真正发挥班级文化建设的应然效用。

3. 班级物质文化具有职业性

"双元耦合"班级建设模式创造性地将职业生涯规划教育与班级建设进行有机融合,将学生的职业生命成长作为班级建设的主要目标。因此,"双元耦合"班级建设模式下的"三维一体"班级文化育人体系将职业文化融入班级文化建设。在班级物质文化建设方面,通过在班级标识、标志物设计中体现专业、职业元素,班级宣传栏设置有关职场文化、大国工匠事迹的固定板块,教室内张贴企业化标语等方式,营造企业仿真的文化氛围,使学生在潜移默化中接受企业文化的熏陶与浸润,提高对职业的认可度,从而更快地适应自身角色的转换。

(二)班级制度文化内涵

班级制度文化是由班级全体成员共同参与制订,并要求全体成员共同遵守并加以维护的班级制度在文化层面的体现。班级制度文化直接反映班级建设的水平。"三维一体"班级文化育人体系下的班级制度文化的建设,在尊重学生个性发展的前提下,以班级集体利益和价值追求为标准,为学生提供行为评定的内在尺度和监督机制,培养学生自觉履行规范的意识和能力。"三维一体"班级文化育人体系下的班级制度文化是以班级制度为载体,丰富其文化意味和内涵,通过科学、民主的管理机制来创设和谐的教育生态环境,培养学生自我管理的能力,使学生将外在的班级规章制度内化为自身的一种观念和形态存在,逐步实现"他律"向"自律"的转变。通过制度化的对班级及个人发展目标的反馈与调整,最大限度发挥目标的引领作用,实现班级与学生的双成长。

班级制度文化突出制订和贯彻,以规章制度、班规班纪为主要内容,同时关注这些规章制度制定、实施以及评价的过程,关注班级群体及学生个体对待班级制度的情感态度以及自觉遵守、执行的状态。班级建设过程中,班级制度是否科学、合理,是否有广泛性、约束力,是否以学生成长为出发点并且得到班级成员的广泛认同都是评价班级制度文化建设成效的关键。因此,"三维一体"班级文化育人体系下的班级制度建设,应是班级全体成员共同参与,在尊重学生个性的基础上,经过充分而民主的讨论,全体成员根据班级发展现状,确立班级共同的价值标准和奋斗目标。在此基础上,再由学生根据自身情况,在与班级发展目标保持一致的前提下,确定个人发展目标,并通过制度化的措施保证有序落实,从而实现班级与个人相互促进、协同发展的班级建设成果,形成具有班本特色的制度文化。

(三)班级精神文化内涵

班级精神文化是指在班级建设过程中被班级大多数成员共同认可的共同的世界观、人生观、价值观及理想信念、生活态度等各种意识形态的集合。积极向上的精神文化环境可以实现"润物无声"的教育效果,将外在的需求内化为学生内在的自我成长需求,增强学生认知与行为的自觉能动性,以科学合理的价值观念引领个人成长。

"三维一体"班级文化育人体系下的班级精神文化建设,符合社会主义核心价值观,符合学生个体发展需求和社会对人才标准的要求,彰显着全班学生认同的价值取向和文化观念,是全班学生朝着理想目标不断接近的过程,它是班级文化建设的核心,是班级全体成员理想信念的集中反映。"三维一体"班级文化育人体系下的班级精神文化建设其内涵主要体现在以下两个方面。

(1)精神文化体现一个人、一个集体,乃至一个国家、一个民族的灵魂与价值追求。"三维一体"班级文化育人体系下的班级精神文化建设其核心是引导学生坚定并忠诚于贯穿日常思维与言行中的信仰、理想、价值取向、审美情趣。通过丰富多彩的班级活动和专题文化建设,使学生在潜移默化中得以精神的滋养和丰盈,以培育和弘扬社会主义核心价值观为引领筑牢信仰之基,将民族复兴大任和个人职业生命成长作为崇高理想,树立正确的价值取向和健康的审美情趣,成长为合格的国家建设者和社会主义事业的接班人。

(2)教育的真谛是"对人的价值追求","三维一体"班级文化育人体系下的班级精神文化建设提倡的是人文精神与科学性的相容性,其中心是激发学生对自身价值的关注。在班级精神文化建设过程中,采取多种形式,通过多重途径提高学生的自我效能感,培养学生自信、负责的品质,获取成功的体验,从而促使学生身心的全面发展。

第三节 "三维一体"班级文化育人体系的实施原则与策略

"双元耦合"班级建设模式下的"三维一体"班级文化育人体系，以社会主义核心价值观为引领，实现职业文化与班级文化相融合，专业文化与人文文化相融合，显性文化与隐性文化相融合，将信仰层面的精神关怀与成才的目标引领作为班级文化建设的主要任务，通过显性与隐性多重渠道，多管齐下，达成班级建设和学生培养的双重目标。

一、"三维一体"班级文化育人体系的实施原则

依据中职德育大纲要求，遵循科学的教育理念和中职学生身心发展特点，"三维一体"班级文化育人体系在实施过程中应坚持以下原则。

（一）全面性原则

人的全面发展理论是依据马克思主义基本原理，结合中国教育发展实际而确立的基本教育原则，也是教育的终极发展目标。全面性原则包含两个方面的内容，一是班集体应得到全面发展；二是每一名学生都得到全面发展。在班级文化建设过程中，通过多途径、多手段的班级建设措施的实施，使班级得以健康发展，每一名学生的综合素养和专业能力得以全面提高。因此，全面性原则是"三维一体"班级文化育人体系应遵循的基本原则之一。

（二）主动性原则

班级文化建设的主体是教师和学生。在班级文化建设过程中只有双方主体积极参与，充分发挥主体作用，班级文化建设才能生动，才能真正走进学生内心，发挥最大的教育效果。现代建构主义强调学习者的认知主体地位，要求在教师引导下，充分调动学习者的学习积极性，使其成为信息加工的主体，主动建构知识体系，而不是被动地接受和被灌输。"三维一体"班级文化育人体系以促进学生自我发展为目标，通过承载的班级文化功能的班级设施以及丰富多彩、形式各异的文化活动，以班级制度为保障，以学生的主体地位和全员参与为重点，强调学生的个人体验、反思和重构的过程，发挥文化育人功效。所以，主动性原则直接关系到班级文化建设能否真正有效以及发挥作用的大小，是班级文化建设成败的关键。

(三)阶段性与发展性原则

所谓阶段性原则是指班级文化的建设过程是一个分阶段的、连续性的、长期的、反复的过程。班级文化不是班级一经形成就存在的，而是在老师和学生的共同努力之下创建出来的。因此，班级文化是一个由产生、发展、演化、终结各环节连续不断的过程。由此在班级文化建设过程中，应该根据班级文化发展不同阶段的特点，适时开展各类活动，有针对性地完成班级文化建设目标。

所谓发展性原则，主要体现在以下三个方面。首先，班级文化是动态发展的，不是一成不变的，它与班级和学生发展状态是息息相关的。班级处于不同的发展阶段，班级文化导向就要与之相适应，从而发挥班级文化的正向推动作用。其次，国家产业及职业演变是动态发展的，不是一成不变的。在班级建设过程中，班级文化需要根据国家产业结构调整相关政策，以及职业发展趋势进行适时调整，并根据社会发展需要渗透职业文化，有针对性的提升学生的职业技能，以适应未来职业发展的需要。最后，学生是在不断发展变化的，作为教育者必须以发展的眼光来看待学生，班级文化建设也应以人为本，站在学生发展的角度，根据学生的身心发展特点适时调整育人措施与方法。

(四)适应性原则

班级是一个前社会雏形，是学生未来社会生活的预演。班级共同愿景、组织结构、规章制度、人际关系等，都是社会关系的缩影和投射，深刻地影响着学生社会化的发展。除此之外，班级成员还有着共同学习、共同生活、管理班级、参与活动等人际交往活动，在相互交往中，成员之间建立了友谊，产生了情感，形成了对班级的依存感和归属感。班级作为一个学生共同生活的场所，为学生将来走向社会、学会生存、发展职业，成为合格的社会公民打下良好基础。"三维一体"班级文化育人体系通过物质文化、制度文化和精神文化多角度措施的干预，提高学生适应未来生活、职业发展的能力，发挥学生社会化通道的作用。

二、"三维一体"班级文化育人体系的实施策略

(一)构建全方位班级文化体系

1. 巧设班级物质文化，重视环境熏陶

班级物质文化是班级文化建设的基础，通过巧妙的班级物质文化设计，可以在集中体现师生审美情趣的同时，烙刻上班级文化的印记。例如，根据教室布局合理划分功能区域，配置学习区、班级文化标识区、班级宣传区、图书角、植物角等，每个区域由专人负责，定期维护或更换内容，营造具有班级特色的环境

文化。

学习区是学生主要的活动区域和学习场所,通过桌椅有序摆放、整洁舒适的教室环境、墙面布置营造乐学、好学、勤学的学习氛围,激发学生学习的自觉能动性,形成班级特有的人文气息。班级文化标识区主要张贴、悬挂班徽、班训、班风等班级文化标识,使班级精神体现的文化标识不仅入其眼,而且通过长时间文化浸润,使其入其心、导其行,真正发挥班级文化在塑造学生人格方面的重要作用。班级宣传区是班级宣传理想信念、行为习惯、职业精神、进行心理疏导的重要渠道,通过定期更新的不同主题和板块,进行国家方针政策、名人故事、职业指导等的宣传和教育,帮助学生提高认识,习得知识,提升综合素养。图书角和植物角是班级动态文化区域,为班级物质文化增添一缕色彩和活力,通过图书角和植物角的管理与维护,濡养学生心性,提高学生动手操作能力。这些物化的班级文化,可以使每名学生在不知不觉间受其感染,在其境、静其心、守其道、谋其事,营造"润物细无声"的育人氛围,凝聚无声的教育力量。在设计、置放这些班级物质文化道具时也可以激发学生的创新意识,提高学生审美情趣和动手操作的能力。

2. 规范班级制度文化,强化自主管理

"三维一体"班级文化育人体系采用班级主导,学生主体,自上而下与自下而上相结合的方式,构建"双向分层"班级制度体系,形成班级学生全参与、班级管理全覆盖,立体多元与分层递进协同作用的班级制度文化,通过渗透班级制度文化,提升班级建设的品质。

(1)民主制订班级规章制度。现代心理学研究表明,当作为主体参与制订的决策和规章制度,是更易于当事人主动参照执行的。因此,班主任应在充分尊重学生意见的前提下,在《中学生守则》《中等职业学校学生公约》和学校规章制度等框架下,充分发扬民主,采用自上而下和自下而上相结合的方式,由全班学生共同参与讨论、协商,制订符合班级发展目标、体现班级整体利益的班规班纪以及评价考核标准,从而为班级全体成员提供行为准则和评价尺度。

(2)自主管理班级事务。教育的本质就是让学生学会自我教育,自主管理。在班级日常管理中,班级采用"竞标责任制",即将班级工作分为不同的模块和主题,由全班学生采用个人自主申报和团队自主申报相结合,公平竞标的形式,承包本项工作。此项制度打破了传统的班干部管理制度,改变了固有的管理与被管理的班级人际关系,在班级形成人人有事做,事事有人做,学生事务学生办的独具特色的班级制度文化。同时班级自主管理对于培养学生的参与意识、负责任的态度,营造充满活力的班级氛围都具有积极作用,并以此反哺班级优质发展。

3. 培植班级精神文化，建设班级精神家园

精神文化是班级文化发展到一定阶段的产物，是班级文化建设最核心的部分，它是引领班级全体成员前行的旗帜，是由个体凝聚为集体的黏合剂，并会对学生终身发展产生深远影响。

(1) 建设班级的共同愿景。班级愿景是指班级全体成员共同向往并为之努力奋斗的美好前景，它是集体意志的产物，是将学生个人的愿望进行融合、提炼、升华后所形成的一个班级精神的最终表达形式，是班级建设的最高境界。

在班级组建之初以及运行过程中，班主任应对每一名学生进行职业生涯规划指导，发掘其个人愿景，满足其个性发展需求，督促学生自我定位、自我实现。在学生自我成长、自我实现的过程中使其认识到个体成长是建立在集体成长基础之上的，只有将个人发展目标与集体共同愿景协同一致，才能产生协同共振效应，从而增强学生的归属感和集体意识，并最终构建班级的共同愿景。

(2) 确立正确的价值观。正确的价值观如大海航行中的灯塔，会帮助人们找寻人生前行的方向，坚守初心，给人以力量，坚定理想信念，寻找到真正属于自己的道路。青少年时期是人生观、价值观形成的关键时期，在班级建设过程中重视对学生价值观的正确引导，以社会主义核心价值观为引领，通过主题班会、系列活动以及潜移默化的引导，使学生逐步形成对国家民族观的认同、社会主义发展方向的认同、个人成长成才的认同，帮助学生树立崇高的理想信念，良好的行为习惯，积极的人生态度，矫正错误观念，正确看待社会不良现象和生活中遇到的各种困难与挫折，树立健康向上、乐观进取的人生观和价值观，为国家培养能担负民族复兴大任的建设者。

(3) 培养正确的班级舆论。正确的班级舆论是指在班级中居于主导地位的，引导班级正确发展方向和价值导向的言论和意见，它是衡量班级文化建设水平的重要尺度和手段。一个班级有正确的舆论导向，就能明辨是非，使班级成员的思想和行为有正确的标准。

在班级舆论建设过程中应关注三个方面：一是重班会，主题班会是班级文化建设的主渠道，也是班级舆论建设的主阵地。围绕班级文化建设目标，开展以爱国主义教育、理想信念教育、道德素养教育、职业生涯规划教育、心理健康教育、法治安全教育为主题的系列班会，通过主题班会渗透班级文化，提高学生的思想认知，树立正确的价值观念、大局意识、公民道德，落实社会主义核心价值观要求，在此基础上在班级内部形成正确的是非善恶评价标准，引导班级舆论走向。二是做主人，营造正确舆论形成和运转的氛围。培养学生主人翁的态

度和集体荣誉感,使学生在参与班级事务,履行义务,行使权利的过程中统一认识,形成正确的班级舆论。三是树榜样,确立正确舆论形成和运转的领头羊。对班级生活中出现的各类好人好事,确立典型榜样,使学生找到行为标杆,在比学赶超的氛围中形成正确的班级舆论。

(4)确立班级文化标识。班级文化标识是班级文化的抽象表达,体现班级文化的个性,成为班级全体成员共同的理想和追求。在充分民主的基础上,发动全班学生共同参与,制定符合班情和学生发展要求班训、班风、班徽、班歌和班级精神,形成价值共识,发挥班级文化凝心聚力,擎旗领航作用。

4. 丰富班级行为文化,重视班级活动

班级行为文化是指在班级内开展的各类文化活动,以及学生的行为习惯养成。良好的班级行为文化,可以使学生养成良好的行为习惯,使其终身受益;使学生在参与班级文化活动的过程中,在感受文化的乐趣,寓教于乐的同时,更加直观感性地领悟文化的内涵。

(1)开展行为习惯养成系列活动。开展行为习惯养成系列活动,提升学生行为规范意识,形成良好行为习惯,做到做人有尺,言行有度,自觉体悟言行的是非对错、优良好坏,从而形成正确的认知,全面提升学生的综合素养。在班级内组织开展以课题研究、专项比赛、评优评先等为主要形式的行为养成教育系列活动,渗透班级行为文化,逐步提升学生的行为认知,使学生认识到良好的行为习惯对个人学习、生活、工作的重要作用,因而引导学生自觉规范自身言行,形成良好的行为习惯,同时在班级形成优质的行为文化。

(2)开展传统文化系列活动。开展传统文化系列活动,涵养文化底蕴。深入挖掘中国传统文化内涵,在春节、元宵节、清明节、端午节、中秋节和重阳节等传统节日组织开展撰写文化日记、重温传统习俗等活动,增进学生对优秀传统文化的认识,加深对民族文化的认同。组织开展"诵读文化经典,传承中华文明"系列读书活动,在帮助学生涵养文化底蕴的同时,获取中国传统文化的精神力量,传承中华传统美德,增强民族自尊心和自豪感。

(3)开展职业文化系列活动。开展职业文化系列活动,培植职业精神,提升职业素养。组织开展"身边的榜样"职业走访活动,提升学生职业道德境界;开展学习大国工匠系列活动,帮助学生渗透职业精神;开展"走进职场"系列活动,帮助学生严守职业纪律;开展"秀礼仪风采,做最美职场新人"职场礼仪展示活动,帮助学生涵养职业礼仪。通过系列职业文化活动,使学生及早实现角色认同和角色转换,提升职业核心竞争力。

(二)创建职业特色的班级文化

1. 在班级文化中融入企业文化

中等职业教育主要是培养生产、管理、技术、服务等一线的技能型人才,中职学生对自己所学专业,今后将要从事的职业以及工作岗位的适应能力,对企业文化的了解与认同,将直接关系到他们的就业质量和未来的职业发展,因此在班级文化建设过程中渗透企业文化是"三维一体"班级文化育人体系的显著特点之一。在班级文化建设过程中,"三维一体"班级文化育人体系以职业生涯规划教育为主线,通过认知职业、认知职场等活动使班级文化和企业文化提前为学生所了解,在对学生进行企业文化教育的过程中,强化学生对企业文化的理解与包容,在潜移默化中提高学生的职业素养。通过"引进来、走出去"等文化交流活动,让学生通过眼睛看、耳朵听、嘴巴问的方式加深对企业文化的了解,进而深入思考企业文化与自身发展之间的关系,使学生自觉接纳并认同企业文化。此外,使学生了解并熟悉企业的运作方式,提高学生的社会适应性,为学生能更顺利地融入社会和职业生活提前奠基。

2. 在班级制度文化中对接企业管理制度

班级制度文化是指由班级全体成员共同制订并认可的,对班级成员的行为进行规范和约束的行为准则、班级规章、考核评价等内容。班级制度文化建设为班级学生的生活、学习、活动规定了标准和尺度,为班级的有序运行和高质量发展提供有效保障。企业管理制度是保证企业正常、高效运行,对企业员工在生产经营活动中言行进行规范和约束,并要求全体员工共同遵守的规定和准则的总称。由于班级生活是学生未来公民生活的预演,因此"三维一体"班级文化育人体系在班级制度文化建设中融入企业管理制度,如将企业的组织管理机制、5S管理标准等与班级制度进行对接,使学生提前了解并适应职场运行规则和生存法则,为从"自然人"到"职业人"的角色转换做好铺垫,从而提高学生的职场适应能力和职业发展能力。

3. 在班级文化活动中渗透专业文化活动

班级文化活动是班级文化建设的主要形式,通过丰富多样的班级文化活动,渗透价值观念、理想信念,激发学生的多感官体验,从而发挥班级文化"润物细无声"的育人效果。"三维一体"班级文化育人体系在班级文化活动中融入以提升专业技能为目的的技能竞赛类活动,以培养专业情感和职业道德为目的的人物访谈和专业实践类活动等,这些具有职业特色的活动,为学生创设更加接近于企业的环境,提高学生职业行为习惯的养成,使学生具有良好的职业意识、职业素养和就业能力,通过班级文化打通学校、社会与企业的壁垒,帮助学生顺利完成角色转换,赢在个人职业成长的起跑线。

第四节 "三维一体"班级文化育人体系建设示例

"多维·交互·内修"提升学生人文素养

侯蕾　栾芳

多年来,青岛华夏职业学校恪守"为学生终身职业素质发展奠基"办学理念,打造"自主·合作·开放·创新"职业生命成长教育特色,潜心基于文商类学生职业生命成长需要的"身心素养、人文素养、职业素养、创新素养"培育,实施"多维·交互·五修"提升学生人文素养培育工程。

一、课题引领,培育队伍,为工程实施提供支撑

1. 课题引领

学校先后成功完成青岛市"十二五"规划课题"'自信、负责、成功'自主德育模式"和中国职业技术教育学会德育工作委员会德育专项课题——中等职业学校提升学生人文素养的实践研究、"三元耦合"育人实践研究、中等职业学校社团建设促进学生综合素养发展的实践研究,结合人文素养构成维度拟定《学生人文素养现状调研问卷》,梳理提升学生人文素养亟待解决的问题——缺乏自信、适应能力偏低、文明素质和道德素质不高、人文知识不足,形成《学生人文素养培育实践方案》。

2. 培育队伍

学校出台《班主任队伍建设指导方案》,采用建机制、重教研、细督评、强培训、勤反思"五位一体"的培养模式,建设以"角色多维、能力复合"为特质的德育队伍。重新定位班主任的工作角色,扩展班主任能力域,全面打造班主任成长引领者、职业指导师、心理辅导员"三重身份",学校拥有国家二级职业指导师38名、国家心理咨询师28名。实施班主任督评管理制度,开设班主任论坛"争鸣",采用"基于问题任务驱动法",开展专题研讨和专业比武,形成各类专集5本。出台《华夏红·全员牵手导师制实施方案》,配套制订《学生成长手册》,为每名学生选配职业发展导师,形成提升学生人文素养的个性化指导体系。

二、问题导向,构建"多维·交互·内修"工程实施体系

1. 分层递进,自信修行

学校实施以"尊重差异、分层递进"为特质的德育目标分层教育,其核心功能是尊重学生差异,还原学生的主体地位,自主选择合适的教育,培植自信,以责修行,促进职业生命自主成长。实施过程中首先确立三级培养目标,即德育总目标、年级目标、各年级层次目标,指导学生根据职业综合测试数据(16PF 测试、霍兰德职业兴趣测试、中学生自信心测试、中学生道德水平测试)合理定位,自主选择适合自己的最近发展区,完成德育目标定位。其次配套《德育目标分层管理细则》,构建各年级、各层次德育内容和职业成长体系,引领学生循序渐进,促进自主发展。再者实施德育学分管理,科学学生评价体系,强化成功体验。每学期学生均可根据自己的提高水平调整自己的德育目标体系。这一过程,学校将选择权交给了学生,并允许学生在维护学校共同道德底线的基础上以不同道德面貌存在。这样我们将成长的责任还给了学生,学生成为教育舞台的主人,在"每天进步一点点"的成功体验中夯实文明习惯,逐步强化自主意识、发展自主能力,以责修行,积淀自信,自信修行。

2. 文化引领,自省修德

加强中等职业学校校园文化建设,是贯彻落实党的教育方针,优化育人环境,促进中职学生全面发展必然要求。所以我们精心培植以"自主·诚信·创新"为特质的校园文化。全力构建以"精神文化、制度文化、标识文化、行为文化"为中心的多维文化体系,形成"华夏宣言、华夏气度、华夏风骨、华夏色彩"四个单元主题文化;就学生人文素养薄弱环节及发展所需,融合传统文化和职业文化,将理想信念、职业精神、道德品行等核心德育内容,系列化为校本教材《花开的声音》和以"仁义礼智信、忠孝谦勤勇""诚信十字诀"为内容的《与诚信有约》,开设华夏讲堂,以文化人,丰富内涵,自省修德。

3. 创设媒介,自学修身

学校推行"双三十"教育行动计划,结合人文素养构成要素,经过反复论证,设计了华夏学生人文素养提升必做三十件事和技能素养提升必做三十件事,分置各个学期完成,构建任务实践载体、实施平台和评价体系,以点带面,循序渐进,引领学生在体验中不断夯实人文底蕴,提升自身素养,实践内化,自学修身。

4. 任务推进,自觉修业

我们将班级生活定位为未来公民生活的预演。通过预演,帮助学生习得社会价值标准,找到自己满意的角色位置,积淀未来社会公民生活必备的人文素

养。为此，学校出台《班级建设指导方案》，摸索形成了"目标引领—舆论先导—制度保障—细节管理—文化熏陶—实践锤炼—网络辅助—科学评价"的"八步联动"班级建设策略，打造基于"学生职业生命自主成长背景下"的班集体，制订班级建设阶段任务书，将对学生职业理想、职业精神、职业规范、职业道德和职业能力的培养分置于4项核心任务和26项子任务中，提高学生职业匹配度，自觉修业。

5. 多元发展，自化修能

打造"多元发展、知行合一"的活动平台，举办文化特色鲜明的"四节一会"，推行"双助长"行动计划和"双轨"育人行动计划，每个教研组配备一名外聘专家、每班配备一名优秀毕业生，分别指导教师、学生成长的"双助长"活动中，校友导师团的言传身教引发了学生"做最好的自己"的强烈愿望；课堂、社团"双轨育人"活动中，40余个文化社团为学生的特色发展提供了舞台。同时开展义工"四进""我与诚信有约""八礼四仪"等主题活动，举行"文明风采"大赛，开展锤炼学生人文素养，自化修能。

三、反思修正，培育工程结出累累硕果

(1)找到了中职学生人文素养培育的切入点和关键环节。提升中职学生人文素养重点在于"人性的塑造和人格的完善"，其核心是自信心的培养，这恰恰也是能给予中职学生终身发展的内驱力，更是中职学校培育学生人文素养的最大制约。学校实施德育目标分层教育，使学生在"最近发展区里"自主发展，产生追求目标的内驱力，"跳一跳，摘果子"，达到"潜力水平"，体验成功快乐。学生自信水平不断提高，自主发展能力螺旋上升，学校破解了制约中职学生人文素养提升的最大桎梏。

(2)人文素养培育实践实现"三变""三化"人文素养培育形成了完善的体系，出台配套方案16套，建立了多元、高效的实施体系，实现了"三变""三化"建设，即变单一型为多元型，实现实践探究的时代化；变封闭型为开放型，实现实践探究的社会化；变平面型为立体型，实现实践探究的综合化。为中职学生人文素养培育这一中职德育教育待开发地，提供了较成熟的、可借鉴的做法。学校人文素养培育工程被多家媒体近20次报道。

(3)学生自主发展彰显德育品牌功效自信修行、自省修德、自学修身、自觉修业、自化修能，学生在自我教育、自我服务、自主交往的良性轨道上自主发展，逐渐丰厚的人文底蕴彰显出我校作为全国中等职业学校德育工作先进集体、山东省德耀齐鲁示范基地及青岛市首批德育品牌"信责达远"的独特育人魅力。

近一年 300 余名学生在省市、国家级人文素养类比赛中获奖,第十二届文明风采竞赛活动,8 份作品参加全国决赛全部获奖,学校荣获"优秀组织奖";学校注册学生义工 2000 余名,6000 余人次参加了各类志愿服务活动;毕业学生中有 76.6% 的学生升入高一级院校,学生综合素质得到有效提高,培育工程结出累累硕果。

中职学生职业生涯规划指导的实践探索

栾芳

职业生涯是指一个人一生的工作经历,职业生涯规划就是对一生发展的前期打算、计划,这里面包括个人的奋斗目标、实现目标的方法、选择的职业、相应的教育、培训等。有的人可能认为,对不满 18 周岁的学生进行职业生涯规划的指导,还为时过早。还有的人认为,等到学生要就业了,再进行职业指导也不晚。果真如此吗?本人不敢苟同。在担任中职学校班主任的过程中,我有如下的思考和探索。

一、开展职业生涯指导的意义

1. 从中等职业教育的特点来看,指导学生进行职业生涯规划确有必要

中等职业教育与普通高中教育因其培养目标的不同而有很大的区别。职业教育的目标,说到底就是就业教育,其根本任务是为国家输送合格的劳动者,这就决定了中职学校应以市场为导向,以就业为生命线,重视技能训练,促进学生就业。不可否认的是,现在中职学生有许多不同的发展方向,比如有的学生可以毕业时参加对口高职考试,进行学历的进一步提升。但是,毋庸质疑的是,从知识结构上讲,中等职业教育下的学生是无法与接受普通高中教育的学生相提并论的,这也决定了他们在社会上竞争的"法宝"也一定不是自己的知识结构。那应该是什么呢?就是对职业的认识和理解,对自身的认识和规划,这才是学生立足社会、就业创业的"法宝"。而职业生涯规划教育的目的之一,恰恰是引导学生正确认识自身的个性特点、优势与劣势、机遇与挑战,帮助学生对自己进行正确的价值定位,引导学生正确评估个人目标与现实之间的差距,明确奋斗的方向。因此,从现实意义上讲,在中职学生中开展职业生涯规划是很有必要的。

2. 从中职学生的特点来看,指导学生进行职业生涯规划确实重要

职业生涯规划能够帮助中职生更清晰地认识自己,更从容地应对挑战,主动去选择职业、准备就业,并且能够促使学生在校学习期间不断地根据自我职业规划的内容加强素质培养,锻炼各种能力,为其毕业后的职业选择创造和准备条件。因此,在中职学生中开展职业生涯规划指导,是非常重要的。

易卜生曾说过:社会犹如一条船,每个人都要有掌舵的准备。中职学生尽管年龄小、阅历少,但也应该为即将成为社会这条船的一名合格的舵手而积蓄知识和能力。而做到这一点的基础和前提,就是必须有一个明确的航行目标。从某种意义上讲,职业生涯规划就可以帮助学生确立这个目标和方向,引领学生高质量地度过中学生活的每一天,为自己的人生盛宴准备美味佳肴。所以,在中职学生中开展职业生涯教育,是学生在校期间所接受的所有教育中非常必要和重要的一个环节。

二、开展职业生涯指导的实践探索

笔者认为,对中职学生的职业生涯规划指导,应该从学生一入校就开始,在不同年级确立不同的目标,并开展不同的指导,这种指导不应该是片面的、急功近利的,应该是长期的、有计划的、有目标的、分阶段进行的。笔者在具体指导学生职业生涯规划过程中,总结出了一套较为实用的做法,如图4-1所示。

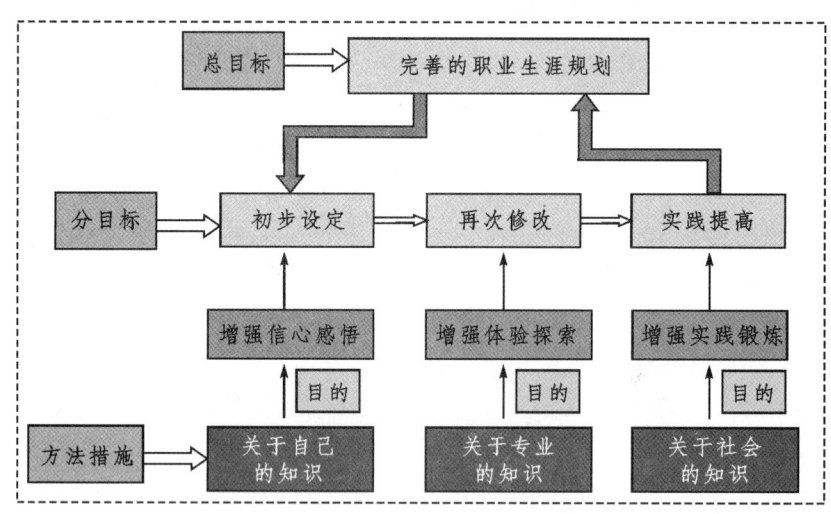

图 4-1　中职学生职业生涯规划指导

从图上可以看出,要指导学生完成一份较为完善的生涯规划,可以分三个阶段进行。

1. 给予学生关于自己的知识，增强学生的信心感悟

这一阶段应该是学生刚入校就进行的。前面说过，职业学校的学生多数在初中的时候就被"放弃"，三年的初中生活，很多学生尝到的是失败。这种"失败"打击了他们的信心，"我什么也干不了""到了职业学校就是失败者"等想法，在他们的脑海中占有很大的分量，在他们的亲戚朋友中也占有一定的分量。有不少家长抱有这样的想法："孩子到了职业学校，我就不指望他有出息啦。"所以，这一阶段的目的就是让学生重新认识自己、剖析自己，认识自己的优点、缺点，同时也要认识到职业学校的学生同样有出息，从而树立学生的信心。为达到这一目的，可以从以下两个方面入手。

（1）帮助学生全面了解自己。为帮助学生合理、准确的认识自我，可以与学生一起完成表4-1。

表4-1　全面了解自己表格

我眼中的"我"		别人眼中的"我"	职业测试中的"我"
较为客观的"我"	优点		
	缺点		

结合学生自己的认识、他人的认识，以及科学的职业心理测试软件，让学生充分了解自己的优点、缺点，充分剖析自己，这在学生的生涯设计中是最基础的一步。

（2）增强学生对职业学校的认同。可以组织学生对优秀毕业生进行访谈，或者是举行优秀毕业生报告会，看他们是如何规划自己的职业生涯，如何进行自己的职业选择，并在实践中逐步取得成绩的。从优秀毕业生的成功事例中，让学生明白职业学校的学生不是一无事处，不是注定失败的，只要有准备、有目标、有努力，一样会有自己的事业。以此增加学生的信心，增强学生对职业学校的认同。同时，学生对于如何选择自己的职业，确定自己的职业规划，也有了一些具体的认识。

在以上的基础上，学生可以完成职业生涯规划的初步设定。

2. 给予学生关于专业的知识，增强学生的体验探索

学生初步设定的职业生涯规划，一定是不全面的，除了对自己的认识和了解外，其他关于专业或是职业的问题，有不少还比较"完美"主义，是学生的一厢情愿。如何进一步了解自己所学的专业，了解职业的内涵，这是第二阶段需要

指导学生去做的。

(1)鼓励学生走进企业,了解专业。职业学校的学生一入校,就会按照专业学习,但是许多学生对专业知识的了解很少,仅仅是听说而已,为帮助学生全面认识自己所学专业,学校可以组织学生走进企业,了解专业。比如组织物流专业的学生,到物流公司进行实地的调研。通过公司工作人员的讲解,学生意识到只学好物流知识还远远不够,一定的英语水平也是干好工作的基础。特别是工作人员在讲解集装箱知识的时候,学生就意识到"许振超"精神不是说出来的,而是一天天、一月月、一年年不间断练习累积出来的。这些对于学生在生涯规划中制订可行的目标和措施,是很有帮助的。

(2)鼓励学生假期打工,增加体验。如果"光说不练",学生的生涯规划一定会是个"空架子"。相对而言,职业学校的学生寒暑假的学习任务较为轻松,学校可以鼓励学生,充分利用寒暑假时间,走出家门,通过打工,或是专业调研等方式,主动接触所学专业。尤其是通过打工的经历,帮助自己初步了解未来的工作环境和职业发展路径,了解社会需求和职业发展趋势,提升求职技巧和工作能力,学会收集与就业相关的有效信息,为未来职业发展积蓄能量,并有切实可操作的、实用的措施。这些和书本知识的效果是不一样的,这是通过学生自己的真实体验得来的,在学生的职业规划中一定会起到重要的指导作用。

在此基础上,学生可以完成职业生涯规划的再次修改。

3.给予学生关于社会的知识,增强学生的实践锻炼

应该说经过前面两个步骤,学生的职业生涯规划具有了一定理论和实践依据,但是社会毕竟是不断进步和发展的,这中间的可变因素太多。为检验学生职业生涯规划已确立的职业目标是否明确,措施是否到位,特别是学生自身是否做好充分就业、创业的准备,还需要第三阶段的进一步指导。

(1)组织学生实习,走入社会,增强学生的实践体验。"纸上得来终觉浅,绝知此事要躬行",生涯规划制订得是否可行,只有社会这个大环境才最有发言权,因此参加实习体验是必不可少的一步。这种实习不同于前面说的假期打工,而是结合自己的规划设计,结合自己设定的职业目标,有针对性、有目的性地实习。在实习过程中,充分了解社会,通过自己的实践,为生涯规划再次修订打好基础。

(2)开展就业指导,认清环境,树立正确的择业观。"眼高手低",这是笔者在对学生进行职业生涯规划指导的过程中发现的一个普遍存在的问题。学生刚开始实习的时候,"理想很丰满,现实很骨感",往往是牢骚满天,如单位的要求太苛刻、主管不近人情、领导批评不分场合、同事遇事相互推诿等,这种"抱

怨"，严重影响了学生职业生涯规划的进一步完善和职业目标的进一步提升，也反映了学生心理定位的失衡。及时、正确地就业指导，可以有效地帮助学生渡过这个"矛盾"期。比如从"善待挫折""夯实小工作，成就大事业""细节决定成败""增强责任意识""学会合作"等主题入手，抓住学生的心理特点，结合实习过程中遇到的实际问题，给予学生明确、耐心的指导，引导学生认清环境，树立正确的择业观，顺利完成实习实践阶段。

在实习和就业指导的基础上，学生可以进一步修订、提高，形成较为完善的规划设计。

以上就是指导学生进行职业生涯规划的三个阶段。从了解自己开始，到了解专业，再到了解社会，层层深入，进而形成实用价值高、可操作性强的职业生涯规划。

综上所述，职业生涯规划绝不是一蹴而就的事情。对于中职生而言，职业生涯规划不仅是必须的，而且需要循序渐进，一步步设计、修改、完善，既需要教师有针对性的指导，也需要学生主动自觉的实践，它应该是一个系统的、完整的教育教学过程。也只有这样，才会有助于增强学生发展的目的性与计划性，极大地提升学生成功的机会，真正做到为学生的终身职业素质发展奠基。

第五章 中职学校"双元耦合"班级建设模式之班级活动育人体系建设

第一节 "四翼联动"班级活动育人体系的重构

以班级为整体进行集体教育是我国历史上教育领域的一大进步,众所周知,集体授课并不是教育产生时就有的形式,而是随着社会的不断发展和教育领域专家们的不断研究和摸索慢慢改革创新并推广实施的。以班级为单位进行教育活动最早出现在国外院校,我国最早引进并大力推广实施是在清朝时期。基于以班级为单位进行集体授课这种形式在教育领域创造的优秀成果和卓越成就,这种形式成为我国教育领域最为普遍的教育方式,以学生个人组成的班级也因此成为我国各院校教育的最小单元。班级在活动和文化方面的建设成为中等职业学校班级建设管理和优化发展的主要途径。职业学校班级建设在学校管理和学校发展中发挥着十分重要的作用,具体而言,班级建设的成果直接影响着班级内部学生的综合素质的养成及其老师教育技能的提高,而学生和老师又是一所学校的重要组成部分,他们的表现和成绩又在一定程度上代表着一所院校的综合实力和教育水平。教育领域有关专家曾指出,卓越的班级文化建设和班级活动建设能够提高班级凝聚力,巩固班级内学生与学生以及老师与学生之间的关系,进而促进师生双方教育技能或学业成绩的提高。由此可见,班级建设在学生教育、教师提高和学校发展中扮演着不可或缺的角色。

一、班级活动的概念

相关资料将班级活动定义为以班级为单位进行的有意义、有利于学生成长发展的,以班级部分学生或全部学生为活动主体,在班级内或在学校内甚至是在可控的社会公共场所进行的,以班级文化为特征的一种群体教育实践。它是班级文化的一个有机体,是班级文化形成和发展的重要渠道,对班级文化的发展和学生综合素质的提高有着举足轻重的作用。班级活动可以从两个方面进行分析。

一是从广义角度来分析班级活动。由于班级活动使用的地方颇多，所以不同领域的研究人员对于班级活动这一范畴有不同的理解。但综合研究各领域人员对于班级活动的定义，我们发现不同领域人员对班级活动理解的共同点是学校大力倡导，有班级老师引导并帮助进行的有利于学生成长和提高综合素质的教育实践活动，包括所有官方和非官方的具有以上条件的活动。而各领域对于班级活动这一定义理解的不同点在于进行班级活动所遵守的原则和确立活动主题的依据有所不同，主要有国家人才培养要求、社会主义核心价值观和民族精神三种活动依据。班级活动是指各种以学校或大部分老师和学生的名义，以班级为单位进行的活动，班级活动的形式内容多种多样，既有常见的早晚自习，也有组织郊游、踏春等娱乐活动。在活动中，老师通过对活动内容和活动目的的讲解，使学生对活动有大致的了解，提高学生的积极性和主动性，在活动过程中，潜移默化地对学生进行相关主题的教育，使学生在娱乐中成长和收获。

二是在狭义方面对班级活动进行理解。狭义的班级活动与广义的班级活动最大的区别在于广义的班级活动涵盖了所有的教育教学活动，而狭义的班级活动则不包括学校正规的班级授课形式的教育活动。狭义的班级活动总体有以下特点：一是脱离于国家或学校教育体系之外的实践活动；二是活动具有特定的与教育有关的主体、目的、内容和意义；三是由学校倡导，由班级老师指导，以班级内学生为活动主体，以对学生进行特定主题的教育为目的的教育活动；四是课堂之外甚至是学校之外以班级为单位进行的教育类活动。在狭义的班级活动中，班级内学生可以暂时摆脱学习压力，开拓自己的视野，增长见识，学习教育体系和教材之外的知识，加深同学和老师之间的关系，提高自己的综合素质，促进自身德智体美劳全年协调发展。

结合以上所述，班级活动可概括为以班级为单位进行的，以学生为活动主体的，有利于学生成长发展的，以班级文化为特征的一种群体教育实践。对比广义与狭义的班级活动可知，广义的班级活动也可称为一切形式的以班级为单位的教育类活动，而狭义的班级活动则将课堂教学排除在外，而系统功能论则将班级活动理解为一种班级内部互利合作的社会关系。

二、班级活动的价值分析

班级活动，顾名思义，是以班级为单位而进行的学生集体活动，之所以以班级为单位，主要是因为学校人数过多，以班级为单位有利于学校的管理活动和确保每个学生能被老师注意到。由于班级是学生在校期间的主要学习和生活场所,所以班级活动对学生发展有着举足轻重的作用,它能在活动过程中加强班级团结和学生的责任意识,潜移默化地对学生进行源远流长的思想品格的教育。班主任作为班级中与学生联系最为密切的老师,在班级活动中也发挥着巨大的作用,班主任要通过创建特色班级活动,通过各种主题活动的开展,增强班级的魅力,为学生营造良好的学习成长环境。在班级活动中引发学生深度思考,使学生早早地意识到全面发展对个人、对社会、对国家的意义,从而激发其对学习的积极性和主动性,培养其正确的世界观、人生观、价值观,搞好班级活动是班主任等班级活动指导老师的分内工作。

相关学者曾提出教育的目的是培养能顺利幸福地支配自己的生活,没有遗憾地度过一生的人。

使学生在学校生活中获得幸福,全面发展其才能,吸引学生们为集体倾注心血的最佳途径是什么呢?——是活动。如果说运动是个体存活的表现,那么在某种意义上来说,班级活动代表的便是一个班级的生命力。每一个学生的成长,每一个班集体的组织与建设都不是在静止的状态中进行和完成的,而是在活动的状态下进行和完成的。由于学生处于教育阶段,世界被分为学习和生活两大环节,在学习这一环节,学生获得知识,增长见识,提高文化素养;在生活这一环节,学生学习生活技能,增进、丰富个人的生活体验。知识世界与生活世界的融合,才能培养完整的人。可以说,班级活动把学习环节和生活环节结合起来,架起了两者之间的桥梁,使学生在生活中获得某些特定知识,同时又将在学校学到的知识在生活中加以运用,使学生在学习和生活方面都有所成长。所以说,做好班级活动的设计与组织对学生个人的成长、班级良好人际关系的建立、班集体的形成有着重要的意义。

2018年9月10日,习书记在教育领域的会议上提出,我国的教育体系应更加注重学生的全面发展和综合素质的提高,为我国培养更多的人才。此前,北京某大学发布的一项研究曾对我国学生的发展要求进行了总的概括,对我国学生提出了积极参与社会、加强文化基础和全面发展的三个强制目标和包括养成健康的生活习惯、有责任有担当、勇于实践和创新等在内的六个互相联系、互相呼应的基本要素,促进我国学生德智体美劳全面协调的发展。

本文所研究的"四翼联动",作为一种班级活动,超越了传统的活动形式,创新出了一种新型的班级活动建设。在"四翼联动"活动中,师生合作开展班级活动,各自提出自己的意见,提高学生参加活动的积极性和主动性,同时及时解决活动过程中出现的一系列问题,提高学生应对问题的能力,促进学生的全面发展。

三、"四翼联动"班级活动育人体系的内涵与特点

本着职业教育"以服务为宗旨、以就业为导向"的指导思想,通过构建职业指导、职场模拟、专业实践、志愿服务"四翼联动"的班级活动育人体系,培育学生职业素养和职业生涯规划能力,促进学生职业目标小步趋成、阶梯进步,实现班级和学生的双元发展。

开展"四翼联动"班级活动有利于学生的全面培养。"四翼联动"班级活动可以将学生带到教育体系之外,学习生活的某些常识,使其成为一个真正的人,顺利幸福地度过自己的一生。"四翼联动"班级活动也可以帮助学生开发自己的潜能,培养自己的特长,丰富自己的课余生活,提高自己的艺术素养,避免学生目光局限于学习而形成巨大的心理压力。"四翼联动"也可以加强班级内学生与学生以及学生与老师之间的交流,培养团结意识和集体荣誉感,形成强大的班级凝聚力,提高学生处理问题的能力。"四翼联动"还能提高学生心理素质,缓解部分学生学习方面带来的自卑心理,解决其心理问题。"四翼联动"班级活动的展开,不仅多元化了学校生活,立足班级专业以及学生特点,将职业生涯规划教育与班级活动高度融合,有计划地组织学生开展丰富多彩的班级活动,不仅能刺激学生的求知欲望,促使他们去探索更多的奥秘,还能提升学生各方面的综合能力。

开展"四翼联动"班级活动有助于挖掘学生潜能、促进学生良好个性的形成与发展。如今,社会就业竞争激烈,"四翼联动"班级活动帮助学生寻找自己的优势,培养自己的长处,对未来就业奠定了坚实的基础。通过构建职业仿真的班级活动,学生可依据自己的能力与特长,自由选择自己感兴趣又适合的活动,在活动中认知自我、认知职业、认知环境,使特长和能力得到充分发挥。班主任利用在活动过程中发现的学生特长与闪光点,鼓励与表扬学生,有利于帮助学生树立职业自信心,维护他们的自尊心,激发他们敢于拼搏的决心。

开展"四翼联动"班级活动能有效提高一个班级的活力。在班级活动中,学生之间能够得到更多的交流,提高团结意识和责任意识,从而提高班级凝聚力。而对于那些内部存在比较性的班级活动,还能在无形之中提高学生之间的竞争力,使大家互相督促,互相进步,进而为实现班级的整体目标创造了动力。同时,班级活动的组织需要班干部与老师的配合,这也为班干部能力的提高提供了良好的机会。整个班级内人人都得到发展,必然促进了班级整体的发展。在班级建设中,班主任可以开展活动逐渐规范学生的行为。比如,通过开展"做最美华夏人"这一活动,督促学生遵守学校仪容仪表要求之外,养成良好的职场礼

仪习惯；开展"最美教室"的活动，让每一名学生养成为班级卫生负责的好习惯，并体验不同劳动项目所包含的岗位制和职业化。开展这些活动，能够让学生在潜移默化中受到教育，得到锻炼；通过活动引导学生的言行，规范学生的言行，逐渐形成正确的集体舆论和良好的班风。开展"四翼联动"班级活动不仅是班级文化形成的需要，更是班级建设发展的必要条件。

开展"四翼联动"班级活动不仅对于班级内学生和整个班集体具有良好的带动作用，其对于活动的指导者及班级老师来说，也是一种提升自己教育能力的机会。班主任在指导班级活动时，必然要考虑全面，并针对一些不确定因素或者是可能会出现的状况进行预估并提前做出对策。在活动中，班主任要统筹安排每位学生的活动内容，从而建立和谐师生关系，避免学生与老师之间了解不深而产生的隔阂，促进双方共同进步成长。

学生、班级和老师作为职业院校的重要组成部分，他们的进步和成长，必然会促进学校教育管理工作的提高和学校生活的和谐。组织"四翼联动"班级活动，使每个学生养成积极向上的学习态度。学生与学生之间、班级与班级之间、老师与老师之间良性竞争，不仅可以营造积极良好的校园环境，在提高学生知识水平的同时，还能提高老师的教育技能，为老师职业生涯的发展提供丰厚的经验。此外，公益活动性质的班级活动，对于是社会公益事业的发展和学生有关公益方面意识的确立，也具有很大的作用。

综上所述，对于学生而言，开展班级活动，能提高学生的团结意识和集体荣誉感，并在学生之间形成一种竞争，促进学生的全面发展；对于班级而言，开展班级活动有利于提高班级的综合实力，提高班级管理水平和班级各主体的发展；对老师而言，指导班级活动有利于老师与学生之间良好关系的形成，并进而提高老师的教育水平和管理水平；而对于校园建设而言，开展班级活动，有利于在学校形成良好的学习氛围，提高学校的综合水平。

"四翼联动"班级活动的开展不仅有利于学生德智体美劳全面协调发展，而且对于班级凝聚力的形成与发展以及学生的智力发展都有举足轻重的作用。开展班级活动可以提高学生实践能力，提高学生的社会适应能力。"四翼联动"班级活动为学生德智体美劳全面协调发展提供了机会，为其步入社会奠定了良好的基础，带动了整个职业专业化的日趋成熟，为学生以后步入职场打下结实的基础。

第二节 "四翼联动"班级活动育人体系的作用

一、对"双元耦合"班级管理体系建设的作用

2018年9月10日，习总书记提出，各教育机构要不断重视学生德智体美劳全面协调发展，为我国发展培养更多的人才。因此，班级管理也应当顺应新时代学生发展的理念及要求。班级是学生自我教育、自我管理、自我服务的主要组织载体，是中职学生的基本组织形式。如何以双元耦合为指导，创新中职班级活动形式，使其更加具有教育意义，吸引学生兴趣，成为职业院校教育管理工作中的重要问题。

1. "双元耦合"班级管理体系建设模式的创新意义

"双元耦合"班级管理主张随身对自己未来的职业生涯进行提前规划。在对自己的职业生涯进行规划的过程中，学生能够根据自身情况，对自己进行定位，在以后的学业生涯中扬长避短，寻找自己的特长，发挥自己的优势，并努力适应市场需求，早日确立自己的职业目标，并为实现这一目标，进行一些前期的努力。"双元耦合"班级管理体系建设对学生的发展具有重要意义。

"双元耦合"班级管理体系建设有利于学生对自己的人生发展进行正确定位。"双元耦合"班级管理体系建设的一个条件是，学生能够结合自身实际，充分了解自己的能力，对自己的职业生涯有明确的方向。

将学生的职业目标及其计划与学校班级活动建设和班级文化建设结合起来，串连起职业院校学生的整个学习生涯，有利于激发职业院校学生的学习主动性和积极性，提高其竞争意识和忧患意识。这也充分体现了学生的主体地位，参照学生职业规划，对全体学生进行指导，确保每个学生有其自身努力的方向，并自愿自觉地服从老师和学校的管理。

"双元耦合"班级管理模式用学生普遍重视的就业问题吸引学生，将学生未来职业生涯的有关事项与当下学生的学习生涯结合起来，调动学生学习积极性和主动性的基础上，提前使学生接触一些社会就业中的常见问题。

2. "双元耦合"班级管理体系在班级管理中发挥的作用

班级在学校教育活动中具有不可替代的作用，其不仅是职业院校对学生进行教育和管理的中介，也是学生在学校中学习和生活的主要场所，是教育体系中学生自主管理、自主服务和自主教育的基层组织，其在学生学习生涯中扮演

着重要的角色。以班级的形式对学生进行教育，不仅有助于在活动中提高学生对学习的积极性和主动性，还有利于学生在集体中互相学习、互相督促，充分发掘自己各方面的潜能，促进学生德、智、体、美、劳全面协调发展。

（1）"双元耦合"班级管理体系能够提高学生的综合素质。在一个环境好的班级中，学生能保持积极的学习心态，养成良好的学习习惯，在与其他学生的交流中，互相学习，全面发展。

（2）"双元耦合"班级管理模式能够完善学生的人格。该模式根据国家有关教育要求，对学生进行知识和技术教育，不仅满足当下学生对知识的需求，而且对于学生未来的职业发展也做了充分的考虑。

（3）"双元耦合"班级管理模式能够促进整个集体的进步。该模式下，学生在班级活动中形成的团结意识和集体荣誉感会伴随他们一生。在某种层面上讲，班级活动提高了学生的思想境界。

二、对"三维一体"班级文化体系建设的作用

随着社会的发展，文化建设对人们和集体的作用越来越显著。在企业中，企业文化对企业发展的影响十分明显，优秀的企业文化为企业营造良好的工作氛围，在潜移默化中影响企业职工的工作意识，别这样对企业的生产和发展起到一定的积极作用。此外，企业文化对企业员工具有导向、凝聚、规范、激励和约束的功能。班级活动是班级集体的实践活动，为了达成活动目的和任务，它需要班级成员有统一的思想、集体的观念、团队协作的精神以及完成活动任务的能力。

由于职业院校的特殊性，将企业文化与职业院校的班级活动结合起来，使职业院校的学生提前接触企业文化，有利于学生在毕业后顺利过渡到职业生活。而二者的结合应当从模仿开始，使学生理解企业文化的同时，同时对班级活动起到积极助推的作用。在进行设计班级活动时，模拟为一项经营活动，不同的活动对应不同的价值观，活动的分工就是企业不同的岗位，学生所在各个岗位的工作规范便是企业文化的一种表现，在活动中还要模拟企业中，职工从初入企业面试，到后期工作学习和培训，再到后期，企业业绩考核，通过这种方式来提高学生的竞争意识和责任意识。将企业文化与班级活动结合起来，使学生在班级活动中得以了解企业文化，同时通过企业文化的介入更高层次地发展班级活动。

苏霍姆林斯基说："没有活动，就没有教育。"之所以通过活动的方式对学生进行教育，是因为活动的内容能够更好地吸引学生的兴趣和热情，而要通过活

动发挥教育作用，则必不可少的是在活动中穿插教育的内容，即加强班级活动的文化建设，使学生在活动中认识自我，完善自我。而目前我国班级活动的文化建设往往存在一些诸如重形式偏实质、不切实际、文化建设内容太过浅显和过度偏向智商而忽略道德发展之类的问题。特别是随着信息传播手段的多样化，社会上一些不入流的思想，往往会对学生思想观念的形成和发展产生消极影响。

我国教育领域所认为的学生应当具备的素质，在广义上，是指学生发展所需要的，能够适应时代发展和社会需求，的某些实力和素质。最重要的是包括养成健康的生活习惯、有责任有担当、勇于实践和创新等在内的六个互相联系、互相呼应的基本素养。依据我国学生发展核心素养的要求，从实际出发，不为学生增加学习压力，大力推广"四翼联动"班级活动。

"四翼联动"班级活动可以分为以下几种模式。

1. 班级活动设计以企业文化为内容的模式

由于职业院校的学生往往比同龄人进入企业早一些，所以大部分职业院校已经把企业文化纳入自己的教育体系，将企业文化与职业教育结合起来，帮学生早早地完成从学校到企业的过渡。班主任也发挥着在活动中加深学生对企业文化的理解的巨大作用。此外，学校也应该着手创造符合企业与校园进行对接的校园环境，创新活动形式与内容，为学生提供更加真实的企业体验。

对于以企业文化为主要内容的班级活动，评估活动是否成功的，关键在于在活动中是否让学生对学文化有深入的了解，在实践中可采用"活动经营化、分工岗位化、要求职业化"的方法。改变传统班级活动开展时和企业文化的脱节或单向的企业文化宣讲。把一个班级活动模拟成一个企业的经营活动，让学生认知、感受企业文化的存在和作用；在这个活动中由不同分工产生的岗位，可以运用现实生活中的招聘或有关部门的推荐来选择合适人选，通过这种方式提高学生的竞争意识和忧患意识，激发其学习的主动性；同时，将岗位要求制度化，便于学生对岗位任务的完成，这是在职场中进行绩效考核的重要内容，也是企业制度文化的一种认知和实践；岗位的要求也就是企业对职业的要求，是学生从"学会做事"到"学会做人"的一次就业体验，同时也是大部分职业院校的教育目标。

以下是为以企业文化为主要内容的班级活动提供的一些意见。

在以企业文化为主要内容的班级活动中，要结合班级实际状况选择恰当的企业文化示例，从而使学生在班级活动中对企业文化有更加真实的体验，将班级活动对学生的积极影响发挥到最大。

由众多班级活动的实践经验可得,在开展以企业文化为主要内容的班级活动时,最好首先让学生对企业文化进行了解,在此基础上,让学生产生对该企业文化的认同心理,从而使学生更好地在班级活动中了解并体验企业文化。

在以企业文化为主要内容的班级活动中,要根据班级实际状况设置活动岗位,而不是绝对地套用企业的现有岗位。但活动中对于岗位的规范一定要专业化,从而促进学生真正地投入活动中,并自发养成某种行为习惯。

在以企业文化为主要内容的班级活动的岗位业绩考核中要彰显教育类活动的特点,实习生对企业文化有更深层次的认识和体验,同时,还要提高学生的参与感,在活动过程中由班主任指导学生,使学生更好地参与活动,同时确保活动的顺利进行。

2. 班级活动以专业发展为导向的模式

将学生的专业技能发展与班级活动相结合的方式,不仅能检验学生的技能水平,还能使学生在与其他人的比较中提高竞争意识,激发其学习各项技能的积极性和主动性,从而提高学生的专业技能水平。

强化学生专业发展是形成学生职业素养的重要组成部分,学生的职业素养包括其在本行业的职业生涯目标、道德、个人形象和专业水平等一系列与其职业有关的外在气质举止和内在思想观念。我国职业院校的教育体系往往涵盖了学生职业素养的培养,对学生进行职业道德、职业规范、职业要求、职业技能以及学生自身思想观念等多方面综合素质的全面培养。

根据专业特点定期举行班级竞赛活动,形成良好的班级竞赛文化氛围。为达到预期目标,采取"选拔、培训、评价"三位一体的选拔和培训模式,强化学习能力训练。学习能力是职业能力的重要内涵,是从业者职业生涯可持续发展的必要基础,是终身学习的必备能力,是大国工匠不可或缺的能力。在设计活动过程中,要注重"知行合一",注重"促进德育、智育、体育、美育有机融合",注重工匠精神在技能大赛中"润物细无声"的渗透。

"德"堪称职业素质的内在灵魂,主要体现为专业精神,是该职业工作人员做人的规范和要求。

"智"在职业素质中居于主体地位,主要指本行业专业人员在交际和专业等方面的处事能力。

"体"是职业素质中作用微弱但必不可缺的素质,主要指职业人员在本行业的体能。

"美"是职业素质的感性所在,要求执业人员需要具备适合本职业、适合时代发展潮流的审美,即职业人员在工作中发现美、创造美的综合实力,"美"能有效地促进职业人员的优化发展。

3. 班级活动传承我国优秀文化的模式

传承和践行我国优秀传统文化的班级活动主要以学校在寒暑假组织学生进行的实践活动为主。我国优秀传统文化中有许多值得当代学生学习、继承和发扬的闪光点。在班级活动中，使学生更加深入地接触我国优秀传统文化，不仅有利于我国优秀传统文化的继承和发展，使古代人民的智慧得以长久流传，同时也能使学生汲取古代优秀传统文化中蕴含的智慧和经验，修身养性，提高学生对中华民族的认同感和归属感，培养当代学生的中华文化自觉和文化自信。传承和践行我国优秀传统文化的班级活动具体可以实施为班级内部的古文阅读、古文摘录、古文朗诵以及古文知识竞赛等。

4. 班级活动以社会实践活动为途径的模式

自主性是学生素养中最为关键的一方面，自主性主要是指学生能够正确地认识自己，发现自己的长处和优势，扬长避短，并对自己有准确的定位，通过发扬自己优势的同时尽可能补足自己的短处，成长为一个符合自己要求并对社会和国家有用的人。学生参与社会实践活动并不是简简单单的以学生参与为目的，而是要求学生在社会实践活动中能够有所收获、有所发现，善于思考在实践活动中遇到的一些问题并寻求正确的解决方法。通过社会实践活动来丰富学生的生活经验，将学生带出课堂，促进学生在学习以外其他方面的全面发展。

上述几种模式，每一种模式都能在当下的教育生活中以多元化的方式得以实施。就班级活动的最终目的而言，中职院校开展班级活动，主要是为了实现学生的全面发展。要实现学生的全面发展，需要在各种模式的班级活动中注重以学生为活动主体，尊重学生，了解学生，善于发现每个学生的长处和优势，通过创新和丰富活动的形式和内容，使班级活动和学校的教育活动能够适应时代发展的要求，满足不同学生的多元化的需求，开发学生的潜能，学校也可以邀请相关领域的专家对学生进行职业和学业方面的指导。综合以上多种活动形式，促进学生德智体美劳全面协调发展。就班级活动和学校活动开展的实际情况而言，任何一个活动的开展，都不可能凭借一个班级的能力完成，而需要借助其他组织或团体的帮助，这边需要学校根据学生的需求和时代的发展，不断丰富和创新学校的各种组织和社团，并大力提倡学生在不影响学业的基础上，通过参与社团活动或参加各种国家级、省级或校级的竞赛来发现和发展自己的特长和优势，以实现自己的全面发展和提高自己的综合实力，同时丰富校园生活，为校园营造良好的文化氛围。

在中等职业学校大力推广班级活动是班级建设的重要渠道。班级活动以学生喜闻乐见的形式吸引学生参与到活动中来,在活动中潜移默化地对学生进行专业方面的知识教育和技能教育,同时,在活动中使学生相互学习,促进学生的全面发展,为国家和社会培养符合社会和时代发展要求的人才,在活动中实现我国教育目标。国内教育领域的知名专家曾指出教育要立足实践,表明"生活就是最大的教育场所,社会即学校,教学做合一"的生活教育理论,在班级活动中,班主任发挥着举足轻重的作用,在其指导班级活动的开展时,应当注重企业文化的涉及,在帮助学生形成优良的职业行为和职业观念,完成从校园到职业的过渡的同时,也要注重提高自己的教育水平。

第三节 "四翼联动"班级活动育人体系的实施

一、自我探索活动

组织参加自我探索活动,让学生从中认识和了解自我。"四翼联动"班级活动育人体系不仅能够在价值观、就业观、职业生涯必备技能、职业生涯整体规划方面充实丰富学生的学习生活,也能够因材施教,让学生在了解到自身的性格特征之后再去选择符合的岗位,真正做到自身和岗位的完美融合。所以"四翼联动"班级活动的开展有着很高的可操作性。

1. 自我探索活动有利于学生认识自我

学生能够基于科学合理地对自身展开的评价精准定位自身角色,更贴合地融入社会。科学合理的自我评价不仅在筹划自身职业生涯中占据着关键位置,也在很大程度上能够促进学生融入社会生活。学生在筹划职业生涯的过程也是深入了解自身性格特点的过程,通过肆意联动班级活动的开展,学生可以深入地认识自己,了解自己。

社会互动学说中这样评价自我探索活动:学生在进行自我探索活动时可以深入地了解自身的性格特点以及内在方面。该学说中提及的社会互动具体指的是参与社会生活的不同个体彼此接触交流引发的一系列互动与作用的过程。以互动主体为标准能够把社会互动分为三类:个体和群体、个体和个体、群体和群体双方展开的互动。大家在进行社会互动的时候可以深入地了解丰富自己。唯有个体把自身融入整个社会里才可以科学正确地进行自我定位。只有将社会中的其他个体作为对比的镜子,才能够充分地、完全地了解自身的性格特征、针对性地促进自身的发展进步。就像社会中的青年志愿服务活动的主要参与主体为拥有奉献精神的学生。学生在参与青年志愿服务活动时,不仅能够深入了解我国社会与国家发展进步的具体情况,也能够让大家受到帮助别人的时候别人对自身的认可的激励,让自身的生活更加积极向上。

2. 自我探索活动能够帮助学生了解外部的环境

正确适当的开展职业生涯规划首先应该做到的为知己知彼。知己具体指的是能够正确了解自己,知彼具体指的是能够准确把握和从事岗位有关的客观环境,如从事某种职业所必须了解与掌握的工作要求、工作时间、薪资待遇、必备技能等。

"四翼联动"班级活动育人体系最关键的要求为实现知己和知彼之间的平衡,在平衡中发挥对社会的价值。这项活动的开展能够扩大学生了解社会以及外部环境的阶级与领域的广度与深度,能够让学生明确工作内容与外部环境,在实践中学习工作技能,能够在脑海中对以后想要从事的岗位有具体的轮廓与了解,最终可以做到正确恰当地对自己未来想要从事的岗位进行规划。

站在学生内心所想的高度出发,"四翼联动"班级活动育人体系可以科学地让学生接触到外界社会环境。中职生本身就对外界环境有着极强的好奇心,热衷于探索未知领域,喜欢探索新鲜事物。然而,生活阅历的缺乏及社会经验的不足使他们只能以自身所具有的理论知识解释和面对复杂的社会环境。因此,许多学生往往以理想的眼光看待外在的社会环境,以简单的思维方式理解复杂的现实生活,对未来充满理想主义的期待。一旦他们真正进入社会,接触现实生活,就会发现理想与现实有很大的差距,这种心理落差极易使他们产生思想上的矛盾及行为上的困惑。"四翼联动"班级活动育人体系则为中职生慢慢将自身融入社会生活中准备了一条捷径,不仅能够降低中职生融入社会时内心的焦虑与不解,也能够让中职生深入了解我国的发展情况与具体现状,慢慢建立起科学理智的思维来看待社会。

基于我国中职教育自身的具体现状而已,"四翼联动"班级活动育人体系可以建立并完善中职生对社会的了解框架,利于他们融入社会。要想紧跟时代的发展,中职生必须对社会日新月异的改变保持极高的敏锐性。班级活动能够给大家融入社会提供一个非常好的渠道,通过在课下开展举行多种多样的自我探索活动,来保证每个学生都能够参与自我探索活动中。就像借助亲身在工厂、企业等场所开展的实践活动中能够身临其境的明确工作的具体情况,明确企业在发展过程中要吸纳哪种类型的人才,明确社会对所需人才的具体标准,由此能够针对性地进行比对分析,了解自己的优缺点,并以此为依据进行自身的职业生涯规划，为以后从事自己喜欢的职业扫清障碍。

自我探索活动是班级建设不可或缺的环节，自我探索活动属于隐性教育，全部过程都是学生自身参与完成的。在这之中，学生发挥主持领导作用，他们不仅是组织者，更是参与者。在参与自我探索活动时，学生能够学习了解在课堂学习中接触不到的知识与技能，能够丰富完善自己的知识框架与范围。除此之外也可以促进学生在实际生活里提出问题、发现问题、研究问题、探索问题，最终可以促进扩展自身的知识层面，增强处理问题的能力与创新水平。

二、职业设计活动

职业设计活动是以全部的学生为受众目标举行的一类普适性较高的活动，具体内容为以学生自身的性格特征与爱好偏向为标准，给学生未来会从事的岗位提供建议与指示，同时就增强学生自身素养方面制定专项建议，让学生主动自发地选择参与活动的设计与开展。

职业设计活动和职业生涯规划密不可分，职业生涯规划具体指的是学生基于进行自我分析以及明确社会客观环境的前提，规划自身的职业生涯，为完成规划的职业生涯而制定的各种培训方案，同时通过自身的行为来促进职业生涯规划的实现的过程。职业设计活动则指的是通过所制定的计划与目的来逐步培养个体筹划自身职业生涯的思想和能力，促进学生整体职业技能的发展，为学生职业生涯的实现扫清障碍，最终做到让学生能够积极主动地实施且执行规划方案的整体性教育过程。所以职业设计活动也能够被认为是促进职业生涯规划从理想走进现实的一种活动。

职业生涯规划为中职生完成职业策划提供了一条捷径。基于目前就业压力越来越大，学生必须明确自身的梦想与优势，以此为基础依据社会的要求进行职业生涯规划，寻找能够促进自身职业目标圆满完成的渠道与捷径。依据职业发展阶段理论而言，中职生如今就位于职业研究与职业准备时期，再加上青春期这一特殊阶段的中职生有着极高的可塑性，学习时期更是探索爱好、发展能力的重要阶段。以上种种因素综合作用，促进了"四翼联动"育人体系活动的开展。

就中职生自身来说，在离开学校之后从事自身喜欢的职业已经成了在学校不断奋进的理想标准，分析从事的岗位与工作客观环境，可以体现中职生选择职业的就业观与价值观，不过该阶段的学生在就业观与价值观上需要发展完善的空间极为广阔，因此引导学生进行职业设计活动及围观。与此同时要想顺利从事自己喜欢的岗位必须要掌握岗位所要求的技能，技能的掌握也不是一个一蹴而就的过程。假如学生并未及时展开职业生涯规划，在就读时期并未确立准确的职业规划，如此会使得就读期间每天浑浑噩噩，没有奋斗的动力，从而无法实现自身的梦想。所以职业设计活动理应融入班级活动的开展中，除此之外要依据每个发展阶段的特点与具体情况来确定应开展的职业生涯教育内容与职业生涯教育目标。

一年级学生处于职业生涯探索期。学生刚进入中职校园，需要适应这种变化的生活环境，所以，这一时期的班级活动应该以新生融入职业生涯设计与学校生活为标准开展，做到让新生建立起适应学校职业生涯规划的思想，掌握学校生存与进步必备的知识技能。促进学生明确如今社会的就业压力，明确开展职业生涯规划的关键作用，引领大家自发通过职业生涯规划来建立未来发展奋斗的目标与方向。

为初步让大家在脑海中勾画出自身选择专业与以后从事工作的大体框架，学校应组织一年级新生在实习工厂或企业中进行实地考察，以此为外因促进大家建立起的职业目标。除此之外也要支持一年级新生积极参与校园文化活动与社团组织规划活动中，实现大家在活动里的准确定位，增强社交技能。顺利完成初中生到中职生的身份的过渡，主动融入新的学习环境。

二年级是提高学生综合素质的重要时期，大家逐渐过渡到职业生涯定向时期，主动探索发展的渠道与角度，建立起与自身特点最为符合的职业规划。该阶段也会初步奠定学生的实践素养、专业水平与职业素质。所以，开展二年级学生的班级活动主要应该引领鼓励学生从自己的爱好与职业倾向出发，开展设计社会调查、专项社会服务活动、专业实习实践和科研活动等。借助上述活动的开展与参与，增强自身将所学知识与掌握的技能应用到社会现实中的能力与水平，增强自我对社会环境以及从事职业的适应水平，深入明确自身想要从事的岗位职业。另外也要引领大家坚持专业课程的学习，课余时间主动进行多种和专业相关的技能培育训练，对自己的整体素养与综合能力取长补短，做到综合发展。

三年级已经发展到了职业生涯的选择确定阶段。三年级进行职业设计活动时应将重点放在训练学生求职技能中，让学生深入了解各种就业法律规定与政府政策，给学生准备一对一的指导和信息咨询服务。所以三年级学生的班级活动应该将重点放在进行就业建议与开展专业实习上，在班级活动中增强大家对社会的适应程度，让大家建立起职业情感与职业道德。

三、专业体验活动

学生在参加和专业紧密相关的活动时能够深入了解自身所学专业,加强对专业的敏锐性。在参加与专业有关的活动中能够快速找到自身的爱好偏向与优缺点,从而针对性地制定未来的职业规划与发展角度。

培养中职生的专业技能是中职生职业生涯规划的核心。专业技能是衡量中职生将来能否胜任某项工作的主观条件。班级专业活动可以培养学生许多方面的职业能力。中等职业教育的开展目的为训练专业技术人才,这一目的的实现离不开专业,中职生的专业课程大部分专业程度比较高,对未来从事职业的划分程度比较细,很多学生在离开学校之后都能够找到专业对口的工作。由此学生在日常的课程学习里,应该了解专业知识,培养动手能力,提前进入职业角色。结合专业的技能节就是一种最经常、最有效的实现方式,也是学生技能提升的一个很好的平台。

"四翼联动"班级活动育人模式给学生搭建了理论与现实之间的渠道,能够促进学生掌握专业技能。开展的志愿者服务活动里,很多班级活动都具有很强的专业性。就像财会的学生走进社区,教市民如何辨别真假钞;学动漫的学生会参加帮助他人进行计算机知识辅导等活动;学服装艺术的学生更愿意参加毕业设计展走秀;学电子商务的学生会乐意参加实训基地的网络营销等。这些班级活动给学生提供将掌握的知识技能运用到现实生活中的渠道与场合。不仅可以促进学生学习专业技能的主动性与积极性,也能够缩小大家把所学的专业知识技能要用到具体社会现实中的距离,逐步增强大家的素养和知识水平。除此之外,学生在参与实践活动,在和其他成员进行互动交流之后,能够学习到社会交往的一些手段与原则,增强自身的社交水平。

四、素质拓展活动

素质拓展活动是指以学生个性化的成长要求为标准,设计开展的利于增强学生自身素养的活动,促进学生的整体发展。素质拓展活动有利于学生能力的发展,为实现自己的职业目标奠定基础。

职业素质具体是指劳动人员以职业习惯、职业特征、职业兴趣、职业状况和职业能力为标准了解和融入职业中的整体表现,影响职业素养高低的因素大体包括教育学历水平、自身的实际状况、社会外部环境以及其他。总体而言,中职教育里的素质具体指的是广泛意义中的素质,也叫作职业素养。

职业素养是指在历经长时间的研究与实践之后所掌握的能够顺利完成某

种业务与工作的能力素养和职业道德品德的外在表现。职业素养离不开个体的职业信仰、职业态度、职业情感、职业能力与职业规划。职业素养具体体现在个体的工作面貌、责任态度以及其他角度中。责任素养一词不只代表了个体的主要责任和义务,更代表了个体日常的工作表现,就像工作态度、责任意识、专业知识技能、日常行为举止等。

通过举行各式各样的素质拓展活动,把学生的潜能发挥到最大程度,让所有的参与者都获得发展的机会。所有的学生都有成功的希望,那么教师的目标就是提高这些学生成功的机会。就算日常表现中学生对专业知识的掌握与接受程度不高,教师也不会对这类学生做出孤立行为与排斥行为,虽然就专业知识而言,这类学生掌握与理解程度不够,但这并不代表这类学生在其他方面不够优秀。我们通过开展多样化的素质拓展活动,让学生以自身的优缺点以及爱好偏向为标准展开抉择,而不是敷衍了事。最好是让学生积极自发地参加活动,如此能够最大化发挥活动开展的初心与目标,给全部的参与者获得素质提升的机会。

"四翼联动"班级活动育人体系也有利于开展学生职业生涯教育,班级活动的目标受众是学生,开展班级活动的初心是促进教育活动的顺利完成,重要宗旨为增强社会责任感、获得社会经验、加强实践水平的一类教育活动方式。学生在课下参与的实践活动虽然有一部分为专业教育课程的外延与丰富,但很多还是对教育标准的革新与发展。设计组织学生班级活动不但促进学生素质整体提高,也在很大程度上发挥了开展职业生涯教育的目标效用。

在素质拓展活动过程开展时,能够促进学生从学生的身份过渡到职业人的身份,将发展关键放在促进学生把所学的知识技能运用到实际环境里,让学生建立起职位所要求的工作水平与技能,在学习和职业素质中间建立合适的桥梁,各方向一起努力促进学生职业素质的养成,增强学生培养就业水平与就业技能,最终实现学生在该领域的可持续发展。除此之外更要让学生建立起良好的就业思想,从底层脚踏实地地开始自己的工作。在工作中积累经验,将掌握的知识技能贯彻到工作的每个环节中,树立团结协作的观念。

以上这些班级活动、都有极强的目的性和严格的要求,要求班主任和教师加强对活动的管理和指导,确保达到应有的成效。例如,对职业设计活动的设计规划应尽量形成统一的运行体制,也就是要开展目标性和原则性的教育活动,在时间划分与活动开展方面要做到科学性与合理性,建立起实时的教育途径。唯有持续贯彻与完善上述标准,才可以真正实现活动开展的活力与创新。

第四节 "四翼联动"班级活动育人体系建设示例

"二维三步四融入",助力华夏学子出彩人生
——青岛华夏职业学校"文明风采"德育活动案例

侯蕾 栾芳

"参加'中国梦·我的梦'主题活动时,我的牵手导师侯蕾老师引导我静心审视我的职业生涯规划,她引领我跨越一个又一个挑战,在磨砺中成长、进步……",第十一届全国中等职业学校"文明风采"德育活动中获奖的2013级学生刘畅,在回母校时这样对学弟学妹说。毕业三年的他,已经成为一名小有名气的专业篮球训练师,还是一名自媒体人,在微信、今日头条等多个平台设有专栏《篮帝国》。

"让每个学生共同享有人生出彩的机会",这是我校自2004年积极参加全国中等职业学校"文明风采"德育实践活动的宗旨,学校秉承"为学生终身职业素质发展奠基"的办学理念,抓住"自信、负责、成功、创新"职业生命成长教育重点,将其融入教育教学,坚持"重在全员、重在参与、重在过程、重在激励",搭建起"二维三步四融入"工作体系,学校连续十四届获优秀组织奖,千余学生在决赛汇中获奖。

一、围绕"二维"活动目标,明确"文明风采"德育实践活动育人意义

"考不上普通高中的学生才上职业学校",这一现状不仅困扰着职业学校的发展,更困扰着中职学生的发展。我校在开展"文明风采"德育实践活动过程中,不断强化"职业教育是类型教育而不是层次教育"的认知,结合学校"自信、负责、成功"自主德育模式的实践研究,明确提出"二维"活动目标,即"社会发展需求"和"个人发展需求"两个维度,既体现职业教育的社会价值,也体现学生个人发展的独特性,激发学生建立起对于专业、岗位以及以后的职业生涯的期待和热爱,帮助学生提升自信,展现职校学生的青春正能量。

二、坚持"三步"联动机制,助力"文明风采"德育实践活动深入开展

学校构建"三步"联动机制,环环相扣,无缝衔接,助力"文明风采"德育实践

活动深入开展。

第一步,建立组织管理机制。学校将"文明风采"德育活动作为德育实践工作的重要活动载体,成立活动领导小组,从参与方式看,"人人参与,班班比赛",每个人都有展示的舞台,每个专业都有展示的特长;从推荐遴选方式看,个人申请,班级推荐,学校评选,全程公开透明;从表彰形式看,指导教师、参赛学生均有对应的考核奖励办法。组织管理机制的规范化,有效地提升全体师生参与活动的积极性。

第二步,建立宣传发动机制。学校系统规划活动,坚持三个到位、三个结合与三个落实,将其和每天开展的教学任务与德行教育目标融合到一起,与教师队伍建设结合;落实组织机构、任务清单、活动实施过程;宣传到位、指导到位、表彰到位。同时通过全体师生大会、学校网站、微信平台等多种形式和途径,对活动过程、优质作品等进行实时宣传和展示,为活动开展造势,营造良好的活动氛围。

第三步,建立辅导教师培训机制。学校建立全员培训、骨干培训、专题培训、青年教师培训"四位一体"的立体化培训模式,培养了一大批高级礼仪师、高级演讲师、国家职业指导师、国家心理咨询师等,选派教师积极参加人文、艺术、"三创"等方面专业培训,聘请企业和行业协会专家、高校教授开展专项指导,提升了"文明风采"德育活动的质量。

三、实施"四融入"活动措施,推动"文明风采"德育实践活动活动根植校园

学校实施"融入课堂、融入环境、融入实践、融入活动"的"四融入"活动措施,"文明风采"德育实践活动不再是一个单纯的"活动",而成为学校落实"立德树人"根本任务的平台,成为唤醒学生自主教育、成就出彩人生的舞台。育人效果的"落地",推动其根植于校园,保有旺盛的生命力。

1. 融入课堂

为达到"人人皆可成才,人人尽展其才"的活动要求,学校在普及和共同发展的基础上,突出特殊禀赋学生的发现和培养。一方面在日常教学中,结合文明风采活动内容,将历年优秀作品作为课堂教学典型案例,这些发生在身边的故事,起到了事半功倍的教育作用;另一方面,面向学生核心素养培养,发展多元化、校本化新课程体系,构建人文素养、身心素养、职业素养、创新素养"四维一体"培育的新课程体系,开设摄影、演讲、朗诵等16门校本艺术选修课,实施艺术课程"选课走班"制,实现"一生一课表"。这种"新课程""新课堂"的教学改革,因生制宜,通过"体验式""个性化"的课堂教学与课程设置,让学生有更多课

程和项目选择可能,助力文明风采活动内容面向全体学生,全面开花,优秀作品不断涌现。

2. 融入环境

多彩的校园文化,更能满足学生精神需求的多样化、个性化特点,"文明风采"德育实践活动内容一旦融入学校文化建设,更会焕发其文化育人的功效。一方面学校建设以"自主·诚信·创新"为特质的校园文化,形成"华夏宣言、华夏气度、华夏风骨、华夏色彩"四个单元主题文化,十五年七届"感动华夏十大人物"评选等系列专题活动,为"文明风采"活动的开展提供了丰富的"素材"和"人才"。另一方面建设基于"学生职业生命自主成长背景下"的班集体,预演学生未来生活,对学生职业理想、职业精神、职业规范、职业道德和职业能力的系统培养,让学生有能力、有意识、有特长、有动力参加"文明风采"德育活动。

3. 融入实践

亲职教、接地气的艺术作品需要生动、真实的体验和实践来培育。一是校建设"变形空间",设置六个功能区,学生自主管理、自主经营,有效地提高了学生职业意识和职业能力,许多"文明风采"活动的作品都来源于此。二是学校成立舞蹈、合唱等40多个学生社团,"君阁辩论社""寸草心"华夏职教义工等四个社团被评为青岛市十佳社团,学生的才艺和特长在此得以张扬。三是学校鼓励学生利用寒暑假积极参加义工服务活动,用自己的专业知识服务社会,服装扎制、丝网花制作、手工绘画DIY等创意作品,在不断的创新改进中,不仅让市民爱不释手,也成为了"文明风采"活动中的获奖作品。

4. 融入活动

"德育要朝着体系化努力",陈宝长部长在2019年全国教育工作会议上明确表态。学校制定"德育一体化"建设方案,将"文明风采"德育活动与"三节一会"(艺术节、技能节、创新节、体育节、运动会)、"三双教育行动计划"("双助长""双轨育人""双三十")、"十个一"项目行动计划深度融合,形成综合育人活动体系。这种体系化的活动,夯实了"文明风采"活动效果。

四、"二维三步四融入",助力华夏学子出彩人生

15年来,我校不断完善"二维三步四融入""文明风采"德育实践活动体系,以此为拉动,先后建设形成"三全耦合"育人实践体系、"自主·诚信·创新"校园文化体系、"自信、负责、成功"自主德育模式、"日晷式"职业生涯规划教育模式、基于"学生职业生命自主成长背景下"的班级建设模式等;打造了一支"角色多维、能力复合"为特质的教师队伍,学校现有职业指导师38名、中国少年儿童

发展服务中心颁发的生涯规划师20名、心理咨询师31名、高级演讲师2名、高级礼仪培训师4名,助力学生"出彩"发展。以对学生的职业规划教育为例,学校牵头成立山东省首家"青岛市生涯教育联盟",精心打造,研发设计《青少年职业潜质测评软件》,开展"三全耦合"育人实践探索,实施"华夏红"全员牵手导师制,形成职业生涯规划教育个性化指导体系……既立足学生的共同发展,又尊重学生的个性发展,不断地激励学生树立自信、锤炼专业技能、发现奋斗之美,以蓬勃向上的精神态势,绽放葳蕤英姿,成就出彩人生。

享有"获得感"、挑战"满足感"、提升"幸福感",这就是"文明风采"德育活动给予学生的真切感受。

打造三大劳动教育体系,链接未来幸福生活

侯蕾　栾芳

习近平总书记在全国教育大会上指出,要"培养德智体美劳全面发展的社会主义建设者和接班人",强调"五育"并举。中共中央、国务院发布《关于全面加强新时代大中小学劳动教育的意见》,对新时代劳动教育做了顶层设计和全面部署,指出中等职业学校劳动教育重点是"结合专业人才培养,增强学生职业荣誉感,提高职业技能水平,培育学生精益求精的工匠精神和爱岗敬业的劳动态度。"多年来我校全面贯彻党的教育方针,落实青岛市教育局"十个一"综合育人工程,制定《青岛华夏职业学校劳动教育实施方案》,充分挖掘劳动教育"树德、增智、强体、育美"的综合育人价值,走出一条打造三大体系,培育校园劳动新风尚的劳动教育之路,2020年3月27日教育部网站对学校的劳动教育予以专题报道。

一、打造"榜样示范+教育先导+活动渲染"劳动教育宣传体系,培育劳动精神

劳动教育的基础首先应引导学生正确认知新时代劳动精神,澄清劳动价值。因此学校大力弘扬劳模精神和工匠精神为核心的劳动精神,为切实推进劳动教育起势。

1. 榜样示范

学校成立三支榜样团队,一是组建以党的十八大和十九大代表刘娟、岛城"红飘带"莫立斌、"感动青岛人物"杨光龙等为代表的校友讲师团,开设校友讲

堂、校友论坛；二是成立以交通银行青岛分行13位行长、12位荣获国家级及以上大奖的艺术专业毕业生、在各领域取得优异成绩的毕业生为班底的班级导师团，每学期进行驻班活动三次，特别是交通银行13位行长组成的导师团与学校建立的手拉手班级，在学生中产生了深远的影响；三是创建青岛市首批李锦娟劳模工匠工作室，建立师生与劳模、工匠面对面交流学习的制度化、常态化、规范化工作机制，用劳模工匠讲师亲身讲述的授课方式，用鲜活的劳模工匠故事，将劳动精神融入学生情感世界，引导学生心智成长。

2. 教育先导

一是开设德育大讲堂，开发社会主义核心价值观校本教材《花开的声音》，将工匠（劳模）精神、垃圾分类等六大劳动教育内容植入教材体系，分年级落实。二是融入班级精神建设，基于班级生活应是未来公民生活的预演这一认识，在学校出台的《班级建设指导方略》中，将劳动精神培育纳入班级精神建设体系，成为班级建设中促进学生自主成长的4项核心任务、26项子任务中的核心一环，贯穿班级建设的四个阶段，将劳动精神植入学生心田。

3. 活动渲染

学校将劳模和工匠精神融入校园物质文化、精神文化、制度文化和活动文化，定期开展"感动华夏十大人物评选""我为华夏代言""奋斗的青春最美丽"文明风采竞赛等主题活动，十五年七届七十位"感动华夏人物（团体）"将劳动精神深深烙印于华夏精神中，成为华夏生活中浓重的底色，学生在耳濡目染、潜移默化中认知劳模精神和工匠精神的深刻内涵。

二、打造"专业专能＋创客创新＋实习实训"劳动教育课程体系，培养劳动能力

课程是对学生进行教育的主渠道，其功能的整体性和科学性是其他教育形式所无法替代的。因此，学校结合专业人才培养，构建具有综合性、实践性、开放性、专业性的劳动教育课程矩阵，有效落实劳动教育。

1. 专业专能

中等职业教育肩负培养高素质劳动者和技能型人才的艰巨任务，其课程的专业属性是劳动教育的天然资源，更是锤炼学生专业性劳动能力的核心路径。学校首先突出专业专能培育，将各专业与产业、职业岗位对接，专业课程内容与职业标准对接，教学过程与生产过程对接，出台每个专业的《课程标准》和《技能达级手册》，推行项目教学、任务驱动教学，将知识与技能淬炼一体，打牢学生核心专业能力。其次，制定《德育一体化实施方案》，挖掘各学科中的劳动教育元

素,将劳动教育与智育、体育、美育深入融合,动脑与动手相辅相成,最终实现专业教学与劳动教育的有机统一。

2. 创客创新

创客教育,其本质是劳动,其目的是引领学生通过劳动克服困难,领略创新的美好。学校以职业生涯规划和创业课程为基础,以每年一度的"技能节""创新节"为平台,以创新创业年度项目比赛为抓手,开展创客教育,培育创新精神和综合劳动能力。每位学生均为自己量身定制职业生涯发展规划和创业计划,以此激励成长。学校推出创客比赛"挑战不可能",在"创业一条街"的招标答辩中财金专业学生组团一举拿下学校咖啡吧的经营权;商贸专业成立了数个微商团队,大家比学赶超,2019年冠军团队月收入达2万元;时尚艺术专业学生在学校"艺·境"专业论坛上大显身手。贴近新时代的学校劳动教育促使学生在创新中锤炼品格,提升能力,体会劳动之美。

3. 实习实训

学校建设三大专业实践课程体系,一是开展"体验式"劳动实践,学生每学年寒暑假须完成不少于48课时的社会实践,并完成相应专业实践报告。二是推行"课题引领＋实习任务单管理"实习教学模式,采用引企入校、引校入企、"校企行园"共建实习基地等方式,建设劳动实习基地10余个,开展现代学徒制和混合所有制试点,为每位学生提供不少于5个月的专业实践,学生自行选择实习课题,在指导实习教师的指导下,将课题分解成若干任务单,日事日毕,日清日高,循序渐进,最终以实习报告完成课题实践,在实战中提高劳动能力。

三、打造"习惯养成＋家务化育＋义工服务"的"三位一体"劳动实践体系,夯实劳动素养

1. 习惯养成

习惯养成是夯实劳动素养的必然方式。为此学校发挥教育主导作用,首先将劳动习惯养成教育纳入"自信、负责、成功"自主德育模式建设体系,实现劳动教育与德育融合。其次实施"澄清价值、设定目标、制定计划、有效执行、相应奖惩、悦纳坚持"劳动习惯养成六步培育法,分年级、分层次设置劳动目标和任务体系,要求每位学生每月完成不少于一周的班级劳动服务,每学期要取得至少1个劳动学分(不同目标等级学分要求不同,等级越高,学分要求越高)。再次实施目标渐进分层次评价,每学期学生自主选择达成目标,每学期通过《德育学分管理规定》予以考核,任务完成优秀者给予学分奖励。学校劳动养成教育,将劳动教育规范化、制度化、梯度化,强化了学生劳动意识,使劳动服务成为自觉行动。

2. 家务化育

发挥家庭教育的基础作用,开展日常生活劳动教育。推行"双三十"教育行动计划,把家庭劳动纳入活动体系,设置"为父母做一道菜""制定一周食谱""掌握心肺复苏救护方法"等多项生活技能必做之事,每件事均根据其目标、价值,具体设置事件落地的任务体系,如掌握心肺复苏的救护方法一事,要求学生了解该方法的适用条件、功能作用、注意事项,掌握操作步骤,予以专项考核。

3. 义工服务

牵头成立"青岛职教义工市北联盟",与市北社区教育学院签订服务协议,结合专业特点,自主开发义工服务项目,形成《"寸草心"华夏职教义工服务手册》,开展"菜单式"服务,每个学生每学期完成不少于8课时的服务,每学期评选"优秀义工"。学校现有48支义工服务队伍,学生义工注册率100%,"寸草心"华夏职教义工获评青岛市优秀志愿服务团队,20余位师生在市级及以上志愿服务中获得表彰。富有专业特色的义工服务,使学生由教室中的"接受型客体"变为劳动中的"主动型主体",强化了学生的社会责任,增强了学生的职业荣誉感。

总之,学校将继续通过统筹资源、构建模式,推动建立课程完善、资源丰富、模式多样、机制健全的劳动教育体系,锤炼学生的劳动技能,树立"劳动最光荣、劳动最崇高、劳动最伟大、劳动最美丽"的思想,掌握幸福生活的能力。

第六章 中职学校"双元耦合"班级建设模式之班级心理育人体系建设

第一节 "双轨并进"班级心理育人体系建设的必要性

习近平总书记在十九大报告中提出:"要加强社会心理服务体系建设,培育自尊自爱、理性平和、积极向上的社会心态。国家的发展本质上是人的发展,人的发展离不开心理健康。"2014年修订的《中等职业学校德育大纲》中也明确指出:"要遵循学生们身心发展的特点和规律,引导学生养成自尊、自信、自强、乐群的心理品质,提高心理健康水平和职业心理素质,人格健全,乐观向上。"紧扣国家教育大政方针,我们的教育使命在于:作为对一个受教育者完全意义上的教育引导,不能仅仅只关注教育对象的价值观树立、学业提升和素质培养,还应该聚焦对教育对象心理健康品质的培育与塑造。只有牢牢把握这一点,才能帮助我们的学生们形成健康的人格和自信负责、乐业进取的心理特质,从而唤醒他们内心巨大的力量,激发强大的自主发展内驱力和心理调适能力去迎接未来来自职场和社会的双重挑战。

在进行高质量班级建设的过程中,我们不难发现营造民主、和谐的班级心理是推行高效、健康的班集体建设中极其重要的有力支撑。班集体凝聚力、共同发展愿景和自觉秩序的形成离不开良好的班级心理品质的塑造,学生个体在班集体生活中的健康发展亦离不开良好的班级心理品质的塑造,彼此相互支撑,相互影响。与此同时,通过审视班集体中呈现出来的各种心理关系,可以使我们更为系统、深入地理解班集体建设发展与学生个体发展之间相互影响的内在原理与机制,从而切实优化班集体建设。

班级心理健康教育是班级管理的重要组成部分,直接影响班级运作和学生成长对的诸多方面。作为为实现班级管理目标而进行的班级心理健康教育——班级心育目的在于提高班级学生的心理素质和心理健康水平。班级层面对全体学生整体的健康心理素养的塑造与培育对于班级建设工作正常开展的保驾护航的正向作用,敬业乐群、积极进取的班级集体心理必然有力助推班级制度建设、班级评价体系建设等方面高质量发展。

换言之,班集体一旦形成了良好的心理特质,其本身就会迸发一种独立、自觉、自省的教育引领力量,促进班级体和学生个体双提升,同时对以下三个维度的实效提升有着十分重要和特殊的现实意义。三个维度即对班级教育教学活动亦能赋能增效、有序推进班集体建设良性发展、塑造学生健康进取的个性。

一、满足社会发展对职业人才心理素质提升的要求

伴随着全球经济一体化进程加快、信息化技术革命的迅猛发展和产业结构调整,国际经济竞争表现为先进技术革命和创造创新层面的竞争,随之而来的是对人才的综合素养和职业能力的要求越来越高。作为科学技术的应用主力军,高素质的职业人才已然成为一个国家经济是否能实现可持续增长的关键因素。换言之,我国要在国际竞争中赢得主动权,切实提高国际综合竞争力,关键在于职业人力核心素养是否能够颇有实效地进行培养和开发。

1. 国家相关教育政策对职业人才心理健康素养的重视

据统计,从1989年至今,国家相关部委共出台有关学校心理健康教育机制完善、制度保障、心理教育内容、学生心理健康发展的文件20余份。2015年6月颁布的《全国精神卫生工作规划(2015—2020年)》和2020年4月26日中央九部委联合印发的《关于印发全国社会心理服务体系建设试点2020年重点工作任务及增设试点的通知》中均明确指出"培育自尊自信、理性平和、积极向上的社会心态,切实加快实施平安中国、健康中国战略。促进公民身心健康,维护社会和谐稳定。"从国家顶层设计来看,已经把心理建设纳入国家建设体系之中并作为国家战略来看待,重视国民的心理素质培育才能营造和谐进取的社会氛围,构建社会成员间民主文明的人际关系,真正实现社会主义核心价值观和社会主义精神文明建设倡导的建设目标。长此以往,国家发展才能长治久安、平稳提升。

2. 现代社会及企业对职业人才心理健康素养的关注

大量实践研究显示,依然沿用以往的人才模式和标准培养的人才已不能适应突飞猛进的经济发展需要,经济社会的生产方式和产业结构一旦发生深刻变化必然会导致对职业人才的要求水涨船高,飞速发展的经济社会对于职业人才的职业核心素养的要求也是与日俱增,更倾向于形成动态的多元和复合,指向了对人才培养标准和规格的更高要求。纵观当今社会,对于职业人才的选拔标准主要考参以下7个维度:①高尚的职业道德和职业理想;②熟练的职业技

能；③较强的岗位竞争能力和岗位适应能力；④高效的团队协作能力；⑤随机应变的危机处理能力；⑥敬业乐群的职业心理品质；⑦持之以恒的终身学习能力。这7个核心素养当中，职业心理品质所起到的关键作用和发挥的重要性不言而喻，它直接作用于其他维度并能决定其他维度的完成度和实践效果。因此，现代社会及企业也越来越重视企业员工的心理健康。

毋庸置疑，在一个敬业乐群、积极进取的企业中，员工们的心理特质必然是健康向上、积极进取的。员工们普遍具备稳定的心理素质，灵活的心理调整方式、强大的心理复原力和科学有效的自我心理矫正能力。在这样企业里，员工们会在职业活动中求同存异，不会片面追求个人利益的最大化，不偏执、不计较个人得失，会有大局观和正确的价值观。他们往往具有良好的职业团队合作意识，懂得用积极阳光的心态去观察、分析、解决部门中出现的问题。这样的企业呈现出来的发展态势是良性、正向的。员工间一旦形成合力就会产生不可估量的推动力，助力企业发展蒸蒸日上。

3. 班级心理建设目标与企业员工健康心理标准趋同

教育部2008年12月下发《中小学健康教育指导纲要》中明确指出高中学段班级心理建设（图6-1）应该"民主""和谐""成功"的氛围，实现"环境适应""自我成长""人际适应""学习指导""职业素养"五个方面的教育目标。分析来看，这五个目标涵盖的内容与企业员工七大核心素养是趋同一致的，班级心理建设目标是基础，企业员工核心素养是延展。

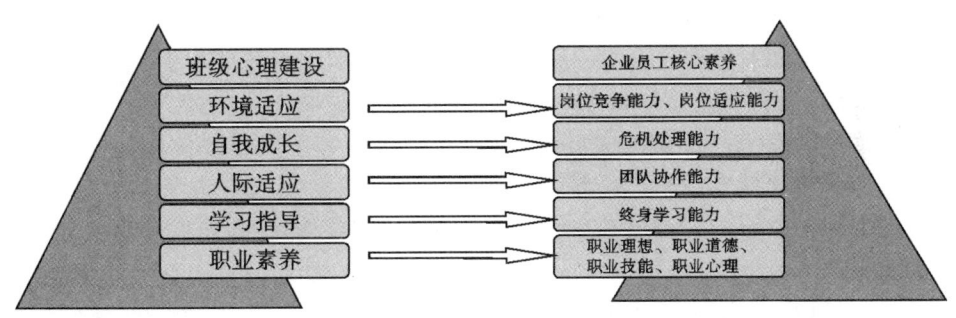

图6-1 班级心理建设图

积极进取、乐观向上的班级就像一个共同分担、共同生活、共同促进的精神家园，引领班级成员实现职业发展的深度提升。班级建设需以培育良好的班级心理为基础，而良好的班级心理则是建立在和谐的人际关系基础上的。在和谐民主的班级里，每个人都能乐在其中、在成长中收获，汲取强大的精神力量，拥有高质量的道德感悟，感受来自班级内部的关爱、吸引和呵护，凝聚成员间拼搏向上的团队合作力量,坚定自己的生活信念和人生发展信念,同时亦能增强安全感、使命感、幸福感、归属感和集体荣誉感,获得源源不断的成功体验。

长此以往,学生个体健康心理成长与班级心理建设真正实现双赢的发展效能。在关注和激励身心两健的核心素养提升的班级成长起来的学生自然具备良好的心理素质和职业心理,从而为以后走进企业奠定良好的基础。尽快实现角色转变,以健康的心态投入企业发展中去,实现从"校园人"到"职场人"的真正转变。

二、吻合职业教育发展对人才职业心理素养培育的要求

1. 职业教育发展与时代同步

职业教育作为我国国民教育体系中的类型教育,是国家人力资源培养开发的重要一环,其职责为:广大青年学习技能、赋能成才的重要手段,培养复合型人才、传承应用型技能、促进就业创业。在现代化经济迅猛发展、日新月异、突飞猛进的今天,在教育培养学生的过程中,我们越来越深刻地感受到现代职业教育必须是与时俱进、不断变革的,赋能创新并肩负起为国家经济高质量发展储备专业技能人才的重要使命。2019年教育部颁布的《国家职业教育改革实施方案》中也明确指出"坚持以习近平新时代中国特色社会主义思想为指导,把职业教育摆在教育改革创新和经济社会发展中更加突出的位置。深化办学体制改革和育人机制改革,着力培养高素质劳动者和技术技能人才。"

2. 职业教育对人才素质要求不断提升

开展现代职业教育,我们所培养的劳动者必然要满足不断提升的现代企业的用人要求,他们应该具备哪些重要的素养呢?大量用工单位的岗位招聘条件和人才市场的专题调查中可以分析出:在我国不断寻求知识经济发展新途径、新突破的宏观背景下,21世纪的人才应具备的核心素质,除了基本的文化知识获取能力和职业素质外,还应包括品德素质、终身学习素质、创新创造素质、心理适应素质、信息获取素质等。纵览以上素质,心理素养是个人成长的首要保障因素。心理素养在一个人的成长中过程中发挥不可估量的正向助推力或反向阻碍力。反观现实生活中,涌现出越来越多的教育难题,尤其是以中职生心理异常带来的教育困难告诉我们,在现代中职学校重视心理建设刻不容缓,同时这也是我们在实际教育管理中重点关注、亟待解决的问题。

联合国教科文组织公布的健康心理标准包括:能够积极接纳自我,学会自我欣赏与欣赏他人,敢于接受生活的挑战,追求健康的生活方式,追求自己的人生价值;深入了解职业、正确自我定位,把握职业心理素质的重要性和特殊性,

正确对待职业压力与职业发展内驱力不足,增强职业适应能力,有强大的心理素质成功地求职就业与创业。因此,现代职业教育要培养具备正确认知自我、认知环境、价值取向正确、心理调适力强的心理素质的人。健康而强大的心理素养才能保证中职生以良好的心理状态投入工作学习中去。

三、新时代中职学生心理健康教育的创新路径

在当今这个信息化飞速发展的时代,人们的精神世界和物质生活日益丰富多彩,整个社会都在朝着多元化的方向发展与变化。这些发展与变化,必然会导致一些矛盾的产生,这些矛盾的出现也给中职学生带来了一些心理障碍。

据统计,现阶段中职学校中存在不同程度心理障碍的学生占比呈逐年上升趋势,抽样调查表明,在某些地区的中职学校高到近20%。

关于职校学生的心理健康水平,黎凤环老师曾运用SCL-90症状自评量表,辅助开放式问卷调查法和个别访谈进行专项心里调查,结果发现:职业学校学生的心理障碍症状的检出率为17.8%。根据我校2018级14个教学班的高一至高三进行的具有我校自主产权的中职学生《自信心量表》《霍兰德职业兴趣测试》《创新能力测试量表》和《自信心测试(高三阶段)》,发现存在各种心理异常症状的学生比例达15%。其增长速度和趋势不容乐观,不容忽视。而学生的心理障碍主要表现在:容易自卑,无法客观地评价自己;缺乏动力,理想目标不明确;情绪不稳定,承受挫折的能力弱;缺乏交往经验,难以构建和谐的人际关系等方面。

中职学生正处于青春期中期(16～18岁),学生个体本身面临诸多成长挑战。加之心理障碍,使中职学生在中考受挫进入职业学校后,不能很快进行初中生与职校生的角色转变,无法适应新环境、建立新的人际交往朋友圈,不能正确处理内部世界和外部世界产生的双向冲突,更没有形成较为客观、稳定的人生价值观,缺乏对未来个人职业发展的深入思考,没有形成自我同一性,其道德观念与自身的道德行为极易产生偏差。由此,在此阶段,中职学生往往感到迷茫、胆怯、无所适从,欠缺有效的方式、途径去独自甄别、认知、判断、解决各种生活、学业、职业发展产生的各种问题,从而形成中职学生个人成长的桎梏与瓶颈。学生作为班级的主要组成部分,一旦产生上述问题,极易在学生群体中相互影响、蔓延开来,在一定程度上不利于中职班级稳定、健康、有序、高效的建设发展。

四、班级建设高质量发展的有效支撑

伴随着现代社会和职业教育对人才发展更高要求的提出，教育的价值已经从过度追求功利价值的应试教育转向追求教育对人的幸福力和终身发展力的重视与关注。因此，如何让学生在教育的过程中自觉生成幸福，并最终获得幸福成为了我们教育工作者的新的研究课题。特别是对于我们职业学校的学生而言，最大的幸福莫过于实现自然人与社会人、职业人的自然接轨，获得一份可以立足于社会，并有长远发展前途的工作，即实现学生的职业生命成长。所以，学校班级建设应体现教育的深层关怀，即为学生谋幸福。由此，班级建设目的应是帮助学生获得幸福；班级建设的内容是培育学生追求幸福；班级建设的过程是帮助学生生成幸福。而这些必须建立在学生具有健康积极的心理之上。

1. 现阶段班级心理建设困境

（1）心理共性认知缺乏导致班级建设受制。依据木桶原理，班级常规管理中，学生个人的道德认知水平和行为表现往往决定班级是否能健康、有序、高效地发展。但在实际的班级管理过程中，学生往往会出现各种反复抓但仍然屡禁不止的违纪现象；同学间因交往方式不当出现的人际紧张；学业成绩不佳导致的焦虑、抑郁情绪或出现个人利益凌驾于集体利益之上的问题。这些问题的产生究其原因在于班级成员间没有形成一致的心理共性认知，对于班集体的发展愿景和集体发展心理诉求，对于班级发展的近期和远期目标缺乏统一认同，班级荣誉感和归属感缺失。因此在具体表现中，就会凸显严重制约班级发展的顽疾——"重自我，轻集体；重利益，轻抱负；重索取，轻回馈"。

（2）心理矫正手段缺乏导致班级建设乏力。传统班级管理模式中，教师更多地习惯于采用班级思想道德工作的管理方法和策略进行教育感化，如说服教育法：采取摆事实讲道理，使学生提高认知，养成正确的道德行为；榜样示范法：以正面人物的优良品质和模范事迹感染学生，调节其行为；情感陶冶法：创设良好的教育情境，与说理结合，引导学生自省等等，晓之以理，动之以情，进行价值观的矫正和思想道德的引领。但是一旦遇到由心理健康问题导致的行为异常，仅仅靠传统的德育矫正手段难以达到理想的教育效果，而利用教育心理学知识与理论会切入实质，找到学生外在表象的深层次心理原因，加以科学的心理矫正方法，辅以持续定期的心理观察与心理咨询，会达到较为理想的教育转化效果。

因此，班级建设过程中，必须重视班级心理建设的扎实推进，营造乐善、乐群、乐业、乐学的班级集体心理，为班级各项工作的开展奠定良好心理氛围。

2. 班级建设呼唤健康的班级心理

在班级建设中，呼唤乐观向上、敬业乐群的班级集体心理。具备健康心理特质、完善人格的学生们才会深刻认识推行班级制度建设的重要性和必要性；才会积极踊跃参与班级事务及活动，任劳任怨、献计献策、不计得失；才会乐于系统学习、掌握、领悟职业指导教育，树立服务社会、专业报国的崇高职业理想和甘于奉献、追求极致的工匠精神；才会正确理解班级综合评价的严肃性和指导性，摒弃个人不当的逆反抱怨的消极情绪，自省其身，扬长避短，迎头赶上。

3. 和谐共进的班级心理源自学生个体的心理健康

新时代中职班级心理建设中，我们以"身心俱健、德能双馨、学业兼收、人职共生"为育人目标，以"为学生终身职业素质发展奠基"为价值核心，将"职业生涯规划教育全过程与班级建设全方位的高度融合，学生个人发展目标与班级发展目标共同实现的同步契合，学生自我教育能力与职业发展能力连合提升的同频相合"。我们潜心基于学生职业生命成长需要的"身心素养、职业素养"的培育，倡导班级营造乐观向上、敬业乐群的集体心理氛围，引导学生进行自主管理和自我激励，实现自身价值，教育学生在班级生活中纠正不良心理认知，形成健康的心理与人格，实现个人价值，进而获得充分的归属感、成功感和幸福感，使之"心有所畏，言有所戒，行有所止，干有目标，追有方法，做有所获，思有所悟"。通过行之有效的班级活动，使学生作为独立的个体和班级的一份子，做到以人为本，以班为本。教育学生尊重彼此的人格，珍视、包容彼此的个性、需求、兴趣、志向，激发自身的主动性、积极性和内驱力、自发力，探索发展人体的自助性、创造性、能动性、适应性，最终实现促进学生个体与班级整体、学生健康心理与职业心理、自助性与发展性"双轨并进"协调发展。

第二节 "双轨并进"班级心理育人体系的内涵

古今中外，大量教育实践告诉我们：任何一种教育形式的影响必定需要在一定的心理背景下产生，顺利进行思想品质教育的心理基础必定是健康的心理品质，一切道德行为当然也都是在一定的心理基础上产生的，所以班级建设需以培育良好的班级心理为基础。发展良好、稳步前进的班级建设应该是成员间具有明确的共同目标，言行一致，彼此依存；班级成员间具有平等和谐、心理相容的氛围，做到人格平等，信念一致，成员个体对集体有自豪感、依恋感、荣誉感等正向而肯定的情感体验。富有发展后劲的班集体才能获得源源不断的发展源动力,实现良性循环。

一、班级心理建设的应运而生

(一)我国心理教育的诞生与发展

心理教育(Psychology)意为"灵魂的教育"。辛亥革命前后,中国民主革命先驱孙中山撰写了《心理建设》一书,其中包含了重要的心理学教育理想。1921年北大校长蔡元培主导创立了中央研究院心理研究所。1922年创立了中国第一本心理学刊物《心理》,拉开了中国心理研究和心理教育的帷幕。1949年中华人民共和国成立后,伴随社会主义经济建设和科学文化教育事业的同步发展,心理教育同步进入了蓬勃发展的历史时期,涌现出大量颇有建树的研究教育成果,北京大学、北京师范大学、南京大学等先后成立心理学专业,培育一大批心理学毕业生。中国心理学者正在加速推进具有中国社会主义特色,能为中国社会主义建设更好服务的心理教育。

(二)学校心理教育的产生与实践

不难发现,作为心理学的应用分支的学校心理教育是心理学与学校教育实践相结合的产物的学校心理学,是心理学应用和服务于学校的具体实践探索。我国学校心理教育研究起步于20世纪80年代,逐步发展壮大形成具有中国社会主义特色的发展模式。新时代的学校健康教育历经了问题反思期(2000—2003):以1992年国家教委制定并颁布的《中小学生心理教育基本要求》预示着党和政府开始对该项工作的高度重视;积极探索期(2004—2008),学校心理健康教育进一步受到广泛关注与重视,研究成果以教育模式的探索、管理体系的构建、心理课程建设为主,更加凸显实践成效。稳步发展期(2009—至今),国家从基层探索逐步上升到有计划、分阶段推进,主导作用进一步加强,取得了大量有实效、可操作性强、易广发传播时间的应用性成果。学校心理健康教育在步入正轨后,有条不紊地扎实推进。

(三)班级心理建设的提出与尝试

班级是学校微型的基本教育组织。班级的作用体现在发展学生的社会性,培养学生对社会生活的适应能力;发展学生的个性,培养学生的特殊才能;提供学生成长的环境,为学生健康发展提供重要依据。要发挥班级管理建设最大的教育作用,在传统的班级管理模式与手段中注入新鲜血液,做到与时俱进,刚柔结合,显性表征与隐性表征有效结合。

1994年8月,中国教育学会教育分会德育专业委员会名誉理事长、南京师范大学教育科学学院教授、博导班华老师撰写并出版了《心育论》一书,率先论述了德育"隐性课程",首次提出了"心育"的概念及德育与心育相结合的教育思想。他强调"心育绝不是简简单单的思想道德品行教育,它的教育特质更鲜明,其教育过程涵盖了情感教育、人际关系指导、健全性格的培养、耐挫能力的提升、自我心理修养的指导等内容",他倡导重视班级心育的作用,将心育渗透到班级各项教育教学活动中去。他的心育理论独辟蹊径,从一种新的视角丰盈了班级管理的途径,而后在其心育理论的影响下,全国各学校在重视心理健康教育的同时,逐步推进对于班级心理建设的探索研究。

二、"双轨并进"班级心理育人体系的内涵与价值

(一)班级心理建设的理论依据

1. 马斯洛需要层次理论

马斯洛认为:"人的需要是动态的,是发展的。"需要层次理论是一种研究人的需要结构的理论,它把人类各种各样的需要进行了归纳,并由高到低依次分为:生理需要、安全需要、归属和爱的需要、尊重的需要和自我实现的需要。个体随着生理年龄、社会地位、成长环境的变化,个体成长需要的内容也会改变。个体的成长发展需要是激励的起点,又是推动人们行为的动力。在"双轨并进"班级心理育人体系的班级心理建设中,我们要时刻关注学生的发展诉求,遵循学生成长身心成长规律,满足学生的成长需求,为学生发展助力。引导学生成功地在校园学习、社会生活、自我成长中不断进步,强化"聪明"的体验,获得全面发展,满足自我实现等多种需要。

2. 罗杰斯人本主义教育理论

作为人本主义心理学的代表人物,美国心理学家罗杰斯的教育思想是以人本主义心理学为根本,围绕"自我实现"这一核心提出一系列符合教育发展规律的教育理论,推动了人本化的教育改革。他主张,师生关系应该是一种帮助关系,建立这种帮助关系的过程是真诚＋同情＋无条件的主动关心,从而使师生间建立亲密的、相互帮助的人际关系。在"双轨并进"班级心理育人体系的班级心理建设中,和谐融洽的人际关系会有助于班级成员间换位思考,宽容待人,悦纳彼此,以愉快的心境投入班级活动中来,助力班级建设。

3. 舒茨人际关系三维理论

美国心理学家舒茨人际关系三维理论认为人际关系中最基本的需要有三类:包容需要、控制需要、感情需要。根据人们交往的相互关系,人际关系可以

划分为合作型、竞争型和分离型；根据人际关系的维系程度，人际反映方式可分为稳固型和偶发型。在"双轨并进"班级心理育人体系的班级心理建设中，通过一系列班级建设活动，引导班级成员间学会悦纳自己和他人，包容其他成员的短板并帮其改正；学会有效地控制自己的不良情绪，掌握科学的心理疏导方式，从而改善班级成员间的人际关系，产生对集体的安全感和依恋感。

（二）"双轨并进"班级心理育人体系的内涵

在班级心理体系建设中建构模式心理教育对于班级建设来说至关重要，任何教育模式产生的影响都是在一定的心理背景下悄然发生的。因为班级成员健康的心理和良好的心理品质是有序推进思想道德教育的心理基础，任何道德行为都是在一定的心理基础上随之产生的，所以在"双轨并进"班级心理育人体系的班级心理建设中，需以培育敬业乐群、积极进取的班级心理为根本。其内涵在于通过构建"双轨并进"的班级育人体系模式，尝试推行一系列富有针对性、形式多样的班级心理实践活动，从而在良性的人际关系基础上形成良好的班级心理。这里所说的班级和谐的人际关系，是指学生个体、学生群体间和师生之间在班级生活中形成的有利于师生同成长的各种关系总和。

毋庸置疑，和谐的人际关系具有极其丰富的教育内蕴和潜移默化的教育心理影响机制，因而班级和谐融洽的人际关系可以促进良好班集体的形成，又可以增强集体凝聚力和影响力。在"双轨并进"班级心理育人体系模式开展的班级心理建设倡导在集体的心理气氛体现出和谐的人际关系并影响和感染每一个成员，以形成良好的班风，使班级成员拥有强烈的心理认同，从而产生安全感、使命感、幸福感，促进学生健康成长和职业发展。

（三）"双轨并进"班级心理育人体系的价值

"双轨并进"班级心理育人体系通过对班级中学生出现的问题科学归因，从高中生的心理发展规律，从心理学、教育学的角度追根溯源，找到问题所在，采用科学的心理专业矫正方法进行疏导解决，这样更有针对性和实效性。

"双轨并进"班级心理育人体系以实现学生个体发展与班级整体发展的共同愿景为主，以班级建设活动倡导的班级精神、价值观为辅，以班级心理辅导与矫正倡导的正确认知为补充，以家、校、企三维一体的协同育人体为保障自成一体。达到"正向引领，尊重个体，聚合整体，求同存异，多维并举，全面发力"的教育效果。也就是说，"双轨并进"班级心理育人体系下的班级建设必须为全体班级成员的全面而自由的发展创造一定的机会和条件。班级健全的规章制度、和谐的人际关系以及各种有利的成长环境和主客观条件，都要为学生身心的健康发展提供重要的保障。对于班级高质量的发展裨益良多,该体系模式具有一定的推广价值。

三、"双轨并进"心理育人体系下班级心理特点

诸多教育学家用大量丰富的教育实践经验告诫我们,班级里绝不是简单地把几十个学生组织起来的团体,而是在班级建设过程中,班集体心理不断丰富、优化和完善。集体人际关系水平和集体心理发展水平显示了班级心理建设的实际状况和效果。"双轨并进"班级心理育人体系凸显自助性与发展性同频共振,携携相行。班级建设有序推进,高质量发展。一般而言,班集体心理健康应具有以下特征。

1. 乐善

全班同学树立了远大的奋斗目标并为之不断努力拼搏。班级成员间平和相处,关系融洽、坦诚相待、彼此悦纳,班级中洋溢着愉悦的心理氛围,遇到分歧、冲突商量解决,不说过头话、不做伤人事,班级呈现人人尊重、人人平等、人人互助的和谐局面。班级同学之间遇事求同存异,虚心听取他人的观点和意见,充分交换了想法后达成一致。包容他人的不足之处,体谅他人可能遇到的难题,真心帮助其克服改正。在推动班级建设的各项活动中,人人都表现出强有力的团结意识和凝聚力,价值观趋同,每个学生都能在集体关系中正确自我定位,找到存在感和获得感,体验集体生活的意义和乐趣。

2. 乐群

班级活动开展时,学生们拥有阳光自信的心态去参与,去提升。客观分析遇到的困难,不气馁,勇于重振旗鼓迎头赶上。全班同学齐心协力、众志成城,遇事商量解决,学生个人利益不能凌驾于班级集体利益之上,班级事务面前少数服从多数。全体同学积极踊跃参与班级事务。班级同学间虚心学习他人的长处,学会以他人之长补己之短;虚心向别的班级优秀的做法和经验学习。当集体内发生人际关系矛盾时,集体总会有班级干部等代表人物敢于发声,通过协商、调解、共议和建设性的舆论营造,解决集体面临的突出问题和人际矛盾。或者当集体发生严重的人际关系冲突时,教师及时介入,通过正确引导,以维护班级利益、发扬集体主义、爱班为先的原则妥善解决问题,并且能够把矛盾问题的解决过程升华成学生集体进行自我反思、自我教育的过程。

3. 乐业

班级中开展职业指导系列活动,引领学生正确认知职业、认可自己的职业选择、热爱自己所学的专业和未来要从事的职业,树立"干一行、爱一行"的职业

精神和精益求精的工匠精神;具备健康的竞争心态,做到"失意不失志,骄傲不自满"的正确从业心理;正确理解职业压力、克服职业倦怠,缓解就业前压力。借助社会志愿者服务、社区义工、职业院校技能大赛、走近职业、走访身边的行业榜样等针对性强的班级职业实践活动,搭建平台,鼓励学生突破自己的心理局限,大胆尝试,结合所学专业、所练技能,报效祖国、感恩社会。同时,学生们在参与活动的过程中亦能尽情挥洒自己的特长,增强自信心,在活动中发展个性,在活动中体味成功。班级也必然会在学生们的努力中不断提升核心竞争力,凸显建班实效。

4. 乐学

根据加德纳的多元智能理论,激发引导班级成员培养广泛的兴趣,引导学生长久地专注于职业学习的方方面面的自我提升,自觉自愿、积极主动地积极参加课内外活动和社会实践,开拓眼界,增长知识。同时能投入大部分精力搞好专业学习,发挥持久的学习内驱力,培养自我探究学习之能力,具有自发的学习自主性,不断向一个又一个更高的学习目标发起挑战。因此,激发学生们的学习兴趣,引导他们掌握学习技巧,激发潜能,增强乐学心理是至关重要的。

四、"双轨并进"心理育人体系下个体心理特点

"双轨并进"班级心理育人体系管理下的班集体中,学生会拥有阳光向上的积极心态、凡事要求积极上进,大胆尝试,直面未来的挑战,呈现出以下特点。

1. 自爱

班级成员敢于直面自己,与自己进行沟通,通过倾听自己内心真实的声音,反思自己,放弃对自己的负向控制,从而敢于在班集体中表达自己的观点。班级成员们会向自己敞开胸怀,使自己能感受周围和自身的一切;愿意接受自己所做的一切,依据班级约定进行评论或批判;给自己以足够的重视与关注,以使自己能常常和自己接触;蜘蛛发现自己生活以及所经历、所领悟和所发现的事物,勇敢承担其责任;不会脱离现实去观察自己,体验自己,而是懂得把自己作为整个班级的一部分来理解。

2. 自信

萧伯纳说过"有信心的人,可以化渺小为伟大,化平庸为神奇。"心理学家班杜拉在社会学习理论中提出过一个自我效能感的概念。我们都知道一个人的主观能动性对成就的影响有多大。自信是心理素质的重要指标,它是学生取得成功的重要保证。"双轨并进"班级心理育人体系管理下的班集体中,班级成员有清晰明确的职业定位和职业生涯规划,自我效能敢强,活动中敢于表现自己

的才能、表达自己的观点,正确面对各种挫折、困难并能够努力克服,学会用正常心态去看待问题,掌握一定的心理矫正技巧,利用情绪 ABC 理论等心理学知识进行自我情绪管理,提高抗挫折能力和自控能力。建立良好的成员人际关系,建构自己积极健康的人际关系系统,获得巨大的精神支持,唤起班级成员自身发展的内在驱动力。

3. 自律

张九龄曾云"不能自律,何以正人?"自律是一种人格力量,更是一种素养,一种自我管理的能力。"双轨并进"班级心理育人体系管理下的班集体中,班级成员会不断提高自我认识、自我反思的意识。深刻领悟自律的重要意义,体会自律在个人的成长过程中所起到的重要作用。班级成员不受外界约束和情感支配,自觉遵守校纪、校规和班训、班规,并以此约束自己的言行形成道德规范。班级成员彼此不断增强是非辨别能力,去伪存真,遇事有尺度,坚守言行底线不逾规。班级成员从自律走向人生自我管理的最高境界——慎独。为实现自己的职业理想和人生目标奠定积极的心态。

4. 自强

《周易·乾》"天行健,君子以自强不息"。如果说自爱是成功的基石,自信是成功的脊梁,自律是成功的保障,那么自强就是成功的翅膀。双轨并进"班级心理育人体系管理下的班集体中,班级成员树立自强不息、拼搏进去的精神。在困难挫折面前不退缩、不逃避,用自己的聪明才智勇敢面对、积极解决问题,克服困难直至成功。班级成员会铭记"无论我是谁,都可以有人生出彩的机会!"潜心学习专业知识,丰富职业体验和人生阅历,以不屈不挠的人生态度去面对挑战,真正实现人生的完美蜕变。

第三节 "双轨并进"班级心理育人体系的实施

《中等职业学校德育大纲(2014 年修订)》提到"中等职业学校德育目标是:把学生培养成为爱党爱国、拥有梦想、遵纪守法、具有良好道德品质和文明行为习惯的社会主义合格公民,成为敬业爱岗、诚信友善,具有社会责任感、创新精神和实践能力的高素质劳动者和技术技能人才,成为中国特色社会主义事业合格建设者和可靠接班人。"明确指出培养学生"树立正确的职业观和职业理想,提高综合职业素质和能力,热爱劳动,崇尚实践,奉献社会。养成自尊、自信、自强、乐群的心理品质,提高心理健康水平和职业心理素质,人格健全,乐观向上。"因此,在"双轨并进"班级心理育人体系的实施中,我们以班级为主导,家庭为辅助,社会为补充,把班级、家庭、社会三方面的力量有机联系起来,使其相互贯通、相互作用、相互促进,构建起丰富、立体、多元的"三位一体"协同发展的班级心理育人实施网络,共同营造有利于学生形成健康向上、敬业乐群的良好育人氛围,促进学生个体与班级整体、学生健康心理与职业心理、自助性与发展性"双轨并进"协调发展。

一、班级心理育人体系的实施原则

(一)集体心理发展与个性心理发展并进原则

既要保证所有学生的心理发展同班级集体心理发展的总方向相一致,又要尊重学生的个体差异,引导学生个性心理的健康、积极、向上的发展。

(二)普遍心理与职业心理并存原则

既要在体系的建设中培育普通人所应具备的健康心理,又要结合职业学校的特点培养适应专业的职业心理。

(三)心理认知与实践体验并重原则

既要重视学生的心理认知,并联系实际进行传授;又要通过实践性环节,培养学生将心理认知运用于实际的能力。把提高心理认知与培养道德行为习惯结合起来,知行统一,言行一致。

二、班级心理育人体系建设的实施途径与方法

班级是学校的基本单位,是学校的一种教育组织。为了实现一定的教育目的,学校将年龄、文化程度大致相当的学生,按照一定的人数规模组织在一起,这就形成了班级。班级是学生进行学习、交往和其他各种活动最主要的环境,是学生在学校学习、生活、成长的最基本、最重要的场所。以班级为平台,以舆论为导向,以活动为载体,可以有效地开展"双轨并进"育人体系的建设。

(一)评估心理现状,客观分析班级心理

《中国教育改革和发展纲要》明确指出社会所需要的人才必须具备的基本素质有以下四种:思想道德素质、科学文化素质、劳动技能素质和身体心理素质。在四种基本素质中,身体和心理素质是最基础的素质,也可以说是基本素质的核心,因为个体自然遗传素质与潜能的开发、社会文化经验的内化,都必须通过个体的身心综合反映出来。因此对学生进行心理现状的评估,客观、全面、

准确地了解学生心理发展状况,对于班级心理体系的建设具有指导意义。

我们可以借助专业测评技术,通过新生入学心理健康普查、定期的心理健康测评、学习压力测评、学生家长问卷调查等专业心理测评技术,收集学生心理量化数据,了解学生心理发展状况,及时掌握学生心理发展动态。根据心理测评结果,对学生心理状况进行分类和预警管理,从而优化班级心理育人体系,完善、纠正学生的自我认知,降低不良行为发生概率,避免不良行为问题演变成严重行为障碍。

(二)加强集体教育,形成正确班级舆论

魏书生老师曾说:世界也许很小很小,心的领域却很大很大。班主任从事的是在广阔的心灵世界中播种耕耘的事业,用正确的班级舆论施肥,来净化学生的心灵,耕耘一方属于自己的沃土!

正确的班级舆论是学生自我教育的手段,也是形成和发展班集体的巨大力量和根本保障。它可以让学生进行自我教育,可以是班级发展壮大的催化剂。有了正确的班级舆论做后盾,班主任可以有的放矢、点到为止,关键时刻一针见血,很多问题便会迎刃而解。

1. 抓主动,树统一舆论导向;明目标,树正确舆论标准

拥有正确舆论的班级,可以使班集体成员的思想和行为拥有正确的标准,他们能明辨是非,对于正确、积极、向上的东西给予支持、鼓励,对于错误、消极、落后的东西给予抵制、批评。在这种正确的班级舆论氛围中,学生久而久之、潜移默化地受到熏陶、教育,不知不觉中利用群体意识进行了自律管理。

具体的说就是先确立共同的奋斗目标——集体目标代表一个集体的方向,是班集体关于未来状况的设想和描述,它具有指向、激励和凝聚作用,要把四、五十个个性各异的个体联合成一个有凝聚力的集体,必须确立班集体共同目标。

(1)从个人到集体,给予归属感,培养集体感。在班主任的正确引导下形成班级的舆论中心——用自己特有的方式诠释普通的道理并且让学生接受、践行。

班级的学生来自不同的家庭,他们的思想意识、生活经验、成长经历等各不相同,彼此之间就会相互作用、相互影响。在面对同样的问题时,他们就会产生不同的认知、不同的理解、不同的处理方式、不同的解决办法,进而形成不同的舆论中心。此时,班主任的正确引导就变得至关重要。所以建班伊始,首先应该给学生以集体归属感,培养其集体荣誉感和责任感。我们可以通过建立寓意深刻、富有特色的班训、班徽;开展军训、运动会、艺术节、技能节等活动,确立班

集体的共同目标。

集体荣誉感是指学生自觉地从属于集体，自觉地维护所参加的集体之利益的情绪和情感，有了集体荣誉感，学生就会表现出相同的情感、一致的行为，即为了集体取得的荣誉和成绩而骄傲和兴奋，又为集体荣誉受损而感到难过的情绪和情感。

（2）个体活动融入集体活动，增强责任感，树立主人翁意识。在班级建设中，舆论监督作用的发挥必不可少，集体的向心力和凝聚力便是其良好的保障。加强集体主义的教育，使得集体主义的思想观念深深印刻在学生的心里，使得学生深刻认识到自己的一言一行不仅仅只反映其个体的形象，而且会影响班级的集体形象，让每一个人都拥有责任感。

班主任要为学生的集体荣誉感的形成搭设平台，抓住时机进行集体荣誉感和主人翁责任感的培养。如利用各项集体活动让学生亲自策划、主动参与、分工合作，这本身就是一个无声的舆论中心，在奠定取得好成绩的同时也展示了自己各方面的才能，可谓一举两得。

有了集体感和责任感，班级的最大舆论中心就形成了，那就是集体至上。

（3）从"有法"到"依法"，以制度稳班风。结合学校德育学分、学科学分的规定，进一步细化为班级规定，给学生一个尺度，包括思想、学习、纪律、卫生等方面，教师先"有法"，学生才能"依法"，它具体体现在学生日常行为规范、一日常规、仪容仪表、课堂纪律、学习要求等方面，在建立制度和明确尺度的基础上抓好制度落实，将此升华为无声的教育手段。此时，在班级中很有必要形成正确的舆论导向：让学生明确哪些是正确的，哪些是错误的，哪些是可以去做的，哪些是不可以去做的，培养学生树立是非观念，增强学生明辨是非的能力。

当然，这是一个循环往复的过程，需要班主任在执行的过程中一视同仁、奖罚分明、照章办事，否则便前功尽弃。

2. 抓干部，培养心有灵犀的服务责任感；严要求，树立正确舆论形成的先锋榜样

学生往往在老师不在场时，表现出不良倾向。这时，班干部——班级中通常威信较高的学生便成为老师的代言人，就是班级的管理者，成为正确舆论的先锋榜样。因此，培养班干部，建设一支团结协作、热爱集体工作并有较强工作能力、在集体中具有威望和影响力的班干部队伍，对于班级管理有着举足轻重的作用。给予他们管理权、自主权、反映权，充分发挥他们的带头作用。

3. 抓契机，找佐证，抓典型，析本质，不断分解渗透正确的舆论点

从习惯到细节，以小见大，面面俱到。

(1)习惯。乌申斯基说过:"良好的习惯乃是人在其神经系统中所存放的道德资本。这个资本不断地在增值,而人在其整个一生中就享受着它的利息。"习惯的养成是班级舆论形成的根本保障,对全体学生有"随风潜入夜,润物细无声"的教育作用,使得全体学生能自觉抵制、主动修正那些不合乎班级规范的举止言行,以此适应班集体的整体要求。

(2)细节。班级每天都会发生不同的新鲜的点滴事情,这些都可以成为教育的良好契机,这关键在于班主任要有一双善于发现的眼睛和一个遇到问题善于思考的大脑。

(3)典型。班主任要始终保持敏感度,对班级中出现的突发事件、典型事件,必须抓住契机,扩大意义或影响。

(三)开展集体活动,建设积极心理氛围

班级集体心理发展与学生个性心理发展是一个细腻反复的过程,要牢牢抓住活动这一关键载体,让学生在活动中感悟、在感悟中提升,在潜移默化中改变认知、陶冶情感、涵养行为,加深职业认识,增强自尊自信。

1. 开展系列主题班会

主题班会是中职学校开展德育工作的重要阵地,是班主任管理的班级、学生展示自我和锻炼的平台,是对学生进行专业教育、渗透职业心理的重要途径之一。

一方面,我们可以借助班会对学生进行专业教育,提升专业认知。利用班会给学生介绍国家对于中职教育结构的相关调整,让学生了解有关职业教育的相关政策和未来发展的方向,了解中职学校与普通高中的区别,树立职业教育的信心——"升学有保障,就业有能力"。还可以结合本专业向学生介绍本专业的概况、特点、行业要求、就业优势、发展出路、社会作用等情况,使学生更加明确对于选择的专业该学什么、该怎么学。

另一方面,我们可以通过特色主题班会,引导学生在认识自我、主动负责、学会尊重、修身自律、团结协作、开拓进取、和谐关系等方面开展交流和讨论,在帮助学生构建积极的自我观念,促进学生知、情、意和谐发展的同时,对学生渗透责任、诚信、合作、感恩等相关职业心理。如开展《夯实小工作、成就大事业》《责任心——撑起灵魂的骨架》的主题班会,教育学生正确对待责任;开展《弘扬诚信精神,传播正能量》《立身诚为本,处世信为基》的主题班会,教育学生"人无诚信不立";开展《团结合作力量大》《学会交往,善于合作》的主题班会,教育学生树立合作意识;开展《学会感恩,与心同在》《拥抱》的主题班会,教育学生懂得感恩回报。

2. 举办专题职业指导

优秀毕业生是学校的财富、班级的资源。聘请学校优秀毕业生作为班级的校外辅导员，定期进班级参加助长活动，可以为学生职业生涯规划进行有针对性的、有实效的指导，增进学生的职业情感。

优秀毕业生结合自身的发展，用他们的实际案例，讲述当年自己在学校的学习和生活，讲述自己的职业成长，讲述自己忍受的"磨难"，讲述自己得意的"成功"……现身说法，亲授技能，充分体现诠释了学校"自信、负责、成功"自主德育的魅力所在。优秀毕业生的专业指导可以让学生近距离地感受到"职场素质秀"，体验到"职场变形之旅"，在增进职业情感的同时，不禁感叹原来所谓的"精英才俊"就在自己身边，只要树立信心、坚持不懈、脚踏实地，自己未来的梦想一定能够实现。另外，优秀毕业生进班级，也是毕业学生感恩反哺母校的表现之一，也为现在学生做了表率。

3. 设计主题拓展活动

拓展活动是一种重在协调为达成共同目标而努力的不同个体之间的合作活动。我们可以根据自身学校的条件、环境，结合班级特点，在确保学生安全的情况设计、进行拓展活动，借以提高学生的综合素质，克服学生人际交往中的障碍，加深彼此的了解与认识，增进彼此的友谊与信任，培养积极进取的人生态度，树立团队意识，锻炼协作能力，提升职业意志。如让八名同学站在一张报纸上，看看哪一组能在人不离开报纸的基础上，以最快的速度把报纸完好无损地翻过来等拓展活动，这些都能很好地考察学生的合作意识和适当的自我牺牲精神，让学生在开心体验之余，谈体会、作总结，不断完善自我，职业意志不断得到提升。

4. 促进班级与企业有效融合

职业教育要求人才培养与市场需求的同步性。近年来，我国职业教育事业快速发展，体系建设稳步推进，为社会发展做出了积极贡献。职业教育不断创新符合新形势下的人才培养模式，不断深化校企合作，增强产教融合，使职业学校与产业发展的契合度进一步提升，职业教育服务经济和社会发展的能力进一步提高，为社会发展培养了大批具有理论知识、专业技术的新型劳动者。党的十九大报告提出要完善职业教育和培训体系，深化产教融合、校企合作。教育部等六部门关于印发《职业学校校企合作促进办法》的通知中也提出产教融合、校企合作是职业教育的基本办学模式，是办好职业教育的关键所在。

职业学校人才培养的基本单位是班级，加强班级与企业的融合，"借企业之水,行职教之舟",把企业优秀的管理、文化移植过来,用企业化的理念和校企合作的模式来管理班级,让学生看到专业学习和职业发展的方向,让学生把自己看成是企业的一名员工,用企业对员工的管理要求、标准来提醒自己、约束自己,将老师布置的作业看作是上级布置的工作任务,让学生"上学如上班,上课如上岗",从而使学生获得学习的动力,提高职业素养,增强职业认同,自律、自强,乐学、乐业,达到中职学生人才培养适应职业教育与市场需求的目的。

(1)引入企业文化。企业文化是一个企业在长期生产经营、实践管理的过程中,在一定的条件和基础下逐渐形成的、为全体员工所认同并自觉遵守的一种文化。它带有本企业特点的使命、愿景、宗旨、精神、价值观和经营理念,其核心是企业的精神和价值观。企业文化是企业的灵魂,是企业在严峻的市场竞争中树立的公共形象,是推动企业发展的不竭动力。其目的是通过文化、精神等方式来满足企业员工在物质、精神层面的需求,调动员工的工作热情,激发员工的创造力,以此挖掘企业的潜力,增强企业的向心力,提升企业的竞争力,增加企业的经济效益和社会效益,促进企业更持久、更长远的发展。

在班级建设中,将企业文化有计划、有条理、有系统、有层次地融入进去,不仅是深化中等职业教育教学改革的需要,使学生在意识和行为上更能满足用人单位工作的需要,同时也将企业的合作意识、责任意识、竞争意识、创新意识等与班级建设相互融合,使企业文化与班级精神相互结合,使学生课内外的学习、生活在物质上、精神上都处在专业、职业的氛围当中。这样不仅可以提高班级整体管理的时效性,还可以提升学生个体对专业的认知和职业的认同,培养学生的团队精神、工匠精神、敬业精神、进取精神,促进学生职业能力的发展和职业素养的提高,有利于学生与企业的顺利对接,为学生今后的发展奠定良好的基础。

将企业文化引入班级建设,一方面可以在班级物质文化建设中融入行业要素,利用"一桌一椅一墙一栏"的文化育人功效,发挥隐性教育功能与教育效果。如将体现企业文化、专业精神的格言警句悬挂于教室墙壁;将反映企业发展、行业变化的宣传材料,张贴在班级宣传栏中。在班级中营造企业文化的氛围,让每一名学生真切感受到职业文化,让学生随时都能感觉到自己是企业的一员,提前接受企业文化的熏陶,感受企业的特色,加深对专业的认知,促进学生对职业的认同感。另一方面可以在班级精神文化建设中融合企业精神,以企业文化精神为根基,结合班级特点,进行班级精神文化的建设。如挖掘与本专业相关企业的时事信息,开展演讲辩论、征文叙述、主题班会、团日活动等形式多样、内容丰富的班级活动,使学生的日常活动中融入教育内容、企业精神,使学生在活动中激发学习热情,在学习中获得成长进步,在成长中提升专业认知,增强专业身份的归属感。

(2)模拟企业管理。在诸多的管理中,企业管理是相对有效的。在中职学校的班级管理中模拟优秀的企业管理模式,在班级管理和对学生的教育中吸收优秀企业中有实用价值、有管理特色的企业制度、企业规范,将班级管理结构企业化、管理目标学分化、管理手段全员化、管理内容班级化,使学生在班级里一边感知企业文化一边学习文化知识,一边感受企业氛围一边练就专业技能,一边感悟企业精神一边提升职业道德,从而提高中职学生的标准意识,增强对规范管理的认同感,促进学生职业角色的转换、发展,使学生在职业意识下增强学习专业知识、练就专业技能的主动性、自觉性。

例如,利用企业的管理机制,培养优秀的班干部群体。在企业人力资源的管理机制中,积极良性的竞争和稳妥有效的激励制度贯穿其中,因此在中职班级中,建立一个良好的竞争激励制度是十分必要的。在班干部的选拔过程中,为了能让每一位学生都有管理锻炼的机会,以展示自己的才能,在班干部的培养上可以采用轮换上岗的机制。在轮岗之后,让同学们对每一位上届班干部的工作能力、工作态度等进行综合评定,这样既能够有效地激发学生的竞争意识,让学生得到多方位的锻炼与发展,为以后走上工作岗位进行竞争做好准备。又能够形成一个相互协作、相互制约的管理体制,通过不同的角色定位与角色转换,让学生提前感受到企业的管理氛围,做到班级与企业"零距离",提高学生对企业的"适应力"。

又如,将企业的质量体系引入学生管理中,将管理目标学分化。参照企业制度,制定文明公约、行为守则、礼仪规范、奖惩条例等学分管理制度,规范每一位学生的行为习惯,按态度、按能力、按成绩取"酬",奖罚分明,让每一位学生意识到只有严格的管理、严格的标准才能高效率地打造出高质量、高品质的人才,让每一位同学都能经过自己的努力得到不同程度的发展与提升,进而自觉养成细致的工作态度和严谨的工作作风,规范其职业行为。

再如,移植企业的主人翁意识,管理手段全员化,实现学生自主管理。企业员工的主人翁意识是员工企业意识最重要的体现,是作为企业的主体和能动力量的企业员工在企业生产经营、实践管理等方面表现出来的主观能动性和进取创造性。当企业的每一名员工在工作时都能树立主人翁意识,那么这个企业将和谐稳定、蒸蒸日上。我们将企业的主人翁意识迁移到班级中,让每名学生都有自己的职责范围,明确自己的责任分工,让每一个人都是管理者,让每一个人又是被管理者,做到"事事有人管、时时有人管",使学生形成自觉、自动、自主地行动,树立主人翁意识。采用全员化的管理手段,利用人们渴求管理他人、表现自我的欲望,激活学生的潜能,实现学生的自主管理,将学生个人目标与班级远景发展相融合,让学生人人都做班级的主人,人人都是班级的形象代言人,为学生将来走进企业,树立对企业的责任感、使命感,实现个人目标与企业目标的一致性、个人利益与企业利益的协调性、个人荣辱与企业荣辱的关联性做好铺垫。

(3)举行专家论坛。企业专家是企业人才队伍的重要组成部分,他们拥有丰富的文化知识、专业理论、实践经验,专业技术水平过硬,业务素质高。借助班企融合,我们可以定期举办企业专家论坛,邀请企业人力资源的专家、高级工程师、首席技师等行业专家走进班级开展专题讲座。通过讲座、交流、互动,让学生切身感受企业专家的成功之道、精神风韵、职业魅力,促进学生不断抓实专业学习,强化专业应用,自觉提高个人修养,完善职业心理,提高职业素养。

5. 社开展会实践有效补充

社会实践是中职学校开展教育教学的重要组成部分,是中职学生转变思想观念、提升职业心理、运用所学知识、提高专业技能的重要途径。中职学生可以在社会实践中体验生活、磨炼自己、加深专业认知、培养职业兴趣、构建职场社交心理。组织并鼓励中职学生参加社会实践,对加快中职学生完成社会化、专业化、职业化的进程具有重要意义。

(1)进行职业调研。中职学生在进入中职学校之前,多数对所学专业了解甚少。有的学生因为是父母填报的志愿,更是对职校专业一无所知。为了增强职业认同感,加深对专业的认识,可组织中职学生开展职业调研。组织班级学生通过人才市场进行相关讯息的了解和调研,也可向企业人力资源管理人员调查了解,了解企业对本专业人才的录用标准、要求、供需关系,了解本专业的发展现状、就业优势、从业方向。在不断的职业调研中,明确所学专业的知识,了解专业的技能和操作技术,加深对专业的认知,制定、修正、完善自己的职业生涯规划。

(2)开展职业体验。兴趣是指人认识某种事物或从事某种活动的心理倾向,是个体在长期社会生活实践中逐渐产生、形成、发展起来的。兴趣作为一种内心的要求和意识的倾向,不是靠外界强制力量形成的,而是出于个人的强烈愿望建立和发展起来的,它是以认识和探索外界事物的需要为基础的,是推动人认识事物、探索真理的重要动机。

职业兴趣是指人们对某种职业活动具有的比较稳定而持久的心理倾向。它是个人进行职业规划时需要注意的 15 大要素之一,表现为一个人对待工作的态度、面对工作的适应能力、从事相关工作的愿望和兴趣,拥有职业兴趣将增加个人的职业稳定性、职业幸福感和职业成就感。

职业兴趣为个体的职业选择提供了有效信息,是人们进行职业选择的重要依据之一,在个体的职业选择中起到了重要作用,对个体的职业发展具有一定的影响。当外界环境、外界因素限制比较少时,人们在进行职业选择时,往往更倾向于与自己兴趣相关的职业。

兴趣的发展一般经历三个阶段:有趣、乐趣、志趣。兴趣发展的每个阶段都离不开认知加工过程。当个体开始从事职业活动时,往往先从有趣的工作进行考虑、选择,经过一段时间后慢慢地对工作产生乐趣,进而将其与自己的人生志向、理想目标相结合,发展成为志趣,使人更加坚定从事某种职业的理想信念,并为之尽心尽力。中职学生对职业的兴趣绝大多数只是停留在有趣与乐趣的阶段,他们普遍没有将乐趣与社会责任感、职业理想、个人价值的实现相结合,仅仅只是停留在对所从事的职业是否感兴趣(有趣、乐趣)的阶段。因此我们要对中职学生所学的专业进行兴趣教育,通过开展专业实训、实习指导、职业选修等职业体验,帮助学生一步步了解自我、了解职业、认识社会、认识世界,提高职业兴趣,增强对专业的热爱,进而将个人理想、人生价值与社会责任感相结合,使职业兴趣由有趣、乐趣真正发展到志趣阶段。

(3)参与公益活动。我们培养的中职学生,不仅仅要具备一定理论知识和专业技能,还应该具备合作、沟通、竞争、感恩等促进职业发展的社交心理。社会实践使学生走出了封闭、单纯的校园,走进了复杂、广阔的社会,是中职学生了解社会、认识社会的基础,是其转换角色适应社会、奉献社会的途径。

我们组织并鼓励中职学生走进社会、走进社区、走进企业、走进行业,通过公益活动、志愿服务、拓展体验等方式让学生参与大众社会实践,在实践的过程中体验、交流、感悟、反思、提升、蜕变。通过公益志愿等社会实践,让学生体验如何处理好民主与集中、团队与个体、自由与约束、协作与创新的关系,启发学生树立团队意识、大局意识、创新意识、责任意识、服务意识、谋略意识,培养学生构建团结合作、沟通交流、公平竞争、奉献感恩、理解信任的社交心理,使得中职学生在社会实践中学会做人,学会做事,丰富生活,增长阅历,能全面准确地认识自我,摆正自己的位置,以更加健康的体魄、自信的心态、饱满的热情去把握机遇、迎接挑战,实现"陶冶情操、磨练意志、完善自我、激发潜能、适应职场、回报社会"的目的。

(四)搭建沟通平台,生成心理育人体系

学生在"乐善、乐群、乐业、乐学"的在班级大家庭中,由于要学习、生活、交流、合作、竞争、帮助,大多数的时候能产生积极向上的心理体验,但有时难免会产生自卑、苦恼、焦虑、忌妒、抑郁、胆怯、恐惧等心理障碍。作为班主任,就需要经常性地深入班级,了解班级中每个学生的心理状态,倾听学生的心声,搭建沟通平台,对学生进行及时的心理疏导与鼓励,帮助学生建立"自爱、自信、自律、自强"的心理状态,促进学生提高心理素质。

1. 充分应用网络,建立沟通平台

信息技术高速发展的今天,借助网络平台信息可以飞速运转。在班级心理育人体系建设中,可以合理地应用网络环境、网络资源,对学生实施健康心理的指导,达到事半功倍的效果。班主任可以建立班级 QQ 群、微信群,建立班级博客、班级论坛、班级贴吧、班级工作室等网络交流平台,在各种交流平台上进行心理健康教育讲座、宣传健康特色活动、发布学生先进事迹、实施师生互动交流等有意义地资源共享与网络交流,使学生借助网络实现心理沟通,创建健康和谐的班级心理。

2. 开通心理邮箱,拓展沟通空间

学生在成长的过程中遇到困惑、挫折时,有时觉得自己有话想说却没有合适的人敞开心扉,会发现自己的心情无法进行自我调节,甚至难以启齿。为了更好地解决这一问题,班主任可以为学生开通心理邮箱,学生们将在学习、生活、学校、家庭、同学、教师中遇到的难以启齿的问题,通过电子邮箱向老师发送电子邮件,倾诉自己心中的不悦、困惑、矛盾。这样可以使班主任了解学生的具体情况,为学生在心理上排忧解难,更好地促进全体学生良好心理品质的形成。

3. 借助家庭环境,拓宽沟通渠道

习总书记在会见第一届全国文明家庭代表时曾说过:"无论时代如何变化,无论经济社会如何发展,对一个社会来说,家庭的生活依托都不可替代,家庭的社会功能都不可替代,家庭的文明作用都不可替代。"家庭是孩子人生的第一课堂,父母是孩子的第一任老师。家庭作为孩子生活的重要场所之一,对孩子的成长起着重要的作用。家庭的结构特点、父母的格局修养、家庭成员间的关系等都是影响中职学生心理发展的重要因素,也是影响中职学校班级心理体系建设的因素。因此在学生心理的培养过程中,在班级教育起到主导作用的同时,还需要家庭教育作为是班级教育的辅助,彼此进行有效的配合。

(1)构建和谐的亲子关系,形成良好品质。亲子关系是一个人来到世间的第一个人际关系,是孩子一生当中能否走向成功的重要关系之一。它对于孩子性格的形成、品质的培养、意志的磨练、人际的交往等,都起着不可忽视的作用。

和谐的亲子关系,可以使孩子在爱的环境中成长,有被需要、被关爱的感觉,这样的孩子多数会在未来的人生道路上拥有良好的人际关系。父母尊重孩子,相信孩子能做好,给予孩子自信,让孩子感觉到自己的重要性。这样的亲子关系,可以让孩子变得富有责任感。

(2)营造良好的家庭氛围,培养积极心理。家庭是感情的集体,每个家庭都有自己独特的氛围。家庭氛围是指一个家庭里各个家庭成员之间的关系及其彼此在人际交往的过程中所营造出的情境和氛围,是家庭成员生活、成长的重要环境影响因素,它对家庭成员的心理和精神都起着重要的作用。对成长的孩子来说,家庭是其成长的首要环境因素。如果说孩子是一颗种子,那么家庭就是土壤,家庭氛围便是空气和水分。因此家庭氛围在很大程度上决定着孩子的心理品质及人格发展。稳定的家庭结构、父母积极的生活态度、民主和谐的成员关系,这种温暖和睦的家庭氛围会让孩子感到幸福,从而变得乐观开朗、积极向上,容易悦纳自己、悦纳他人。

(五)协调人际关系,构建和谐班级群体

建立和谐、丰富的人际关系是现代班集体心理建设中一项十分重要的工作,可以使班级的集体发展与学生的个体发展相互促进、相互作用。它既可以有效地促进班级集体凝聚力、团队精神、自觉意识的形成,提升班级心理建设的实效性,还可以促使学生个体在班级生活中健康的发展,形成积极向上的个性,达到事半功倍的效果。

良好的班级人际关系是学生最为重要的心理环境,它一旦形成,就会在无形中产生一种积极的教育影响力和促进作用,它既可以满足学生基本的心理需要,又可以维护学生的心理健康。

在班集体诸多的人际关系中,协调好师生关系、班级正式群体和非正式群体的关系是尤为重要的。

1. 建立和谐融洽的师生关系

教育从本质来讲是一种"人际影响",就是教师和学生之间彼此互动,然后学生就受到教师的影响,这种影响的过程就是教育的过程。

(1)亲近关爱学生。《学记》有曰"安其学而亲其师,乐其友而信其道"。亚里士多德也曾说:"人格的魅力胜过任何介绍信。"从社会心理学的角度而言,教育的重要目的就是要对学生产生影响,而班主任就需要在日常管理中不断提升自己的影响力。

作为班主任要善于接近孩子、体贴关心学生、走进学生内心,与他们经常进行思想交流,让他们能够真正感受到老师对他们的关心、温暖与期待。初接新班时，班主任要花费一些时间，尽快了解学生的学业成绩、成长经历、家庭情况等现状，建立学生个人档案。随着与学生的朝夕相伴，对学生细致入微的观察，和学生、家长的促膝交谈，进一步深入了解学生的思想品行、性格特点、兴趣爱好等，认真分析、研究每一名学生的个性特点，因材施教。班主任要善于抓住每一个表扬学生的机会，给予学生真诚的鼓励，帮助学生挖掘自身的潜力，利用"蝴蝶效应"扩大积极影响。同时，班主任要充分展现渊博的知识素养、高尚的道德情操、崇高的精神境界，用自己的人格魅力感染学生、影响学生、激励学生，使学生"亲其师，信其道"。

（2）尊重信任学生。从心理学上讲，"信任"是人们受到他人影响的重要因素之一。现代心理学研究表明：成功的教育依赖于真诚的理解和相互信任的师生关系。在班级心理建设中，班主任始终坚持尊重学生、信任学生，对学生严格要求、坚持原则不破线、公平公正不偏袒、耐心细致不放纵，与学生坦诚相待、倾心相交，做学生的良师益友。师生关系越和谐，班主任的教育越容易被学生接受，"南风效应"的效果就越好。

2. 正确处理班级正式群体和非正式群体的关系

正式群体是指在校行政、班主任或社会团体的领导下，按一定的章程组成的学生群体，它负责全班性活动的组织与开展。非正式群体则是指一些学生在同伴交往过程中，自由结合、自发形成的小群体。它是同伴关系中的一种重要形式。

正式群体与非正式群体往往是同时发生作用、交互影响的。前者在学校人际关系系统中占主体地位、起主导作用，后者则具有满足个性需求、增进沟通交流、促进心理健康、调节情感态度等正式群体无法替代的作用。在班级的教育管理、心理建设中，班级的正式群体和非正式群体是相互制约的。

自20世纪80年代以来，我国的心理学工作者和管理工作者共同对学校正式群体中的非正式群体展开了大量的研究。他们发现，非正式群体之所以能形成是因为学生合理的社会需要所致，学生特定的学习习惯、生活环境、成长经历则进一步加速了非正式群体的形成。班主任要重视班级中的非正式群体，理解学生合理的社会需求，给予正确引导，营造良好的班级心理气氛，正确地处理好班级正式群体和非正式群体之间的关系。

（1）巩固正式群体，促其稳定发展。正式群体作为班级建设的主体，要不断加强巩固，促使其稳定发展，形成班级学生共同遵守的行为规范、共同追求的奋斗目标，满足群体成员的认同感、归属感，从而使班级成为坚强的集体。

（2）引导非正式群体，促其健康发展。班级内的非正式群体往往是因兴趣志向而生，具有比较稳固的凝合力。如果是传播正能量、积极向上的团体，那么便会有力地促进班级心理建设，班主任可以予以支持、保护。反之，消极的非正式群体则会破坏班级秩序，班主任要及时给予教育、引导和改造，必要时予以惩戒。因此，加强对班级非正式群体的管理是班级心理建设中很重要的一个环节。班主任一旦发现班级内出现了非正式群体，要认真观察他们的思想动向和行为模式，若是不符合班级发展方向，要抓住合适的教育契机，刚柔并济引导转化，激发非正式群体的自我管理意识，逐步形成具有共同奋斗目标的正能量团队，使其在班级心理建设中发挥积极作用。

第四节 "双轨并进"班级心理育人体系建设示例

构建职业生命成长背景下的新型师生关系

李耘心

关于师生关系，这是一个既古老又现实的一个命题，说它古老是因为早在 3000 年前，中外一些大师级人物已经对此有所论述，如孔子的"亲其师，信其道"，昆体良的教师观，以及近现代中外教育家对师生关系都有明确的阐述。为什么大家如此关注师生关系这个问题，其实我们都很清楚，教师和学生作为教育的两大主体，只有理顺了二者之间的关系才能真正实现教育价值和目的。而任何一种师生关系理论都有其深厚的社会现实背景，以及对教育价值的理解，而当前教育背景下，教育的价值已经从过度追求功利价值转向追求教育对人的幸福和发展本原价值的尊重和回归。因此，怎样让学生在教育的过程中生成幸福，并最终获得幸福成了我们教育工作者的新的研究课题。特别是对于我们职业学校的学生而言，最大的幸福莫过于实现自然人与社会人、职业人的自然接轨，获得一份可以立足于社会并有长远发展前途的工作，即实现学生的职业生命成长。

构建和谐的良性师生关系对于教育教学工作的顺利开展，实现预期的教育目标，甚至在保护教师的人身安全方面都是至关重要的。那什么样的关系就是好的师生关系呢？我们可以看到有些青年班主任教师往往很受学生的欢迎，他们年青有活力，思维活跃，很容易与学生打成一片，与学生的关系非常融洽。另外，有些班主任老师对自己的学生关怀备至，嘘寒问暖，俨然就是学生的"准妈妈"，师生关系也很融洽。这些老师与学生就建立了良好的师生关系！但现实生活中，经过一段时间的相处和磨合，学生往往还会对老师的管理表现出不理解，甚至是抗拒。为什么会出现这一问题呢？因为这种师生关系更多的是建立在私人感情基础上的，类似于朋友之间的关系。而老师和学生归根到底是一对矛盾共同体，是一种管理与被管理，教育和被教育的关系。当班主任不是以管理者、教育者的身份面对学生时，师生之间便可以维持一种和谐的关系。当教师以管理者、教育者的身份要求学生必须服从管理时，学生便会本能地予以反抗，这时师生关系便会面临挑战。因此我们要构建良好的师生关系，首先要解决的是如何消解师生之间这种天然的壁垒，让师生关系从对立走向统一。具体来说，我们的教育对象是职业学校学生，而职校学生的教育目标是通过三年的在校学习，不断丰富专业知识、提高专业技能、增强社会适应能力，最终实现自然人与社会人、职业人的自然接轨，获得一份可以立足于社会，并有长远发展前途的工作，即实现学生的职业生命成长，这也是学生及其家长的愿望。顺应学生的这种要求，在班级管理过程中我们把班主任扮演的角色从管理者演变为学生的职业规划师和人生导师。而学生从以前被动的接受管理，变为现在为了个人的职业生命成长、更好的人生发展自觉主动地改变自己。由此，师生之间目标一致，班级建设过程中的一切行为都是为了实现学生自身的职业生命成长，师生关系自然进入一个良性发展的轨道。

那如何《构建职业生命成长背景下的新型师生关系》，首先还是应该融洽师生关系，这是我们开展各项工作的前提和基础。

一、构建职业生命成长背景下的新型师生关系具体策略

（一）融洽师生关系

3000年前的孔夫子就曾说过"亲其师，信其道"。"亲其师"是"信其道"的前提。道理很简单，如果学生喜欢、亲近自己的老师，那么对于老师对自己的指导以及班级的各项举措就能给予信任，并能主动地去贯彻和落实。反之，如果师生之间不能产生这种亲近和信任，那么即使班主任对自己的分析和指导再科学准确，学生也会找出无数个理由予以驳斥，那这时班主任的工作就是无效的。至于怎样融洽师生关系，很多专家学者都对这一问题进行了全面而详细的阐述，而且平时工作中有很多老师也和自己的学生建立了深厚的情谊，我想这其中除了一些具体的操作方法外，有一点肯定是不变的，那就是以心交心，以情换情，让每一名学生感受到老师对他们真诚的关爱，让尊重和理解成为是打开心

灵之门的钥匙,沟通师生情谊的桥梁。

除了真诚的关爱、彼此的尊重和理解之外,在带班过程中我认为还有两个前提是必不可少的,它可以让我们有的放矢,让学生真心地接纳你。

1. 研究学生

《中国教师报》编辑部主任李炳亭说过:教育即人学,概括起来就是三句话:爱是最好的师德;兴趣是最好的教学,研究学生是最大的课程。我是特别认同他这句话的。细想我们班主任工作,不论是班级管理还是活动组织,如果要取得实效,必须从学生的具体实际出发,迎合学生的现实情况和实际需要,这就必须要全面地研究学生、了解学生。在学生管理上也是如此,平时我们教育学生的时候会发现我们磨破了嘴皮子,学生仍然不动于衷,也就是平常我们所说的软硬不吃。或者学生当面服软,过后依然不听,周而复始,教育没有效果。究其原因,是因为我们没有说到点子上去,也就是没有说到学生的心里。我相信每一名学生心里都有一块最柔软的地方,或者是最敏感的地方,只要我们找对了突破口,采用科学的方法介入,那么在教育学生的过程中就会事半功倍。

2. 换位思考,站在学生立场考虑问题

不可否认很多班主任也是全心全意为了学生,为了让学生学做人、学做事动了不少脑筋,也做了很多尝试,但好像学生并不领情,效果也不理想。究其原因,问题出在老师们的出发点很好,但更多的是站在老师的立场来要求学生怎样做,是我认为你们应该怎样,而不是站在学生的立场来考虑问题。当然站在学生立场考虑问题并不是要一味的讨好、迁就学生,也不是降低班级管理的标准,而是想学生所想,用学生喜欢的方式解决问题,根据学生的实际水平制定班级规章制度。例如,每次接新班时我都会跟学生们说两句话:①我从不要求我的学生不犯错误,而是要求他们不犯相同的错误和犯低级错误;②在我的班级评价好学生的标准只有两条:一是有一技之长,二是善良。此外,在带班过程中我很少主动给家长打电话,很少请家长到学校解决问题。原因不是怕麻烦,而是学生反感班主任的几大行为中,其中之一就是跟家长告状。一般情况下都是家长主动给我打电话了解学生情况,即使有问题需要跟家长沟通解决时,也是先由学生主动跟家长说明情况后,我再和家长进行交流。这样做的好处是变班主任告状、学生被动接受,为学生主动寻求家长、老师的帮助解决问题,方式的转变改变了学生面对问题的心态,也缓和了师生关系。

所以,教师这个职业是一个很特殊的职业,我们工作的对象是形形色色的人,而人就会有七情六欲,就会有感情,当我们用真情打动学生、改变学生的同时,学生也在不断地改变着我们的认知,影响着我们的行为。

与学生建立起融洽的师生关系，除了是双方情感的一种需要，是教育教学工作顺利开展的需要，更是为了加深师生间的相互信任，让学生自觉自愿地进入提升自身职业生命成长的轨道上来，在老师的指导下不断丰富专业知识、提高专业技能、增强社会适应能力，并最终顺利与社会接轨，实现个人的可持续发展。这也就是前面所说的构建职业生命成长背景下的新型师生关系，所谓新型师生关系，即指班主任从以前的管理者、教育者的身份更多地转变为学生的职业规划师、职业指导师。近几年我在这一方面做了一些尝试。

（二）以生涯规划引领学生自主发展

职业生命成长背景下的新型师生关系要求班主任不仅仅做学生的守护者、管理者、监督者，更要做学生人生的领路人、职业的规划师。因此，在班级管理中以生涯规划引领学生自主发展是打造良性师生关系的重要途径。

1. 正确认识自我及环境

只有对自己及周边环境有清醒的认识，才有可能选择最适合自己的目标。因此目标的确立是建立在正确的自我及环境分析的基础上的。完成这一任务的具体措施有：一学生完成个人的 SWOT 分析；二进行专业的职业测评（职业兴趣测试）；三是市场调查。

2. 确立职业目标

在进行充分分析的基础上，确定个人职业发展目标。为保证学生确立的目标务实、可行，班主任应给与一定的指导。学生确立的目标为其个人职业生涯发展的最终目标，或叫作职业理想，距离目前的学生个人实际还有相当长的距离。因此下一步在操作上是将目标化整为零，并有一个真实的参照物，故需要学生完成以下两项任务：一将职业目标分解为每学期的阶段性目标，并加强监督落实；二选定职业偶像，有条件的可进行互动交流。

3. 生涯规划管理

虽然学生确立了职业目标，但其目标的实现有赖于学生由自然人向合格的职业人的有效转轨。当学生在踏入社会时不能尽早的完成个人身份的转换，势必给其生涯规划的实现造成障碍，甚至会严重挫伤学生的自信。因此，学生在校期间就应逐步完成对生涯规划的有效管理，即夯实职业根基，为职业目标的实现奠定坚实的基础。

（1）形成职场规范。①学习并践行职业道德规范；②了解职场，认识职场规范的意义；③学习职场礼仪、服务规范和办公秩序。

（2）培养职业意识。职业意识是作为职业人所具有的意识，具体表现为：工作积极认真,有责任感,具有基本的职业道德。职业意识主要包括:诚信意识,顾客意识,团队意识,自律意识,学习意识。

培养职业意识最有效的办法是让学生亲自参与社会实践,让学生在实践的过程中用眼睛看,用耳朵听,用心感受,用脑思考。同时社会实践开拓了学生的生存和生活空间,锻炼并培养了技能。

班级舆论建设三步曲

阎春梅

题记:健康的集体舆论是学生自我教育的手段,也是形成和发展班集体的巨大力量和根本保障。

健康的集体舆论可以让学生进行自我教育,可以是班级发展壮大的催化剂,由此看出班级舆论建设的重要性了。有了它做后盾,班主任可以有的放矢,点到为止,关键时刻一针见血,很多问题便会迎刃而解。还有一种常见现象——学生像班主任,有什么样的班主任就有什么样的班级和学生,姑且在这里叫作班主任风格,其实与其说是班主任的风格在影响一个班级,不如说是一个班主任影响了一个班级的舆论,让班级舆论向着他满意的方向发展了——这就是真正意义上的"班主任风格"。学生教育的归宿表面上在班主任,其实是班主任建立起的健康正确的班级舆论。因此,班主任要高屋建瓴,在全面掌控班级发展的进程中,让正确的班级舆论领航,在班级步入良性发展轨道的同时,展现出自己的"班主任风格"。

一、抓主动,树统一舆论导向;明目标,立正确舆论标准——基础

班主任工作有一个事半功倍的方法,那就是一定要对班级舆论进行有效引导。一个班级有了正确的舆论,就能明辨是非,提倡和支持正确的东西,批评和抵制不正确的东西,使班集体成员的思想和行为有正确的标准。所以说,要想带出一个优秀的班级,必须首先在班内树立正确的舆论,使学生利用群体意识进行自律管理,让班主任从班务琐事中解脱出来,用群体的氛围陶冶学生,让班级舆论驱使学生自觉自愿、潜移默化地接受感染、熏陶、教育和鞭策,帮助学生在体验中感悟,产生积极向上、要求进步的无形力量。

具体的说就是先确立共同的奋斗目标——集体目标代表一个集体的方向,是班集体关于未来状况的设想和描述,它具有指向、激励和凝聚作用,要把四五十个个性各异的个体联合成一个有凝聚力的集体,必须确立班集体共同目标。

(一)从个人到集体,给予归属感,培养集体感

在班主任的正确引导下形成班级的舆论中心——用自己特有的方式诠释普通的道理并且让学生接受、践行。来自不同家庭的学生,组成一个班级,不同的思想意识,不同的生活经验就会互相影响,互相作用,同一个问题会有不同的认识,不同的舆论中心就会自然形成。此时,班主任的正确引导就变得至关重要。所以建班伊始,首先应该给学生以集体归属感,培养其集体荣誉感和责任感。集体荣誉感是指学生自觉地从属于集体,自觉地维护所参加的集体之利益的情绪和情感,有了集体荣誉感名学生就会表现出相同的情感,一致的行为,即为了集体取得的荣誉和成绩而骄傲和兴奋,又为集体荣誉受损而感到难过的情绪和情感。

友情提示:①建立寓意深刻、富有特色的班级口号、班级格言、班训等;②在一定铺垫、情感交流的基础上,合理强化;③最终趋同:相同情感,一致行为!

(二)个体活动融入到集体活动,增强责任感

集体的凝聚力和向心力是培养学生良好品德和发挥班级舆论监督作用的保证。加强集体主义教育,让集体主义观念深入学生的心里,让学生知道自己的一言一行都会影响班级的形象,让每一个人都拥有责任感。班主任要为学生的集体荣誉感的形成搭设平台,抓住时机进行集体荣誉感和主人翁责任感的培养,如利用各类、各项集体活动等。

友情提示:班主任抓住机遇,提升班级实力,最大限度地展示内功,是让学生信服、主动融入班级的良策。

有了集体感和责任感,班级的最大舆论中心就形成了,那就是集体至上。

(三)从"有法"到"依法",以制度稳班风

结合德育学分、学科学分的规定,进一步细化为班级规定,给学生一个尺度,包括思想、学习、纪律、卫生等方面,教师要先"有法",学生才能"依法",它具体体现在学生日常行为规范、一日常规、仪容仪表、课堂纪律、学习要求等方面,在建立制度和明确尺度的基础上抓好制度落实,将此升华为无声的教育手段。此时,在班级中很有必要形成一个正确的舆论导向:让学生知道什么是对,什么是错,什么该做,什么不该做,给班级一双慧眼,让学生明辨是非。当然,这是一个循环往复的过程,需要班主任在执行的过程中一视同仁、奖罚分明、照章办事,否则便前功尽弃。

友情提示:①是非标准"感性化";②处理原则"人文化"。

二、抓干部，培养心有灵犀的服务责任感，严要求，确立正确舆论形成的领头羊——保障

班级中威信较高的学生往往被选为班干部，大多数情况下，学生不良倾向是没有老师的时候才表现出来的，所以，班干部便是老师的代言人，是管理者，他们便是正确舆论的先锋和榜样。因此，培养班干部，建设一支团结协作、热爱集体工作并有较强工作能力、在集体中具有威望和影响力的班干部队伍，对于班级管理有着举足轻重的作用。给予他们管理权、自主权、反映权，充分发挥他们的带头作用。在各个方面做表率，让他们带头管理班级。只要有人带头，"正确舆论"这部机器就可以运转起来。

三、抓契机，找佐证，抓典型，析本质，不断分解渗透正确的舆论点——强化

（一）习惯

乌申斯基说过："良好的习惯乃是人在其神经系统中所存放的道德资本。这个资本不断地在增值，而人在其整个一生中就享受着它的利息。"习惯的养成是班级舆论形成的根本保障，对全体学生有经常的、持久的、潜移默化的教育影响作用，使全班学生自觉抵制和改变自己那些不符合规范的言行来适应班集体的要求。

友情提示：①"小事化大"原则：从小事中发现大道理，透过现象看本质；②习惯面面观：生活习惯、学习习惯、集体习惯、个人习惯等。

（二）细节

班级每天都会发生不同的新鲜的点滴事情，这些都可以成为教育的良好契机，这关键在于班主任要有一双善于发现的眼睛和一个遇到问题善于思考的大脑。

（三）典型

班主任要始终保持敏感度，对班级中出现的突发事件、典型事件，必须抓住契机，扩大意义或影响。

友情提示：①适时确定表扬日、无批评日、反思日等；②说理原则：辩解的过程就是自我矫正的过程，分析的过程就是教育的过程。

魏书生老师曾说：世界也许很小很小，心的领域却很大。班主任从事的是在广阔的心灵世界中播种耕耘的事业，让我们用正确的班级舆论施肥，来净化学生的心灵，耕耘一方属于自己的沃土吧！

第七章 中职学校"双元耦合"班级建设模式之班级和学生"双层多元"综合评价体系建设

教育是培养人的活动。培养什么样的人,这是教育的首要问题。培养出来的人,是否是社会发展所需要的人,这就涉及教育的评价问题。评价是为目标服务的。教育的目标是"五育并举",培养德智体美劳全面发展的时代新人。班级作为教育的基层组织,要落实目标要求,就要构建与之相匹配的、科学的、规范的新型班级综合评价体系,这是"双元耦合"班级建设模式中的重要组成部分,也是撬动班级建设的杠杆。建设好班级综合评价体系,将有力地促进班级建设质量和育人成效的提升。

第一节 新型班级综合评价体系提出的背景

一、构建新型班级综合评价体系是新时代人才观的需要

习近平总书记在2014年提出"人人皆可成才、人人尽展其才"的思想,这是一种全新的人才观。俗话说,"三百六十行,行行出状元",无论哪一行,都会有优秀的人才,新时代新发展理念,需要看到人才种类的多样性,需要发挥人才潜能的无限性,因此,从价值多元性的角度来评价人才,要避免简单化、"一刀切"的评价标准。

上海的"大人才"观念就是新时代高级人才观的一种体现。获得上海市居住证,不是一定要有本科以上的学历,高中或中专学历的技术人才,也可以通过"评价计分体系"获得时效不等的居住证,在这一评价体系中,以实际需要为主导,不唯学历和职称论,而是细线条的考核人的综合能力和专业水平。这是对人才的全新认识,也是对人才评价的全新改革。

"教育要为社会服务,服从社会需要,培养社会所需要的公民"。新时代人才观,让我们在全力落实教育目标的同时,重新审视教育评价标准。如何

在班级建设中，构建与新时代人才观相契合的综合评价体系，在"人人皆可成才"的理念指导下，创造条件、提供环境，激发每一个学生的活力，促使学生主动展现才华，开发个体价值，创造更大的社会价值，成为班级建设的重要内容之一。

二、构建新型班级综合评价体系是新时代人才评价机制建设的需要

十八大以来，党和国家比以往任何时候都更加重视人才评价工作，先后颁发《关于深化人才发展体制机制改革的意见》《关于分类推进人才评价机制改革的指导意见》《关于深化项目评审、人才评价、机构评估改革的意见》等文件，对于新时代人才评价工作提出了明确要求，既要市场和政府制定人才标准，也需用人单位、专业组织共同参与，"四位一体"设置全覆盖全面评价内容，建立科学化、社会化、市场化、多元化"四化合一"的评价制度，不断更新评价观念，创新人才评价机制。"分层、分类、分时、专业"，适应新时代经济发展的立体化评价体系的构建，也引领教育评价的方向。

当前，中职教育的重要任务和目标是增强职业教育的社会适应性，因此，班级建设中对学生、班级的评价，要向新时代人才评价机制看齐，重视关注人才结构多元化等特点，解决评价标准单一、评价过程"官本位"、评价方式落后、评价手段趋同等问题。

世界上没有两片完全相同的叶子。苏霍姆林斯基说："每个孩子都是一个完全特殊、独一无二的世界"，多一把尺子就会多一批好学生，"骏马能历险，耕田不如牛；坚车能载重，渡河不如舟"，所以，从评价对象、评价内容等特点出发制定新的评价标准，建设新的评价体系，成为班级建设的重要内容之一。

三、构建新型班级综合评价体系是新时代教育评价改革的需要

2020年，中共中央国务院印发了新中国第一个关于教育评价系统改革的文件：《深化新时代教育评价改革总体方案》（以下简称《方案》），这是指导深化新时代教育评价改革的纲领性文件。《方案》中提出教育评价改革要"坚持科学有效，改进结果评价，强化过程评价，探索增值评价，健全综合评价，充分利用信息技术，提高教育评价的科学性、专业性、客观性"，这是对评价的总体原则提出了要求。《方案》同时指出，要"改革学生评价，促进德智体美劳全面发展"，要求"根据学生不同阶段身心特点，科学设计各级各类教育德育目标要求"，"探索学生、家长、教师以及社区等参与评价的有效方式，客观记录学生品行日常表现和突出表现"等。

通过对德育评价主体、评价手段、评价内容、评价导向等内容的规定性,力图破除长期以来以分数为学生贴标签的不科学做法,完善立德树人体制机制,扭转不科学的德育评价导向,更加科学、系统地培养德智体美劳全面发展的社会主义建设者和接班人。

学校教育管理的基本单位是班级,班级承担着促进学生健康成长的责任,同时也是发展学生个性、促进学生个体成长的阵地。中职学校落实《方案》要求,要在班级建设中重新建构评价体系,根据教育规律,围绕"五育"并举的教育要求,结合学校特点、学段要求、班级实际等,重新疏理评价的目标,制定评价标准,协同多方评价主体,丰富评价手段和评价形式,建立起多维度、多方位、多领域、多层次、多主体的综合评价体系,实现"对人的评价"到"为了人的评价"的转化,促进学生身心健康、全面、多元发展。

四、构建新型班级综合评价体系是解决传统德育评价不适性的需要

著名漫画家丰子恺先生曾经用一幅漫画来比喻传统德育评价中存在的问题:老师是拿着统一标准这把剪刀的园丁,在修剪学生身上缺点和错误的同时,也剪掉了独特的、个性的创造和思想,成为行动一致、思维固化的流水线产品。由此可见,传统的德育评价,从评价目标和内容上看,重视道德认知,忽视道德行为发生背后的差异性,难以贴近学生真实的生活情景;从评价方法上看,追求"量化"而忽视人文关怀;从评价主体上看,过于单一(在班级建设中,评价往往是班主任的工作),缺少多元化;从评价结果运用上看,选拔、控制、奖惩是传统评价的主要目的,缺少正确的价值取向。

德育,实际上是"育德"的工作,"眼中有人,心中有爱",这是做好德育工作的前提。一刀切的评价办法,既不适合"人"这一评价对象的本质特征,也不符合新时代教育"培养什么人"的根本要求。当评价成为一把挫伤学生锐气、磨平学生个性的"剪刀"时,不仅不能选拔人才,还会成为威胁人、伤害人、贬低人的利器。

所以,新型班级综合评价体系的构建,要坚持科学发展观,坚持诊断非甄别、激励非选拔的原则,既要合理设置评价内容和方法,坚持人文关怀的价值取向,也要协同学校、家庭、社会的力量,共同参与评价,以学生道德人格的形成和完善为目的,将学生之间的竞争性比较转变为学生个体身心发展提升的诊断,帮助学生完成由知到行的转化,为社会培养出对口、专业、适用的专业人才。

第二节 "双层多元"综合评价体系的建构

一、"双层多元"综合评价体系提出的原因

1. 德育评价的要求

"德育评价是评价者依据一定的评价标准,运用科学的方法和手段,系统地收集信息,对德育活动及其效果所进行的在事实基础上的价值判断的过程。"[①]这里所指的评价标准,是《中小学德育工作指南》等文件中的相关内容,这是德育工作的方向标。在此标准下,既要对学校德育工作的过程(德育活动)进行评价,也要对学校德育工作的结果(效果)进行评价。班级作为学校教育的基层组织,在班级建设中,一方面要对班级工作的过程(班级建设质量)进行评价,另一方面要对班级建设效果(学生品德发展情况)进行评价。

由此,从德育评价的要求来讲,需要同时对"班级"和"学生"这两个对象进行评价,缺一不可。而从"双元耦合"班级建设模式的内涵来分析,班级和学生的共同成长发展是其重要内容之一。因此,班级建设中需要同时构建班级评价体系和学生评价体系,即"双层"评价。

2. 职业教育的特点

职业教育作为一种类型教育,关键一点在于"职",班级建设围绕"职"字展开,综合评价也要围绕"职"字展开。其一,目前中职学校普遍采用"2+1"或"2.5+0.5"的办学模式,深入推进产教融合、校企合作,深化工学结合、校企"双育人",扩展了学校育人空间,相应也扩大了"教职员工"的范围。学校教师是评价主体,企业、社区、家庭等也是评价主体;学校内、课堂上可以评价,学校外、企业里也可以评价,评价的主体多元,评价的空间多样。其二,中职学校面向市场、面向社会办学,以为当地企业培养优秀的技术工人与服务人才为目标,服务当地经济发展,这是中职教育坚持的办学宗旨。中职学生通过在校三年,需要完成从"自然人"到"社会人"的转变,从学生变为"职业人",这是中职教育的培养目标。所以在评价标准、内容、方式上需要更加丰富、复杂,既要考虑到社会、市场所需,也要考虑到学生、准职业人双重身份的评价。

可见,"人人都是德育工作者",在中职教育中不是一句空话,需要评价主体

---

① 引自程明霞《浅谈中职德育课业评价中存在的问题及思考》,《科技视界》2014 年 03 月。

的多元性；以职业素质为核心,将职业能力培养与职业道德教育结合起来,需要评价内容与方式的多元性。因此,班级建设中需要实施"多元"评价。

综上,在"双元耦合"班级建设模式中提出了"双层多元"综合评价体系。

二、"双层多元"综合评价体系建构的依据

1. 多元智能理论的启示

每个人都有自己擅长的领域。数学家陈景润能够解答"哥德巴赫猜想",却做不了一名数学教师。美国哈佛大学的发展心理学家加德纳在《智力的结构》一书中提出多元智能理论,从理论层面上指出,每个人身上会同时拥有以不同方式和程度组合在一起的九种智力。

多元智能理论应用到"双元耦合"班级综合评价体系的构建中,要考虑学生的个性化和差异性特点,建设评价内容多元、评价标准分层、评价主体多方的评价体系,从多个角度开发学生潜能,唤起学生信心,让学生能看到教师对他的关注和接纳,体会期待和希望,这才是评价的真正要义。

2. 第四代教育评价理论的启示

20世纪80年代,美国教育评价专家库巴和林肯依据建构主义方法论,提出了"第四代教育评价理论"。该理论反对管理主义倾向,认为评价应坚持价值多元性的信念,尤其不能搞"一言堂",任何人都不能控制评价过程、标准以及结果。建议在评价时,整合有关联的、不同评价主体的意见,合理调整评价标准,兼顾、听取各方声音,最终达成共识。

"四代评价"理论在班级综合评价体系建构中的启示表现在四个方面。一是把评价看作是所有参与评价活动的人们的共同建构过程,所以,作为评价对象的学生,也应该参与评价,处于主体地位。二是倡导形成性评价与终结性评价相结合,在班级和学生评价中,可以运用多样化的评价信息收集办法、评价结果的评定办法,以便实现对评价对象客观全面的综合考察。三是转变评价标准,注重常模参照和标准参照相结合,关注具体的个人,兼顾横向与纵向比较,顾及每个学生独特的特点、尊严、人格与隐私,突出了人文关怀的价值取向。四是在评价功能上重视刺激发展功能的发挥,评价既不是结束,也不是为了筛选和甄别,而是为了引导和激励,为了促进学生的全面提升。

三、"双层多元"综合评价体系的内涵与特点

1. "双层多元"综合评价体系的内涵

"双层多元"综合评价,是指由校内的教师、学生与校外的家长、社会、企业

共同组成的评价主体，以促进班级和学生全面发展为目标，在系统、全面、准确地搜集、整理、记录、分析班级和学生发展过程与发展状况信息的基础上，对班级发展质量、学生品德发展情况等方面做出的总结性和形成性相结合的综合评价判断的过程。

2."双层多元"综合评价体系的特点

（1）多主体参与的评价体系——校内与校外兼存。"双层多元"综合评价体系，无论是宏观上对整个班级建设工作质量的评价，还是从微观上对某个学生思想品德情况的评价，从封闭走向开放，实施多主体评价。一方面，在校内，实施他评和自评相结合的原则，他评的实施者是学校内教师，不仅仅是班主任，还包括其他各任课教师、学生导师、其他组织管理教师等。学生自评是重要的内容：首先从思想上，要有变被动为主动的意识，主动地正确认识自我，全面了解自我，这是提高评价实效性的基础；其次从效果上，要通过自我评价达到自律的目的，自我评价意即自我监督、自我反思，这是自律的最有效方式。另一方面，评价是开放的、包容的，走出校门，将评价置于整个社会环境下，调动家长、社区、企业等社会资源，为评价提供更全面、更真实的环境。

（2）全过程记录的评价体系——结果与过程兼重。单纯从评价效率来看，定量评价简单易操作，如以学生成绩进行评价，片面追求评分、划定等级等，但是这种简单的量化评价，并不能评价学生的道德行为，尤其不能促进学生的全面发展。"双层多元"综合评价体系，除了必要的量化评价外，面向学生未来，重在过程、重在发展，记录学生德智体美劳全面发展过程的点滴与标志性成果，对学生道德行为的提升即真实效果予以充分重视，不仅对学生的道德认知进行量化评价，也对学生的道德情感、意志、行为等进行质的评价；既能看到不足，提醒学生改进，也能发现优点，肯定进步，提升每天都能进步的信心。

（3）多元性价值的评价体系——普遍与特色兼容。物种有其多样性，人亦是如此，"双层多元"综合评价体系中，充分考虑到评价对象的普遍性和特色化。一方面，通过个体在群体中的相对位置来获得评价结果，进行选拔性评价，或者树立教育对象之间的竞争意识，形成总结性评价，毕竟在班级这一组织中的成员，年龄相仿、知识结构相近、学历相同，具有普遍的共性。另一方面，更加关注具体的个人，关注个体之间的差异，不与他人相比较，充分考虑到学生个体的天赋、追求与性格，因而注重个体自身的垂直比较，能否实现目标以及所能达到的程度等。

（4）动态性发展的评价体系——达标与成长兼顾。不看输赢看发展，"双层多元"综合评价体系中，是否达成既定目标，是评价的一个方面，但评价并不对学生的道德素质形成既定的结论,而是着眼于学生综合素质的不断提高,这与传统"唯分数至上"的考试评价不同。传统的分数评价,当得到分数时,也就意味着评价有了结果,有了结果就表明了教育过程的结束,因为可以依据结果来选拔或甄别了。所以,往往评价就是教育的最后一环。而"双层多元"综合评价,其目标不是鉴定学生品德等级,而是引导学生认同并科学分析评价结果,在修正中不断提升,形成"学习——实践——评价——反思——再学习——再实践"的闭环、螺旋式发展态势,体现出评价的连贯性和持续性。

第三节 "双层多元"综合评价体系的实施

习近平总书记的中国特色社会主义教育思想和相关指示为深化中职学校育人改革,创新中职德育评价模式,赋能中职学校育人评价机制指明了方向。历经多年实践摸索,我校大胆进行了"双元耦合"班级建设模式下的"双层多元"综合评价体系建设的改革尝试。该体系构建融合班级建设质量评价和学生个体发展评价为一体的班级综合评价体系,以学生个人发展质量与班级建设质量的双提升为目标,以过程性评价与终结性评价双结合为手段,实施成长激励、文化激励、成就激励,力求实现"班级建设质量+学生个人发展"的双塑造、双助长、双提升。

一、"双层多元"综合评价体系的实施原则

1. 方向性原则

习近平总书记在2018年9月10日的全国教育大会上指出,有什么样的评价指挥棒,就有什么样的办学导向。教育评价有重要的导向作用,事关教育发展方向,是教育综合改革的关键环节。"双层多元"综合评价体系的实施牢牢把握习近平新时代中国特色社会主义思想,凸显社会主义核心价值观的深刻内涵,紧紧围绕"立德树人,为国育英才"这一永恒的主线做好文章。

2. 科学性原则

"双层多元"综合评价体系的所有测评指标的设定均符合评价体系设定的评测目的,反映被评对象(学生)的本质特征和个性化发展需求,评价标准既符合国家教育大政方针,又符合学生和班级发展实际。在评价方法选择上,充分考虑评价对象为"学生"这一特殊群体,避免评价的主观性与随意性,科学理解和把握评价标准,将定性分析和定量分析相结合。由此,确保评价信息的收集

更为全面准确,评价信息的分析处理更科学,评价结论更可靠。

3. 全面性原则

"双层多元"综合评价体系的实施体现"全面性原则",即着眼全体在校学生在校表现的方方面面,又兼顾所有学生的个体差异性,遵循马斯洛需求层次理论和最近发展区理论,秉持可持续发展的眼光看待每一个学生的全方位成长,实现全体学生的个人发展诉求和班级健康成长的发展诉求。

4. 综合性原则

"双层多元"综合评价体系的实施融合了以学生、教师、家长、企业与社区、学校共同参与的班级评价体系和以德育目标分层管理为指导的学生评价体系,从班级和学生两个层面全面测评考核班级建设质量和学生个体发展成效,突破以往传统、单一的考核模式和方法,从而实现对班级和学生两大测评考核主体的全面、深度、立体化评价,使评价结果更具科学价值和参考价值。

5. 客观性原则

"双层多元"综合评价体系的实施以实现班集体和学生个体的双成长为目标,遵循学生差异、成长规律、教育规律,实施成长激励、文化激励、成就激励。所有参评班级和学生均已制定的测评考核条件为统一尺度,严格测评考核过程,把握公开、公平、透明的原则,不以任何人的主观意志为转移,实事求是地推进综合评价体系。

6. 可行性原则

"双层多元"综合评价体系的实施过程中,确保所有的测评指标都能行得通,指标的设定符合实际,具体可行,均有较强的可操作性和直接可测性并能被所有参评学生的理解和认可。另外,考虑到参评学生的实际状况,"双层多元"综合评价体系的评价指标难度区分差合适,既不过高也不过低,参评学生经过努力完全可以实现每一学年递增一层的测评考核结果,真正实现班级和学生的螺旋上升式提升。

二、"双层多元"综合评价体系的实施过程

立德树人,以实现班集体和学生个体的双成长为目标,遵循学生差异、成长规律、教育规律,扎实推进分别以班级和学生为评价对象,以学生主体参与,教师、家长、社区和企业、学校共同参与的"双层多元"班级考核评价体系,实现班级和学生阶梯式成长。在班级管理中,实行德育目标分层达成评价体系,高中三年六个学期,每学期初指导学生根据自身职业综合测试数据合理定位,自主选择确立层次目标,学生每学期均可根据上一学期目标达成情况滚动调整本学

期目标。同一内容,不同年级,评价标准逐步提高以此来实现分层递进、螺旋上升的教育目的。通过多年的实施来看,效果达到预期。历届参评学生的自我教育能力和职业发展能力都在小步趋成、阶段进步;从德育选层达标的统计中,层次选择递升度和达成率也在稳步逐年提高。

1. 建设以学生、教师、家长、企业与社区、学校共同参与的班级评价体系(表7-1)

表 7-1　班级评价体系

评价主体	评价内容	评价要素	评价目标
班级评价管理小组、任课教师与班主任、家长、企业与社区、学校	思想道德建设	开展以爱国主义教育为核心的系列主题教育,丰富德育活动	学生能够自觉培育并践行社会主义核心价值观、形成爱国、爱校、爱家的基本思想,有共同的发展愿景
	班级制度建设	建立班级学生《德育学分管理规定》《安全协议书》《班级量化考核管理规定》等	有行之有效的班级制度、执行、督评、反馈体系,形成自主管理、自我教育的良好氛围
	班级组织建设	1. 选举并形成班干部队伍,明确班级岗位职责,科学管理运行体系 2. 建立班级建设共同体,成立班级家长委员会	学生有岗位责任意识和质量意识;家长有参与班级管理建设的态度与行为
	班级文化建设	1. 熟知校园文化和学校精神,学生有爱校意识 2. 形成班级独特的精神文化内容,凝聚班级力量	对学校有良好的认同感,对班级有良好的归属感,学生之间相互悦纳,有亲切和谐、张弛有度的师生关系
	职业指导	在社会调查的基础上,能够熟悉专业及社会环境,并制定职业生业规划,随时进行调整	对专业、环境及自我有正确的认知,有座位职校生的正确定位,能够初步确立职业目标
	安全与应急	建立"1530"安全教育制度,形成人人参与班级安全管理的良好局面	学生有"安全重于泰山""为生命负责"的意识,能够掌握必备的安全技能

2. 建设以德育目标分层管理为指导的学生评价体系

遵循"最近教育发展区"原理,依据"行为循环论",以促进学生自主教育为目标,以尊重学生个性差异为原则,以学生自主选择为前提,确立三层评价目标,制定评价考核条款,以一贯之,螺旋上升,强化学生成功体验,唤起学生发展的内驱力。每一个年级的评价考核标准,逐年提升以期达到对学生高中三年成长阶梯提升的要求。以高一年级为例,见表7-2和表7-3。

表7-2 日常考核内容

评价内容	层次	考核条款	分值
思想道德	A层	热爱祖国,热爱中国共产党,自觉践行社会主义核心价值观,崇尚科学,反对迷信。遵纪守法,无违法犯罪行为	15分
	B层	热爱祖国,热爱中国共产党,自觉践行社会主义核心价值观,崇尚科学,反对迷信,遵纪守法,无违法犯罪行为	15分
	C层	热爱祖国,热爱中国共产党,自觉践行社会主义核心价值观,崇尚科学,反对迷信,遵纪守法,无违法犯罪行为	15分
集体活动	A层	能够参加各项集体活动,并遵守各项活动规则,无无故缺勤现象	10分
	B层	积极参加各项集体活动,并遵守各项活动规则,无无故缺勤现象	20分
	C层	积极参加并组织各项集体活动,有较强的领导能力及创新意识	20分
职业纪律	A层	学期请假累计不超过24节,迟到、早退次数不超过5次,无旷课现象	15分
	B层	学期请假累计不超过18节,迟到、早退次数不超过3次,无旷课现象	20分
	C层	学期请假累计不超过6节,无迟到、早退、旷课现象	25分
人际关系	A层	遵守课堂纪律,尊重教师,服从管理,无顶撞老师现象	20分
	B层	自觉遵守课堂纪律,尊重教师,服从管理,认真参与课堂活动	25分
	C层	自觉维护课堂纪律,尊重教师,服从管理,认真积极参与课堂活动	30分
学习态度	A层	学习态度端正,能够完成作业并按时上交,任课教师评价为合格	10分
	B层	学习态度端正,认真完成作业并按时上交,任课教师评价为良好	15分
	C层	学习勤奋,态度严谨,认真独立完成作业,质量较高,任课教师评价为优秀	20分

（续表）

评价内容	层次	考核条款	分值
诚实守信	A层	能够遵守考试纪律，无作弊等违纪现象	5分
诚实守信	B层	自觉遵守考试纪律，无作弊等违纪现象	5分
诚实守信	C层	自觉遵守考试纪律，无作弊等违纪现象	5分
社团活动	A层	积极参加社团活动，遵守活动要求，考核合格	5分
社团活动	B层	积极参加社团活动，自觉遵守活动要求，考核良好	10分
社团活动	C层	积极参加社团活动，自觉遵守活动要求，维护活动秩序，能在活动中主动开展工作，考核优秀	15分
社会实践	A层	寒暑假参加学校、班级组织的各类活动，完成假期作业。按照学校要求，参加各类社会实践活动（寒假不少于18学时，暑假不少于30学时，形成报告）	10分
社会实践	B层	寒暑假参加学校、班级组织的各类活动，完成假期作业。按照学校要求，参加各类社会实践活动（寒假不少于18学时，暑假不少于30学时，形成报告）	15分
社会实践	C层	寒暑假参加学校、班级组织的各类活动，完成假期作业。按照学校要求，参加各类社会实践活动（寒假不少于18学时，暑假不少于30学时，形成报告）	20分
职业习惯	A层	能够遵守学校《一日常规》要求，爱护公共财物，遵守公物管理有关规定，无故意损坏公物行为	15分
职业习惯	B层	能够自觉遵守学校《一日常规》要求，爱护公共财物，自觉遵守公物管理规定，无故意损坏公物行为	20分
职业习惯	C层	能自觉维护学校《一日常规》要求，具有较强责任心及管理能力；爱护公共财物，自觉遵守公物管理规定，无故意损坏公物行为	25分
职业礼仪	A层	能够遵照学校要求，穿校服，佩戴胸卡，仪表仪容符合学校要求	10分
职业礼仪	B层	能够遵守学校要求，穿校服，佩戴胸卡，仪表仪容符合学校要求	15分
职业礼仪	C层	能够模范遵守学校要求，穿校服，佩戴胸卡，仪表仪容符合学校要求	20分

(续表)

评价内容	层次	考核条款	分值
职业素养	A层	能够与同学友好相处，无打架、骂人行为，能够恰当处理男女同学的正常交往，无行为过当现象，无吸烟喝酒等不良行为	10分
	B层	团结同学，礼貌待人，无打架、骂人行为，能够恰当处理男女同学的正常交往，无行为过当现象，无吸烟喝酒等不良行为	15分
	C层	团结协作，乐于助人，举止文明，有良好的语言习惯，能够恰当处理男女同学的正常交往，无行为过当现象，无吸烟喝酒等不良行为	20分
劳动教育	A层	能够爱护环境卫生，按要求完成自己所承担的劳动任务，无乱扔杂物随地吐痰等行为	10分
	B层	能够维护环境卫生，认真主动完成自己承担的劳动任务，无乱扔杂物、随地吐痰等行为	15分
	C层	能自觉维护环境卫生，劳动态度积极，能带头完成各项劳动任务，无乱扔杂物、随地吐痰等行为	20分
人文素养	A层	能够及时完成《华夏学生人文素养提升三年必做三十件事》，考核合格	10分
	B层	能够及时完成《华夏学生人文素养提升三年必做三十件事》，考核良好	10分
	C层	能够及时完成《华夏学生人文素养提升三年必做三十件事》，考核优秀	10分
安全教育	A层	能够按要求完成各项安全教育作业	5分
	B层	能够按要求完成各项安全教育作业	5分
	C层	能够按要求完成各项安全教育作业	5分

表7-3 激励考核内容

激励项目	考核条款	加分	评价主体
学期全勤	按所选德育目标等级加分，A层	15分	学生自评
	按所选德育目标等级加分，B层	10分	
	按所选德育目标等级加分，C层	5分	

(续表)

激励项目	考核条款	加分	评价主体
获奖奖励	省级、市级、校级一等奖	20分、15分、10分、5分	学生自评
	国家级、省级、市级、校极二等奖	15分、10分、8分、4分	
	国家级、省级、市级、校极三等奖	10分、8分、5分、3分	
	国家级、省级、市级、校级优秀史	5分、3分、2分	
特殊贡献	经评议加分	1~5分	学生评价管理小组
公益活动	经评议加分	1~5分	
荣誉称号	国家级	25分	学生自评
	省级	20分	
	市级	15分	
	校级	10分	
组织管理	经评议为优秀(校级,班级)	20分、15分	学生评价
学习进步	经评议为良好(校级,班级)	15分、10分	
其他情况	经评议为合格(校级,班级)	10分、5分	
	经认定模拟情况加分	1~5分	管理小组
	经学生、教师、家长、企业、社区评价认定	报学校审批	

三、"双层多元"综合评价体系的价值意义

1. 紧扣国家职业教育的大政方针,凸显"为国育英才"的职教使命

"双层多元"综合评价体系的构建和实施,紧紧围绕习近平新时代中国特色社会主义思想,全面贯彻党的教育方针,全力落实立德树人根本任务,立足《深化新时代教育评价改革方案》,着力于引导学生培育和践行社会主义核心价值观教育,积极推进职业教育领域"三全育人",引导社会和家长树立科学的教育质量观、营造良好育人环境。

2. 提供教育评价的新视角,唤醒学生成长内驱力,助力成就出彩人生

"双层多元"综合评价体系的改革与创新在于以全面发展的眼光看待学生的成长与进步,而不是单一的、平面化的评价方式,这个过程是动态的、可持续的,对于班级和学生的成长有着极强的可控性与指导意义。整个体系测评指标

的阶梯递进设计,确保高一到高三不同年龄段学生的思想道德素养提升的客观需求,最大程度满足班级和学生个体发展的客观需要,从而引领学生体会到职业生命成长的成就感和自我发展的自信心,激发班级和学生内在的成长潜能和成长内驱力,实现职业生命成长的阶段培养目标,为学生未来的职业发展助力,助其成就精彩人生。

第四节 "双层多元"综合评价体系建设示例

尊重学生差异,搭建学生自主发展的教育平台
——实施德育目标分层及评价的思考

侯蕾

一、情况简介

鉴于职业学校的学生德育素质千差万别的现状,从尊重学生差异、搭建学生自主发展的教育平台出发,自2002年我校深入开展了德育目标分层及达成途径的研究,配套制定了德育学分管理规定,并广泛开展适宜不同学生发展的各类活动,唤起学生自主发展的主观愿望。实施至今,就所取得的成绩和存在的问题进行深入地分析和探讨。

二、实施过程

(一)实施德育目标分层及评价的科学依据

应该说,德育分层次目标的探索与实施是我校德育工作多年潜心摸索、不懈实践的结晶,是基于职业学校的德育工作特点,在德育的内容、途径、方法等方面进行的有效尝试和系列变革,主要体现了如下因素。

1. 实施德育目标分层及评价符合以人为本的教育理念

学校教育的实质是让每一个学生都能找到自己个性才能发展的独特领域和生长点,即我们的教育要以人为本,尊重学生的人格,关注个体的差异,满足不同学生的心理需求。职业学校的学生在经历了九年义务制教育之后,基于各种因素,其德育素质呈现已出千差万别之特质,不同的教育基础,必然要求我们摈弃那种统一规格制造"标准件"的教育模式,不受诸如集中、大型、同步、通用、

标准之类概念的影响,而是从研究学生的差异入手,关注学生的"异口同声",分层次予以德育教育和评价。

2. 实施德育目标分层及评价符合学生发展的内在规律

根据"最近教育发展区"的原理,当学生的学习目标与其自身的最近教育发展区相契合时,学生内心就会产生一种追求目标的内驱力,使其自觉地为其目标的达成而努力。学生德育素质的培养是一个知、情、意、行螺旋上升、变化发展的过程,任何一种美德的形成都不是一蹴而就的。学生德育素质的差异必然影响着他们追求好品德的内驱力的强弱程度。多年的实践,我们发现,平均教育及整齐划一的均衡教育极易使德育素质相对薄弱的学生彻底丧失不断进步的内驱力,所以德育教育也需与智力教育一样为学生构筑更适合其自身发展的教育平台。由此,我们将分层次教学理论与德育教育嫁接,根据学生的德育素质归类,分析其德育的最近发展区,从而确定各层次的德育目标和评价体系,为学生的健康成长导航。

3. 实施德育目标分层及评价符合职业学校学生的现状

职业学校学生的整体质量参差不齐,其德育差距也是有目共睹的。而学生的德育基础决定着其德育素质提高的可能性与幅度。所以适用同一标准,同一模式进行德育教育是违背教育规律的,因为如果教育内容、方法超出了学生的实际能力,或不能满足学生个人的主体需要、兴趣,那么学生在教育活动中就会削弱或丧失自己的主体地位和主体性,导致教育活动失败。由此,我们大胆尝试了德育分层次教育及评价。

(二)实施德育目标分层及评价的做法

1. 确定中等职业学校的德育内容

职业技术学校教育阶段是学生世界观、人生观、道德观、价值观形成的重要时期,根据学生思想品德形成的规律和职业技术教育的培养目标,经过自下而上的层层讨论之后,我们把德育内容确定为政治素质教育、思想素质教育、道德素质教育、法纪素质教育、心理素质教育这五大板块,并制定了符合我校实际情况的总体德育培养目标(一级目标):

A 初级基础目标:习惯养成教育,热爱学校,热爱专业;

B 中级深化目标:初级基础目标加上思想政治教育;

C 高级升华目标:前两个目标再加上理想、信仰、信念教育,即会学习,会做人,会创业。

在此基础上,我们又把以目标分解为23个基本德目:热爱祖国、关心集体、遵纪守法、严于自律、热爱科学、热爱劳动、实事求是、明理诚信、自尊自爱、自强自信、文明礼让、勇于进取、热爱专业、勤奋学习、辩证思维、勇于实践、求异创新、身心健康、孝亲敬长、友爱合作、珍爱时间、珍爱青春、发展个性。

2. 细化年级德育目标与层次

以学校的整体培养目标为纲,针对各年级学生发展的不同特点规律,按由易到难、由简单到复杂的顺序,将德育内容分解到各年级,制定各年级的德育目标(二级目标),并依据同年级的学生差异,再将每个年级的德育目标细化为A、B、C三个标准逐渐递增的层次(三级目标),以供不同德育基础的学生自主选择。

例如,高一的德育目标:热爱祖国、关心集体、热爱学生、发展特长、遵规守纪、努力学习、尊敬师长、孝敬父母、团结同学、礼貌待人、自尊自爱、自强自律、有进取心、有责任感。

高三的德育目标:热爱祖国、关心集体、文明、遵规守纪、明辨是非、坚持原则、热爱专业、有过硬的专业技能、理智坦诚、自强自信、乐于助人、善于合作、孝亲敬长、礼貌待人、勤奋刻苦学习、有研究探索精神、理论联系实际、勇于实践、勇于创新、有良好的职业道德观念。

而高一德育目标的三个层次为:

A 能做到语言文明,行为文明,习惯文明,守校纪,守公德,品行端正,自尊自爱,服从集体,诚实守信,尊敬师长,孝敬父母,团结同学,礼貌待人,不断进取,热爱专业,文化课、专业课成绩基本合格;

B 自觉做到语言、行为、习惯文明健康,自尊自爱,遵守并主动维护校纪和社会公德,关心集体,尊敬师长,孝敬父母,团结同学,礼貌待人,勇于进取,努力学习,成绩良好,专业技能较强;

C 各方面以身作则,起到表率作用,学习成绩优良,特长明显,并能帮助A、B层次同学实现目标。

可见,我们的培养目标是渐进的,层递的,而我们的德育层次是螺旋上升的,且每一层次我们都给学生预留了他们可以自主发展的合理空间,以使学生的最近发展区更趋合理。

3. 大胆探索与之相适应的德育实施途径与方法

(1)全面指导,自主选择,合理定位。我们实施德育目标分层其主要目的就是尊重学生的个性,关注其个体差异,满足不同学生的学习需要。因而最重要的就是将选择的机会和自主的权利交给学生,让学生自主选择其所要达到的目标层次。做到这一点的核心问题是学生能否给自己合理定位。实际操作中,我们以全面指导与个体分析相结合、宏观调控与自主选择相结合为指导原则，首先通过班会、大讨论等多种形式，使学生对职业教育有较为全面的认识，从而理解学校的培养规格，了解德育的分层目标，然后采用问卷调查的形式从习惯行为、道德素养、道德能力等诸多方面予以综合评价，让学生对自身的德育素质有一个较为客观的认识，并以一个月为限模拟实践，让学生寻找自己的合理发展空间，在此基础上由学生自主完成德育目标层次的选择。

（2）以德育学分管理为经，以自主教育为纬，全方位实施德育目标分层教育。①为保证德育分层次目标的顺利实施，以《青岛华夏职教中心学生德育分层次目标》为指导，制定了《青岛华夏职教中心德育学分管理规定》，将各年级分层次目标以定性、定量相结合的方式，细化为与之相适的考核条款，严格评定，予以量化，并将此规定纳入学校《学分制管理规定》，使学生的德育学分成为其评优、毕业、升学辅导、推荐就业的重要依据，以此为把手，为德育分层次目标的实施保驾护航。②我们实施德育目标分层就是从不同层次的学生出发，挖掘其自身的主体潜能，发挥其主体作用，有目的、有计划地引导学生参与道德认识和道德实践活动，使他们通过独立思考、自主选择和积极实践来培养学生的自主德育意识，掌握自主德育方法，养成自主德育习惯，提高自主德育能力，逐步形成主体的现代道德素质。

在这一过程中，唤醒学生的主体意识是促进、提高学生主体发展的一个不可缺少的先决条件。为此学校首先引导学生关注生命，关注生命的发展，并提供相关的道德体验，以增强学生的道德意识。例如，学生在入校时须签订"做华夏合格学生诚信责任书"，每学年初都要完成一份《我的历程，我的未来》的报告，回顾他们走过的一年，瞻望未来的旅程，让学生在反思中明白：他们的今日是在品尝昨日的付出，而他们的明日将由他们的今日注定。由此引发学生对自己生命个体的关注。以此为基础，构建系列主题班会，以主题班会为载体，通过内涵螺旋上升的德育案例，提供相关的道德情感体验，以满足不同层次的学生的相关道德需要。为进一步还原教育主体，发挥自主教育的功效，我们在全体学生中定期开展"校园公益广告"征集活动，让学生采撷校园生活的点滴，以公益广告的形式，宣扬真善美，抨击假丑恶。对于学生中存在的焦点问题就提交学生论坛，由学生代表展开广泛的讨论，在辩驳中明理，增强道德的分辨力。

学生往往具有道德判断能力，而不具备道德行为能力，特别是选择德育目标层次较低的学生，由知而行的转化是一个相当漫长的内化过程。只有解决了这一难题，我们的德育目标分层教育才能真正取得成效。为此我们做了如下尝试：在学生中开展共划"德育底线"活动，让学生共同思考作为一个社会成员应自觉遵守的最低道德规范是什么？学生经过思考作答：你可以做不到舍己为人，但你至少不能损人利己，你可以不是圣贤，但你至少应认同道义等等。并以此为基础，让学生结合自己所选的目标层次，确定本层次的最低德育底线，如此从意识上保证各层次学生的知与行的最低结合点。为了让所有的学生对道德的知与行的差距产生深刻的反思，我们在学生中开展了"生活放大镜"活动，让学生从现实生活中寻找知、行零距离和知、行相背离的事例，并以公益广告、漫画、笑话等形式记录下来，广泛交流，让学生在诙谐的情境中对自身的道德能力产生深刻的反思，以加速其知与行的内化速度。我们还辅以系列主题教育活动为学生提供道德实践的舞台，如每年一度的"三节两会"、"记者团""艺术团""华夏广播电台""华夏学子报"等学生社团组织的活动，围绕责任和诚信举行了"建诚信家园，赴心灵之约"的系列活动，为纪念"五四"运动，举办了"弘扬五四精神，承传民族传统"的系列教育活动，为积淀班级文化，开展了"班级主题语"的征集活动等。同时建立学生轮训班，选择各层次的典型学生按所选目标层次组班，组织专门教师针对各班情况有的放矢的进行培训，以加强个体辅导。

当然课堂教学主渠道的育人氛围，创设具有浓厚德育氛围的校园文化环境，以达到"桃李不言，下自成蹊"的教育效果，还是我们德育目标分层教育实施的主要渠道。

同时学校自2003年便开始了对学生的心理健康教育，通过问卷调查、整体辅导与个别矫治相结合的手段，加强对学生的心理疏导，辅助德育工作。

三、效果评价

1. 实施德育目标分层教育及评价有利于学生德育意识的觉醒

实施德育目标分层教育的过程中，因为我们将选择权交给了学生，因此，使得我们的学生前所未有地对自我进行了广泛的审视，全方位地界定自身德育素质，并在德育教育中日复一日地深刻认识德育的重要性，在前不久进行的一次摸底调查中，98%的学生认为道德比知识更重要。

2. 实施德育目标分层教育及评价带动了自主性教育的发展，催动了学生前进的内驱力

德育目标分层教育是一种以人为本的教育模式，由于它把选择权交给了学生，无形中将学生由原来的被动教育者还原到教育的主体地位，使学生开始主动关注自身的道德素质，反思自己的生存状态。如2003级选择A层的一位学生创作了一幅题为《"忧"等生的一周》的校园公益广告，借助公益广告对包括他自己在内的相当一部分A层学生的生存状态作了有力的揭示，表现了学生强烈的自我反省、自我批判的意识。同时,学生的自主教育催发了他们前进的内驱力,他们上进的愿望明显加强。如2004级学生一年级第一学期总共198名学生选择C层目标,占学生总数23%,二年级第一学期总共380名学生选择C层目标,占04级学生总数的45.7%。

3. 实施德育目标分层教育及评价有助于培养学生的责任感和义务意识

在德育目标分层及评价体系(《德育学分管理规定》)之中,依据各年级德育目标和层次目标,将目标责任划分为自然义务、社会义务、角色义务三个层面,并具体化为各年级、各层次的详细考评条款,学生在努力达成德育目标,即认真做好考评条款的要求时,主动完成自己的责任,在这一过程中,学生的义务意识在潜移默化中得到了进一步的强化,完成自己承担的义务对大多数学生来说成为自觉。

4. 实施德育目标分层教育及评价有助于培养学生的道德行为能力

与其说德育分层次目标的实现及评价是对学生德育水平的测量,不如说它是对学生道德行为能力的一种过程调控。无论是德育分层次目标的实现,还是评价关注的都是学生主体的行为能力,而不是仅停留在对认识的考察上,所以学生的习惯养成功效显著,这点在班主任的问卷中也得到了印证。

四、具体实施过程中应注意的问题

1. 应加强对学生德育目标选择的指导性

首先,学生在自主选择德育目标层次时,呈现出相对突出的中庸思想。在第一学年开学初的德育层次的预报中,2003级829名学生中只有46名学生选择了C层目标,30名学生选择了A层目标,分别占总人数的5.6%、3.6%,比例严重失调。经过一系列工作之后,又有153名学生选择了C层目标,占总人数的18.5%,630名学生选择了B层目标,占总人数的76%,46名学生选择了A层目标,占总人数的5.6%。经过调查,相当一部分选择B层目标的学生不是基于对自己的反思之后的合理定位,而更多的是"随大流"的意识。其次,调查发现每学期大约有5%的学生未达选择目标,纠其原因,其中90%的学生因为选择的目标高于自身的德育水平,所以加强对学生的指导,引发教育个体的自我反思,对自身的德育素质合理定位,是我们今后工作应注意的问题。

2. 应正确把握教育与评价的辩证关系

应该指出的是在德育分层目标评价的过程中,因这一评价直接关系到学生评优、毕业、升学、就业等与自身发展息息相关的问题,因此它对学生产生的制约力量非常突出,从调查结果,甚至实践过程来看,有将评价手段等同于教育过程的不良倾向。要知道,学生健康成长归根结底取决于教育使其自身产生的内驱力,促进其主动追求进步,而非仅是通过强制手段胁迫学生被动前进,这样很容易使自身德育能力相对低下的那部分学生游离于评价体系之外,丧失前进的动力。

3. 应做好相关的硬件、软件的开发工作等

德育分层次目标的实现及评价是一件工程量相当巨大的工作,从班主任的反应来看,它的运行需相关的硬件、软件的保障,特别是对这一工作中的软件开发,对解决工作中的困难意义重大。学校为此专门设计的鹏达软件,给我们提供了较为明显的帮助,但由于开发得不够全面,其功效还有待于进一步挖掘。

妙用分层评价,助力学生自主成长

栾芳

党的十八大报告中首次提出"把立德树人作为教育的根本任务"。立德树人,要求德育为先,"德为才之帅",德是做人的根本,是一个人成长的根基。但是,德育是隐藏在事物背后的东西,没有办法考试,经常让人看不到、摸不着,既没有满分,也没有不及格,那怎么才能在评价中"抓得住"呢?

2003年,我校在广泛调研的基础上,制定并实施以"分层递进、人职共生"为特质的德育目标分层教育,构建了全新的德育评价体系——德育目标分层评价体系,实现了德育评价的定量与定性结合、过程与结果结合,深化了自信教育、责任教育,引导学生树立"每天进步一点点"的成功新理念。但在具体实施过程中,笔者遇到了三个案例,发现了三个"误区",因此提出"慎、巧、善""三字真言",以便真正发挥其评价的作用,获取最佳评价效果。

[案例1]是不是最高的层次最容易达标?

学期初,根据上学期德育目标选择及达成情况,各班主任组织班级学生进行新学期的目标选层,在提交上来的选层结果中,发现某班中约三分之二的学生选择了最高层次C层。我找到班主任了解情况,班主任反馈说:学生都说最容易达标,因为最高层次C层目标的基数高,所以达标的机率就大。

[案例2]是不是只要做了就能得分?

开学后的第三周,在检查各班级诚信卡的完成情况时,发现某班级在书写日记、征文、社会实践报告等作业项目中,学生都能得到相应层次的成绩,正在为该班级落实学校工作、督促学生学习有实效而高兴的时候,班主任反馈:其实

学生不是都认真完成了这些作业,只是为调动学生学习的积极性,凡是按时提交的,都按照所选层次得分。

［案例3］是不是只要扣分就能代替教育？

某天,某班主任气冲冲地来找我"投诉"一名学生:该学生入校一个月以来,多次出现不服从班级管理、不履行自己职责的事情,军训时,为了在会操比赛中取得更好的成绩,全班响应班主任号召,都穿了白色的球鞋,但是该学生就在那天穿了一双红色的鞋子,原因是忘记换了;轮到他劳动值日的时候,他没到,原因也是忘记了。班主任让他自己算算,开学一个月,已经扣了多少德育学分了,他头一扬,不屑地说:就知道扣分！

以上三个案例,其实是应用德育目标分层评价过程中的三个误区,班主任在具体应用时,要科学、智慧引导学生,避免错用评价办法,陷入困境。

一、"慎"选层次,严守标准

德育目标分层评价体系中共设置了三层目标,学生每学期可自主选择自己的目标层次。A层、B层、C层三个层次目标的基数分别为150积分、200积分和250积分,这个分数是基础分数,根据学生表现,在这个基础上加或减掉相应层次的分数。乍一看,似乎选C层最合适,因为基础分数最高,且高于A层100个积分。这就造成了第一个误区:最高的层次最容易达标。其实不然。

(1)不同层次的扣分标准不同。举两个例子说明。其一,同样是未完成劳动任务,如果是A层的同学,每次只扣1分,如果是C层的同学,每次要扣3分。其二,同样是出勤考核,A层的学生,一学期内有5次迟到但不扣分的"特权",而C层的学生,一次也没有。

(2)不同层次的加分标准不同。依然举两个例子说明。其一,同样是出勤加分,如果A层的学生全勤,会加15分,如果C层的学生全勤,仅加5分。其二,同样是完成《人文素养提升必做三十件事》,如果A层学生达到优秀,会额外获得10分的加分,而C层学生达到优秀,不会额外加分,因为基础分中就要求C层学生必须达到优秀标准,达不到的话,反而要扣分。

(3)不同层次的分数折扣不同。学期末核算分数后,如果B层、C层的学生成绩低于了基础分数,也就是学期初在学分银行中存款出现了负增长,那么是要执行"惩罚"措施的,即在总分数的基础上再打6折、7折或是8折。而A层的学生,无论分数是多少,都没有折扣。

之所以这样设置,是考虑到学生的具体情况,为每个同学设置不同的高度,而不是一刀切的设置一个标准,以便于学生根据自己的情况自主选择,鼓励学生与自己比对,而不是与他人横向对比。

所以,班主任要引导学生合理、慎重选择目标层次,不要只看表象,忽视本质。

二、"巧"用合力,夯实效果

在德育目标分层评价体系内容中,对于作业、项目等完成的质量是有要求和标准的。班主任应该主动、正确的把控标准要求,绝不能有"老好人"的思想。"老好人"的思想容易造成第二个误区:只要有就行。这会严重影响班级的价值引领。

一方面,学生一旦形成"做了就行"的意识,就不会再努力去追求更好、更高的标准,无所谓的态度将充斥学习生活的方方面面,不仅仅是影响做事的质量,更重要的是会影响职业发展的层次和高度。另一方面,轻易得到的不会被珍惜,既然"糊弄"可以过关,那么选什么层次,有什么评价,也就不是那么重视或者贵重了。一旦有了这种思想,无论什么样的评价体系,无论什么样的教育,都将是白费口舌。三方面,班主任这样的认定,会降低自己在学生心目的位置和威信,没有了威信,也就丧失了教师本来应该有的作用和力量。

为避免以上情况的出现,班主任要重视每一次任务的布置、每一次任务的评价。可能有的老师会说:班主任工作太多了,再加上这些,等于每周增加了好几门学科的作业批改,根本完不成啊。其实,只要我们"巧"用班级学生、家长、社会的力量,既能完成作业批改,将评价落地落实,还能收获学生自主管理的成效。

(1)巧用学生力量。基于项目管理,将班级学生分成几个项目管理小组,每个小组自己推选组长。需要评价的任务,先是小组内进行评价,然后各组之间互相评议,最终结果为30%的自评成绩与70%的互评成绩之和。评价的过程也是学习交流的过程,学生在这一过程中,既能看到别人的优点,也能审视自己的缺点,还能保证评价结果的公平公开和公正。

(2)巧用家长力量。基于"华夏红家长助教"工作,组建家长助教团队,积极参与学生劳动教育、人文素养提升必做三十件事等的评价中,既能让家长看到学生劳动的作用,也能反思自己作为家长的责任,在了解学生并理解学生的基础上,建立良好的亲子关系,树立对职业教育的信心。

(3)巧用社会力量。基于学校实践基地建设、社会课堂平台,邀请实践单位根据学生的实践情况给予评价,形成评价建议,既有利于学校积累学生实践经验、教训,以便在以后的实践中,提前做好教育管理,降低单位的管理成本,也有利于学生"准职业人"角色的转换。

巧用三种合力进行评价,也是对"三位一体"协同育人体系的有效补充。班主任要创新形式,巧借合力,落实评价标准,夯实评价效果。

三、"善"说评价,引领发展

法国作家拉·封丹写过一则寓言——《南风与北风》:北风和南风比威力,看谁能把行人身上的大衣脱掉。北风首先来一个冷风凛凛、寒冷刺骨,结果行人为了抵御北风的侵袭,便把大衣裹得紧紧的。南风则徐徐吹动,顿时风和日丽,行人觉得春暖上身,开始解开纽扣,继而脱掉大衣,南风获得了胜利。案例3中老师的做法,在学生看来就是北风,严格执行标准是没有错的,但是如果缺少关爱,不进行心灵的沟通,就会进入第三个误区:用扣分代替教育。

(1)扣分不等于评价。扣分、加分都是评价的一种形式,但不是评价的全部,而且形式不能代替内容。我们关注评价的标准和内容,关注谁来评价、如何评价,是因为我们希望可以在尊重学生差异、尊重教育规律和学生成长规律的前提下,"为了人而评价"而不是"为了评价人"。而当我们的关注点在"分"上的时候,就已经失去了评价的意义。

(2)评价不等于教育。评价与教育是不同的概念。扣心自问一下:当你面临重大事情的时候,能够决定你选择的,是因为评价还是因为刻到骨子里的教育?答案显然是后者。同样,在班级中对学生的引领,如果用评价引领,既功利也短暂,而用教育引领,深入人心且效果长久。"为天地立心,为生民立命,为往圣继绝学,为万世开太平",这是教育的意义所在。

"明主之官物也,任其所长,不任其所短,故事无不成,而功无不立。乱主不知物之各有所长所短也。"评价与教育都是教育过程不可缺少的,两者不能代替或者混淆。善用评价,才能收到评价的成效。

学校的德育目标分层评价体系,科学、全面、客观,但政策虽好,贵在落实。在实际应用过程中,不能一味地闷头使用,要结合学生特点、班级特点以及具体情况,引导学生正确理解,合理运用,助力学生自主成长发展。

附录 "双元耦合"班级建设模式个案

建设"基于学生职业生命成长"的班集体

栾芳

【背景描述】

教育关注的重要基点是生命,教育的终极目标是发展,结合"立德树人"的教育根本任务,对于职业教育而言,就是要实施对学生的职业生命成长教育。

如何实施学生职业生命成长教育?其途径和方法多种多样,班集体的建设是其中重要的途径之一。"学校的社会因素及社会功能与社会的教育因素及教育功能都最直接、最集中地反映在班级这一社会系统之中。"所以,班级作为学校中最基本的教育单位,承载着不可或缺的任务,发挥着重要的作用。多年来,我在班主任工作的实践中,在班级建设的探索中,结合职业学校的特点,结合职业学校学生的特点,努力将班集体建设成学生幸福的教育地,有效地为学生的职业生命成长教育助力。

一、营造一种文化氛围,内化社会价值

班级是学生个性发展的基本环境,班级文化是学生个性发展的重要源泉。职业教育是一种就业教育,要实现学生的职业生命成长,学生个性化与社会化的有机统一是必要的,即学生要从"自然人"向"社会人"转轨,在这个过程中,首先是一个内化社会价值标准的过程,而班级文化建设恰恰能够帮学生内化社会价值观,促进学生个性全面和谐的发展。

1. 物质文化建设

"让每面墙壁说话,让每个角落动人",我从接新班的时候就利用教室内的一切条件,着力营造一种职业氛围。新生报道的第一天,总能在进教室的第一时间知道"老师心目中的好学生",总能在墙壁上找到"我的专业我做主"。这两份板报内容都是我根据所带班级的专业特点、学生的入校成绩等材料,提前制作好的,目的就是让学生从一开始就要有"准职业人"的意识,明确如何做,怎样做。建班之后,围绕"我的专业""诚信故事""我的班级我做主""榜样的力量"等

主题,两周更换一次黑板报和墙报内容,让教室时刻能给学生一种全新的感觉和认识。

2. 精神文化建设

有人说:拒绝读书,就是忽视灵魂。不管何时何地,我总会在教室内开辟一块"图书角",让学生每人提供一本书,全班轮流阅读,并两周开展一次读书交流。在读书交流过程中,特别注意引领班级舆论,如"不以善小而不为,不以恶小而为之""细节决定成败""不给别人添麻烦""做最好的自己"等,不知不觉中,这些就成了学生做人做事的标准。

3. 活动文化建设

本着"知行合一""共性与个性统一"的原则,我将班级文化与职业文化统一起来,在班级内通过一系列的文化活动,渗透社会主义核心价值观的教育。比如,开展"诚信"教育活动,从第一次考试开始,申请学校无人监考的"诚信考场";开展"中国梦·我的梦"教育活动,组织学生进行"我的青春我做主"演讲比赛;开展"做有道德有中职生"教育活动,严格按照辩论赛的赛制要求,每学期举行一次专题辩论赛;开展"我与职业"教育活动,请已经工作的优秀毕业生进班级,指导学生进行职业生涯的规划。一系列活动的开展,在班级内形成了系统的实践体系,引导学生在活动体验中夯实社会价值标准。

班级文化是一个无形的磁场,是班级的灵魂所在,它是学生受教育最直接、最重要的影响源之一,对学生的发展起着潜移默化的作用,为实现学生向社会化转轨提供了有力支撑。

二、追求一个幸福指数,模拟社会角色

世界著名教育家乌申斯基曾说:"教育的主要目的在于使学生获得幸福,不能为任何不相干的利益而牺牲这种幸福,这一点当然是毋需置疑的"。当今的教育,已经从过度追求功利价值转向追求教育对人的幸福和发展本原价值的尊重和回归。可见,教育的目的是使学生获得幸福,并最终生成幸福。心理学上的"自证现象"也告诉我们:人对自己某件事情的成功信念决定他的努力程度,左右他的成功指数。所以,只有让学生拥有成功的体验,才能获得幸福。

而职业学校的学生要求我们摒弃统一规格制造"标准件"的教育模式,充分尊重学生差异。为此,我在班级管理过程中,为不同的学生设置了不同的培养目标、不同的评价标准。比如,在考核学生日常行为规范时,设置了A、B、C三级考核目标,以学生参加班级活动为例,A级目标的学生只要参加即可,B级目标的学生需要认真、积极参加活动,而C级目标的学生不仅要认真参加,还要在

活动中体现出组织和管理的能力。学生可以根据自己的具体情况来选择目标，只要达成了所选目标的要求，就视为合格。这样的考核方法，使每个学生都能充分享受到"跳一跳，摘果子"的成功体验，为学生搭建了一个个成长的阶梯，"每天进步一点点"成为班级管理的核心标准。在此基础上，开展"幸福离我有多远"主题活动，鼓励学生拥有"活得精彩"的信念、对自己应尽责任的敬重、不甘居人后的志气。

"教育的最大魅力就是让每一个学生拥有希望"，只有这种成功的体验，才能调动学生追求职业生命成长的内驱力，才会让学生在满意的角色定位中享受幸福的教育，才会让学生有足够的勇气和信心，面对社会竞争，实现精彩的人生。

三、锤炼三种职业能力，适应社会生活

《一生成就看职商》的作者吴甘霖回首自己从职场惨败者到走上成功之道的过程，再总结比尔·盖茨、李嘉诚、牛根生等著名人物的成功历史，并进一步分析所看到的众多职场人士的成功与失败，得到了一个宝贵的理念：一个人，能力和专业知识固然重要，但是，在职场中要成功，最关键的并不在于他的能力与专业知识，而在于他所具有的职业素养。这种职业素养中排在前列的有责任心、执行力和协作力。

我在班级管理中实施两种管理方法，锤炼学生的三种职业能力。一种是班级事物"人人管理法"。以"学生事务学生办"为原则，无论班里发生什么事，都有专人负责，特殊情况下，每个人都有可能成为管理者，每个人都有权利和义务将事情经过、处理、结果等汇报给班主任。同时借助于班级日志，建立起公平、公正、及时、有效地反馈体系，培养了学生"我是班级主人"的责任心，以及遇事能够合理解决的执行力。第二种是班级事物"项目管理法"。班级工作由各小组"承包"开展，比如，学校要开展运动会，由承包小组拟定详细计划，全班讨论通过后，由该小组负责组织实施，其他同学全力配合，这种情况下，小组内的协同合作就成了工作能否完成的首要条件。

苏霍姆林斯基指出：集体是培养全面发展个性的重要手段。所以班级成为锤炼学生职业素养首要场所。在班级建设过程，培养学生掌握将来社会生活的许多知识和能力，积淀必备的职业素养，为适应社会生活和竞争奠定基础。

如果说校园生活是未来社会生活的预演，那么班级生活就是未来公民生活的预演。通过"基于学生职业生命成长"的班集体建设，帮助学生习得社会价值标准，找到自己满意的角色位置，培养适应社会生活的职业素养，促进学生由

"自然人"向"社会人"的顺利转轨。"为学生终身职业素质发展奠基",让学生享受幸福的教育,老师享受教育的幸福,我想这才是我们职业教育的最终目标吧。

多一点,还是少一点?

刘晓莉

朱永新老师说,帮助每一个孩子成为最好的自己,不管做什么,不管在哪里,这就是教育最重要的使命。

回首二十多年的从教路,"多做一点,成为最好的自己"始终带着温度和力量,一直抵达我的内心深处。

小王,班里一个性格热情、大大咧咧的男生,大家都很喜欢他。但做事丢三落四,做错了也蛮不在乎,学习工作都马马虎虎。

进入5月,防疫形势日渐好转。一天,我正在备课,同学小张气喘吁吁跑来对我说:"老班,小王教室不消毒,和卫生委员小玉吵起来了!"我赶紧跑到教室,了解原委后,我对小王说"今天的消毒我和你一起做。"小王虽有些不情愿,可还是勉强与我一起消了毒。望着飘着丝丝消毒水味道的教室,小王不屑地说:"老师,消没消毒谁看得出来?又没有校外人员进教室,压根就没有被传染的可能性,少一次不消毒也不要紧嘛!"

小王的话深深刺痛了我。因为班中和小王一样想法的学生不在少数,有些学生也在悄悄地少干一点。看似只是少一次消毒,可是凡事都少干一点,遇事不断降低标准,这种"少一点"的思想才是最可怕的!更让我担忧的是学生们根本没有意识到"少一点"带来的危害。

意识到问题严重性的我,苦苦思索着对策。一天会计老师告诉我想从班里选拔参加学校技能大赛的选手,我突然计上心来:"组织仿真会计做账比赛,获胜选手可以获得比赛备选资格。"

我要求同学自由组队参加。不出所料,"凡事总是少一点"的小王成了"弃儿",各支队伍都怕"少一点"拖了队伍的后腿。好不容易做好一支队伍的工作,不想,小王惯性使然,比赛时又少了一个计数点,导致队伍满盘皆输,队友恨恨不语,小王懊悔不已。

我灵机一动,问小王,"怎么又少了一点?"他难过地低下头,"想弥补吗?"小王眼睛一亮,"只要你能让同学们最大程度吸取你的教训,我就帮助你们争取参加竞争的机会。"小王痛快的点了头。

没想到几天后的主题班会上，他请来了学校的心理老师，组织全班同学做了一个心理拓展游戏《珠行千里》：目测剪裁旧报纸、卷筒搭桥，5步将乒乓球接力运到终点，还特别要求以原参赛队伍参加活动。同学们手忙脚乱，却因裁剪报纸长度有误，怎么也运不到，几次下来孩子们开始互相埋怨。没想到这次小王却表现出了很高的指挥能力和竞赛水平，三次比赛回回第一。比赛结束他主动分享了活动感受："这次活动我是请求心理老师来给我们做团队辅导的，就是想让每位同学体会到不管干什么，差一点点都不行，千万别学我。还有，能不能给我们组其他同学再比赛的机会……"说完小王红着眼转身向身后的队友深深鞠了一躬。在同学们的掌声中我因势利导，"是的，游戏就像做事情一样，不能随便少一点。少一点，少的是标准；差一点，差的是责任心。而真正决定我们人生高度的就是这一点。只要我们日积月累，就会向那个最好的自己不断靠近。海明威说过，真正的高贵是优于过去的自己。最好的自己，就是和过去的自己较量，力求让今天的自己比昨天更出色一点，让明天的自己比今天的自己更优秀一点。送给大家一句话：多做一点，成为最好的自己！"被感动的同学主动修改了比赛办法，一致同意将比赛改为循环赛，最终以总成绩决定参赛选手。从那一天，班里展开了轰轰烈烈的技能大练兵，同学们像是"着了魔"，日日练，天天比，"多一点"甚至成为同学们互相鼓劲的口头语。

慢慢地，小王的会计技能熟练了一点点，慢慢地，班里的作业书写规范了一点点，慢慢地……大家都在向最好的自己进步一点点。

"多做一点，成为最好的自己"，这是我作为一名教育者的信仰和理想，习总书记说，"青少年阶段是人生的'拔节孕穗期'，最需要精心引导和栽培"。每件事多做一点点，每一天成长一点点，我相信每个"拔节孕穗期"的学生最美的绽放都将在我们满心的期待中不期而至。

也谈"我的地盘我做主"

李耘心

【案例概述】

陈某，平日循规蹈矩，可一到学期末就频繁请假，请假手续也符合要求，并私下在班里"做思想工作"，到处散播：反正这学期已经不是全勤了，不能加分，我选的是B层，请假不超过18节也不扣分，在此范围内，自主支配一下，何乐而不为？一时间，班内学生动辄请假。作为班主任，面对这种局面，该如何调控、扭转?

【问题解析】

一、问题诊断

我认为这是班级舆论建设问题,需要对学生进行正确的价值观念培养。

二、问题分析

问题的分析和解决途径应从培养学生正向、积极的价值观念,构建良好的班级舆论体系上着手。

(一)从当前学生价值观看

(1)当前中学生的价值目标更具个人功利性,更讲个人实际。在把祖国、家庭、学校、他人和个人联系起来时,部分学生不能摆正位置,不能做出正确的评价和选择。在个人利益、他人利益、集体利益、国家利益面前做出抉择时,学生们毫无疑问地把个人利益放在第一位。

(2)部分学生没有明确的生活目标,对理想教育反感,只重视个人物质生活利益的追求。他们崇尚拜金主义和享乐主义,把金钱和利益看得至高无上,理想信念趋于淡化。

(3)随着市场经济的深入发展,原来为社会所普遍认同的"集体主义"价值体系受到严重挑战,而一个能为全社会所普遍认同的价值目标体系尚未形成,在这一时代背景下,中学生也会受到不良社会风气的影响。

(二)从班级舆论建设方面看

(1)班级未形成良好的舆论体系和全班学生所认同的价值理念,当有负面的、消极的、更加满足学生私利的声音产生时,极易引起学生的"共鸣",并影响部分学生的行为。

(2)按照"木桶效应"原理,班主任应及时关注班级中的"短板"学生,并适时加以引导和矫正,不能让其言行形成气候,否则法不责众,会使班主任工作走入死胡同。

三、解决步骤

据此,我的解决方案是矫正学生陈某的错误言行,固本清源;构建良好的班级舆论体系,重点放在构建全班学生共同认同的价值理念上。对学生来说,积极向上的价值观是学生受益一生的财富。具体步骤如下:

(一)矫正学生陈某的错误言行,固本清源

(1)通过与陈某个别谈心的方式,使他明白"人生的追求不仅应有质的区别,也应有量的不同"。虽然陈某的请假行为符合学校规章制度的要求,也在合理的限度内,但在他的价值观念中只有质没有量。哲学原理告诉我们"量变引起质变",如果不是有意识地克服自身的惰性和消极懈怠心理,任由自己的心意随意请假,终有一天这一行为会成为自身习惯,会突破量的限度,引起质变。这不仅会违背当事人的初衷,也是父母、老师和所有关心他的人所不希望看到的结果。通过谈心使该生认识到自己言行的错误,自觉加以纠正。

(2)通过与陈某个别谈心的方式,使他明白"作为班级一员,你可以不因你的言行让他人受益,但绝不可因你的言行使他人受害,否则你就是班级的罪人"。通过谈心使该生立即停止错误言论,并自行设法消除影响。

(二)构建良好的班级舆论体系和全班学生共同认同的价值理念

(1)召开以《理想、信念》为主题的班会,使学生理解理想、信念在个人成长、发展历程中所起的重要作用,帮助学生由近及远、由小到大制定个人发展目标,并将此作为学生近期行动的指南和考核依据。

(2)通过不同形式和途径向学生灌输"追求有质量的人生"的思想。

(3)通过不同形式和途径向学生灌输"个人言行首先保障集体利益"的思想。

(4)明确公布班级出勤请假制度:要求学生必须由家长提前通过电话向班主任请假,不允许事后补假。如果无特殊情况未事先请假而无故不到者,一律按旷课处理。

(三)寻求家长的支持

通过与家长沟通,让家长了解学校的规章制度和学生随意请假的危害,寻求家长对这项工作的理解和支持,使家长成为阻止学生随意请假的有力保障。

当然,班级舆论体系和价值理念建设不是一朝一夕的事情,而且在这一过程中会不断出现反复,这需要班主任有极强的耐心和韧性,并根据事态的发展不断强化和调整。

四、案例反思

本案例给我们的启示是班主任应高度重视班级基础建设。

(1)班级建立之初,班主任应明确班级规章制度,保证各项制度的规范和落实;全面了解学生特点和动向,及时发现问题,及时予以解决,全面掌控班级动态,防患于未然。

(2)班主任应重视与家长的及时沟通,争取取得家长对学校和班级工作的理解和支持。在本案例的解决上,家长的理解和支持是最有效的解决办法。

(3)在日常教育过程中,班主任应经常对学生渗透理想教育,帮助学生认识到:一个没有远大理想和崇高精神追求的人,会变得日益功利和短视,他的目光会越来越短浅,视野会越来越狭窄,精神世界越来越荒芜。

以"自主—合作—开放"为特色的班级建设途径研究
——以2018级14班为例

高嵩

【背景描述】

传统的班级建设、管理模式较多地采用了以教师为中心的管理方式,班级工作流于"班主任指手划脚当导演,几个小干部忙忙碌碌当主角,绝大部分学生互不关心当观众"的形式。

依照中共中央国务院颁发的《深化教育改革全面推进素质教育的决定》中:全面推进素质教育,要"使学生生动活泼,积极主动地得到发展"。作为一名班主任,在实施素质教育的实践过程中,我深切地感受到,促进学生自主发展,是教育的根本着眼点;将素质教育观点渗透于班级管理工作中去是时代和社会赋予每一位班主任的使命。全面实施素质教育需要教育管理模式的创新与之配套,使之相辅相成。"自主—合作—开放"型的班级管理模式是实施素质教育的最佳选择。

一、"自主—合作—开放"型班级建设理念的基本内涵

"自主—合作—开放"型的班级建设,包括自主建设、合作建设和开放建设三方面内容。

(1)自主建设有两层含义:一是指班主任和任课教师要有明确的尊重学生个性、充分发挥学生主体作用的指导思想,并在教育教学实践中自觉地贯彻;二是在教育管理方式上,充分发挥班委的核心作用,千方百计地创造条件让学生主动参与班级建设,让每名学生都有机会展示自己的风采。

(2)合作建设:一是帮助学生学会沟通交流,知道彼此坦诚相待是合作的最好方式;二是在共同学习、集体活动中,让学生们不断地学习并体验怎样才能有

效地达到共同目标，帮助学生建立良好的人际关系，增强战胜困难的勇气。

(3) 开放建设：一是指在教育管理过程中，注意教师和学生、学生和学生、教师和家长等多方面的沟通和交流；二是在教育活动过程中，以丰富的内容、新颖的形式，让学生更多地体验生活、认识社会、了解世界，让学生明白为什么学习，应当怎样学习。

二、实施"自主—合作—开放"型班级建设的重要意义

"自主—合作—开放"型班级建设是一种符合现代学生身心发展和能力发展的教育模式，也是与党的教育方针和"三个面向"要求相适应的班级建设模式，对素质教育有多方面的促进作用，主要体现在以下几个方面。

(1) "自主—合作—开放"型班级建设，注意学生主体作用的发挥，注意教育管理的内容、形式与教学改革相结合，引导学生关心"班事、国事、天下事"，从而使学生视野开阔、学有动力、学有方法、勇于实践，有利于创新精神和创新能力的培养，以适应知识经济社会对人才的要求。

(2) "自主—合作—开放"型班级建设，面向全体学生，尊重学生的个性发展，并为人的个性发展创造宽松、和谐的氛围，有利于为社会培养多方面、多层次的人才，以适应市场经济发展、社会分工细化对人才多样性的要求。

(3) "自主—合作—开放"型班级建设，发扬教育教学民主，既注重发挥班干部和全体学生的主观能动性，又重视班级自主管理制度建设，有利于学生民主意识的提高、法制观念的增强，对适应和推进依法治国方略具有深远意义。"自主—合作—开放"型班级建设对于克服学生的自卑、逆反、孤僻等心理障碍也有积极作用，有利于促进健全人格的形成。

三、班级"自主—合作—开放"型班级建设模式的构建

班级"自主—合作—开放"型班级建设模式就是在教育过程中，通过增强学生的主动意识和主体自我控制能力，培养和提高学生在教育活动中的能动性、自主性和创造性，使他们具有自我教育、自我管理和自我完善的能力，从而成为教育活动的主体和自我发展的主体。如何在班级管理工作中贯穿这一教育思想呢？

(1) 要尊重学生主体地位，承认他们具有与教师平等的独立人格，引导他们主动参加教育活动，做自我发展的主人。

(2) 学生的主体意识要通过自主手段来培养，我们可以让学生自己管理班级，让每个学生都有机会在班级事务管理评判的讨论中充分表达个人观点。教

师只作必要引导，充分锻炼学生自我管理班级事务，管理自己以及将来管理社会的能力。

按照理论设想，我对原有的班级组织机构进行了改革，试行并完善了"两制一会"的班级建设管理新体制，取得了较好的效果。"两制"指"班长负责制"和"人人岗位制"。"一会"指"班级监督考评委员会"。

"班长负责制"：班长负责班级所有事务，还要指导其他班委的工作。班级还设学习委员、纪律委员、体育委员、劳动委员、团支书、文艺委员、生活委员、宣传委员、组织委员，这些班干部主要负责班级的日常学习、量化考核、文体卫生、公物管理、班费支出、对外宣传等工作，并协助班长开展工作。班委会的考核每月进行一次，由班级监督考评委员会考核小组评价划等（优、良、一般、差四个等次）。

"人人岗位责任制"：人人是班级的管理者，每个学生都在集体中负一定的责任，既是干部，又是群众；既是管理者，又是被管理者。班级的荣辱与集体成员息息相关，学生的主人翁责任感、集体荣誉感得到了普遍的增强。

"班级监督考评委员会"是班级自我管理监督机构。它的职责是：审定班长资格，审定班委会工作，督促全体同学遵守班规，监督考评各部门工作的开展情况。监评委员会成员由全体同学民主产生，产生后向全体同学宣誓就职，任期一月，一个月之后在班会上由全体同学对委员投信任票表决，如信任票不到总票数的三分之二，则当场罢免，同时产生新委员。

（3）班级建设管理中，"合作标兵"是这样产生的：每个学期，让每一位同学根据自己的兴趣特长，选定班内的另一位同学结对子，被选定的另一位同学称"合作对象"。每一位同学以自己的特长带动自己所选定的"合作对象"，使其也具备这一特长或发展这一方面的爱好。同时，自己也要在"合作对象"的帮助下，同样基本能够具备"合作对象"的某一特长或发展其某一种爱好。到学期末，由班主任和班委考评，看是否完成了既定的合作任务，如完成，这两位同学就同时被评为"合作标兵"。"竞争标兵"的产生：则是要求在每个学期，让每位同学选一位各方面素质都超过自己的同学，与他展开比赛，内容包括学习、纪律、劳动、特长发展、受表彰等，每一项按一定的标准划出量化分来，平时积累，学期末合计，若五项分数之和超过了自己的竞争对手，则就被评为"竞争标兵"。

（4）整合家长的思想和力量，把社会、学校、家庭等教育环境协调起来，形成立体的、全方位的教育网络，推进学生的自主管理。一是加强班级家长委员会建设，通过"家长走进校园、走进课堂"家校互动活动，让家长成为学校教育的同盟者。二是促进学校与社区、派出所、法院等共建单位的交流与合作，提高合作育人的实效。

四、"自主—合作—开放"型班级建设模式操作的具体要求

（1）树立正确的教育观。学生是教育的客体，又是接受教育的主体，他们具有自己独特的思想情感，教师应给与尊重。教师只有树立这样的教育观，才能进行正确的操作。

（2）建立网络小组。班级可以组织形式多样的自主管理小组，如按学生兴趣自愿结合的各种学科小组，第二课堂课外活动小组，班级管理小组，美化班级小组，阳光体育活动筹划小组，公益活动小组等。每个小组定时开展活动，有计划、有总结、有交流。多样化的小组几乎为每个同学提供了尝试和施展才能的机会。这样一方面每个同学可同时扮演几个角色，丰富学生角色体验，发展集体中丰富和谐的人际关系。另一方面，每当班级开展活动时，各小组能自动参与班级活动，组员们在既有民主又有纪律的班级生活中体现负责精神，并确实地感到自己是班级的主人。

（3）及时对学生提出富有激励性的目标。班集体建设须在一个个目标达成的过程中实现，目标达成的过程，也正是学生自信力、自我管理能力、班集体发展水平提高的过程。

五、"自主—合作—开放"型班级建设模式成效分析

"自主—合作—开放"型班级建设模式对人的思想、意识、观念乃至日常生活中许多稳定而独特的心理特征的形成与发展产生积极有效的影响。

（1）学生的良好道德品质得到有效培养。

（2）让学生的个性得以很好发展。这一模式的正常运转落实了学生的主体地位，强调学生自主自为。他们在班级开展的教育活动中共同参与班级各层次的管理，并担任满意的角色，班级给他们提供了锻炼能力的舞台，创设了成功的机会，学生的个性得以健康发展。

（3）学生自我管理的能力大大加强。这一模式使班级管理逐步由班主任管学生转变为学生依靠集体力量进行自我管理。人人成为自我锻炼、自我管理、自我教育的主体。班主任的舞台逐步从前台转到后台，工作效益得以提高。

当然，"自主—合作—开放"的管理模式只是一种尝试，在现代教育中，我们试图通过班级机构改革，促进优秀班集体建成，去圆满完成培养有理想、有道德、有文化、有纪律的社会主义事业接班人的艰巨而光荣的任务。

"校园公益广告"研究性学习在德育教育中的应用

李耘心

当代中学生的生理和心理发育普遍提前,自我意识增强,对父母及老师的说教有较强的逆反心理,在这种情况下,再采用传统的教育方式,往往收效甚微。因此,这就要求教育工作者顺应新形势,转变教育观念,探索与以往僵硬、枯燥的传统德育模式所不同的,更适应目前学生心理需要,更具有人性化的全新的德育教育途径。而"校园公益广告"研究性学习便是顺应这一要求应运而生的一次新尝试。

一、"校园公益广告"研究性学习的理论基础

"校园公益广告"研究性学习的目的是实现学生的自我教育。学生自我教育一般指学生按照社会、学校、群体或自己的标准,主动要求自己,努力缩小差距,在认知、情绪和意志等方面进行自我体验,实现个体认知及行为社会化的身心活动,是个体主动被同化的现象。现代教育理论倡导进行人性化教育,而人性化的教育呼唤着人们寻求充满生命力的教育形式。自我教育便是社会个体生存发展的动力之源和充满生命活力的教育形式。伴随着社会转型与经济变革的加剧,人的教育方式也不得不从家长、师长"夹逼"下的他育转变为以自我要求、自我学习为本的自育。因此教师作为教育管理者,应顺应这种要求,成为学生自我心理、自我发展的导入者;自我认定、自我养成的设计者、帮助者;自我设计、自我调节的创造者和教育理想的实现者。而"校园公益广告"便是在这一理论的指导下进行的一次尝试。

二、"校园公益广告"研究性学习的具体实施要求

(一)明确"校园公益广告"研究性学习的活动内容和目的

"校园公益广告"研究性学习的活动宗旨是借助学生的眼睛,发现学生身边存在的值得褒扬、宣传的或应该贬斥、反对的现象,通过学生的画笔描绘出来,以公益广告的形式广而告知,在学生中引起反响,对学生的心灵产生触动,使其能重新审视自己的行为,寻找自己正确的坐标,从而实现学生的自我教育。由于所有的公益广告作品从构思到创作全部出自学生之手,而反映的又都是学生身边发生的、再平常不过的日常学习生活,因此易产生共鸣,使学生不得不产生

"这画的不就是平常的我吗?"的疑问,从而规范自己的行为,而我们组织"校园公益广告"的目的就达成了。"校园公益广告"以反映学生日常生活、学习为主,但并不局限于此,只要是对学生的思想能够产生触动,影响学生的行为的作品都在我们的创作之列,比如中外名人名言、成语故事、社会现象都可纳入"校园公益广告"的创作素材。

(二)创建活动小组,做好成员选拔工作

在"校园公益广告"研究性学习活动初期,为保证正确的舆论导向和良好的活动效果,需要在全校学生中招募活动成员,组建活动小组或校园社团。对于成员需提出一定的要求,如具备一定的绘画才能、计算机知识,具有一双善于发现的眼睛,善于思考的头脑,具有创新精神和能力等。这些学生作为活动小组的骨干力量,充当"校园公益广告"的先行者,待到活动初具规模,上了轨道之后,可放宽纳新的条件,将热爱这一活动的学生吸纳进来,壮大创作队伍,丰实群众基础。

(三)教师应做好引导与辅导工作

学生的思想毕竟是单纯的,学生的画笔也终究稚嫩,要保证我们的作品更具思想性和头脑冲击力,不可忽视教师在其中的引导与辅导作用。所谓引导,主要指作品创作思路方面的指导和作品思想性方面的拔高。因为"校园公益广告"多数是学生的原创作品,因此在具备贴近学生生活的优点的同时,也不可避免地会出现过于平淡、直白的缺点,这就要求教师启发学生进一步挖掘和彰显作品的主题,"艺术作品来源于生活,但还应适当地高于生活",加入自己的想象与夸张,使作品更具影响力。所谓辅导,主要指作品绘画基本功与技巧方面的培训。"校园公益广告"主要以绘画的形式表现,因此要达到良好的教育效果,最起码应保证作品的美观,所以教师应对学生的绘画给予辅导,以保证作品质量。

(四)做好作品的反馈工作,发现学生普遍关注的热点问题

"校园公益广告"研究性学习活动的目的不仅在于创作作品,更在于通过作品实现学生的自我教育。因此当作品创作完成后,应在学校内通过宣传栏、橱窗、展室等宣传工具予以展出,在学生中引起反响,产生共鸣。同时结合校班会、座谈会、辩论会等其他教育方式,巩固"校园公益广告"的教育效果。从而实现自育与他育的完美结合,提高德育教育的效果。在"校园公益广告"作品展出后,教师还应做好作品的反馈工作,与学生一起分析、研究作品中的优点及不足,以及下一期作品中的创作主题和突破点。最后,除了在活动小组成员中进

行作品反馈外，还应在全校学生中进行作品反馈，广泛征集学生普遍关注的热点问题，以开拓思路，丰富创作素材，形成全员关注、全员参与的氛围，充分发挥"校园公益广告"的教育作用，实现学生的健康、和谐发展。

近几年我在第二课堂研究性学习中，先后组织学生开展了以仪容仪表、一日常规、尊师重道、感念母恩、爱护环境等为主题的校园公益广告活动，共创作作品近500件，并在全市教育教学现场会等大型活动期间多次展出。目前，校园公益广告研究性学习已经成为我校的一项常规德育教育活动，公益广告作品定期在校宣传栏中展出，并且还将公益广告作品的创作列为校艺术节的竞赛项目。在母亲节前夕，学校特别组织了一期以"感念母恩"为主题的校园公益广告创作活动。学生通过自己的画笔，将日常生活中父母对自己的种种关爱跃然纸上，并在母亲节当天在校园内展出。后来有一位男同学在周记中写道，他说在看过了那一幅幅作品后，竟有一种想要流泪的冲动。因为许久以来，他已经把父母对他的爱看成天经地义，把享受这种爱当作理所当然。但他竟忽略了应该为父母去做点什么，哪怕是微不足道的一个拥抱。

"校园公益广告"研究性学习作为拓宽德育教育途径，实现学生自我教育的有益尝试，就是遵循学生个体的发展规律，转变教育观念，从原来的"规则约束"型，转变为"自我醒悟"型，进而"推动学生对自我、社会和自然之间内在联系的整体认识与体验，谋求自我、社会和自然的和谐发展。"因此，校园公益广告研究性学习有其独具的教育优势，应该在校园中积极推广。

切合实际的职业生涯设计与规划

刘晓莉

据国家教育部职教司最新调查数据显示，超过70％的中职学生进入中职学校的主要原因是由于中考失利，而他们选择专业的出发点往往是父母的意愿或该专业未来就业的市场潜力。此举恰恰忽视了学生本人的兴趣、特长和能力，限制了其主观能动性的发挥，使他们从"主动选择者"变为了"被动依从者"，更严重的是造成他们入学后的厌学、彷徨、消沉等抑制发展的不良情绪，也就谈不上任何未来的就业打算。基于此现状，我们的工作重点是帮助中职生重塑自信，客观准确地认识自我，从职业需求、职业发展的角度对个人状况进行全面而系统地分析，有效地进行职业生涯规划，树立正确的职业观和崇高的职业理想，从更加理性的角度，以更加成熟的心态来选择职业，完善自我，走向成功！

现阶段，在我国中等职业学校里进行职业指导工作的人员主要有三类：第一类是班主任，第二类是文化课或专业课教师，第三类是实习指导教师。作为工作在一线的教师，我们具有丰富的教育教学知识，在不断的学习、培训、实践中也积累了系统而有效的职业指导经验。在校园里，我们面对的是很多刚刚遭受人生初次打击与挫折的学生，他们当中绝大多数甚至还不知道何为职业？现在就读的专业需要哪些职业素养和职业技能？更没想过他们的职场生涯该如何规划，如何完善，如何提升？这都需要我们职业指导人员帮助他们真正认识自我，结合所学专业，结合社会环境等内外部因素来确定职业发展方向，拟定可操作性强的职业生涯发展规划，有针对性地提升各项职业能力，从而实现个体人生价值的最大化。

在我的工作，有这么一个案例，很具有代表性。

1. 典型案例背景

小王，女，19岁，国际商务专业，往届毕业生。2009年该生考入我校，因有外语特长，而本专业有外教课，故选择国际商务专业。接班伊始，小王就直言不讳地对我说："刘老师，我进咱班就是因为有外教课，当时看招生简章时，就看准了'外教'两字，我就喜欢学英语，别的学科都不喜欢，您也别费心了，至于国际商务专业未来干什么？我现在不想那么多。毕业以后再说吧，车到山前必有路嘛。"面对这个快言快语，个性张扬的90后女生，听完她这一席话后，我不禁眉头一皱，"这个孩子天资聪颖，思维敏捷，语言表达能力极强，这样任其自由发展实在可惜。要好好打磨这块璞玉，一定要让她光彩夺目，令人刮目相看。"

慢慢地，我先安排小王做英语课代表一职，让她每天早自习负责组织全班同学朗读英语课文，学习交际英语300句。因为是她喜爱的科目，所以她很用心地准备材料，设计提问方式，甚至还准备了自己动手做的小奖品。班级的晨读在她的努力下越来越好，她的工作劲头也越来越足。2012年3月，学校接到青岛市职业技能大赛通知，指派我选拔培训学生参赛。这对职业学校的学生来说是一个千载难逢的好机会，更是一个展现自我风采、学习交流的好平台。我马上就想到了小王。下课后，我把她叫到了办公室，告诉了她这个好消息，没想到她却连连摆手，直摇头："不行，刘老师。那么多高手，我肯定不行。组织早自习还成，到台上去当着那么多评委和选手，我会露怯的。"看着她涨红的脸，我故意激她，"你不是一直夸自己的英语华夏无敌吗？去试试，怕什么？那个风风火火的你去哪里了？你要真不去，可就小瞧你了。""那试试？我可没信心。""怕啥？我和你一起准备，一起闯关。"接下来的2个周，我和小王认真分析参赛章程，结合赛项说明精心做了大量的笔头和口头练习，每每看到我对她殷切的目光时，她的干劲更足了，眼神也更坚定、自信了。3月25日，正式比赛的日子，小王镇定自若，超常发挥，一举夺得青岛市职业技能大赛英语赛项第一名。赛后，她拿着奖励证书和鲜花，扑到我的怀里，"刘老师，谢谢你！"

比赛回校后，她的英语学习抓得更紧了，成绩也越来越好，但与此同时，别的课程学习成绩一直毫无起色，其他的任课老师连连向我投诉。我也认识到了问题的严重性。真正为小王着想就应该帮她做出科学的职业生涯设计，而不是只凭兴趣学习。恰巧4月份，接到市教研室通知，小王要代表青岛市参加山东省职业技能大赛中职组英语赛项，但是与以往的比赛不同，增加了职场应用环节，涉及了大量的商务专业知识。我灵机一动，可以把这次参加省赛作为小王专业课学习的突破点，引导她全面发展。经过几次敞开心扉的畅谈，小王从抵触不想参赛到跃跃欲试，再到心里有了底。接下来的一个月，我和小王一起备战，查阅了大量的国际商务书籍和实战案例，积累了宝贵的参赛资料，小王也在备赛中发现了进出口贸易、物流、报关等商业知识的趣味所在，越来越爱学习专业课了。4月底，小王不负众望获得了山东省职业院校技能大赛中职组英语赛项第一名，并在随后6月份的全国职业院校技能大赛中职组英语赛项中再夺全国第六名（银奖）的佳绩。载誉归来的小王很快调整了状态，学习所有课程时均衡分配时间和精力，慢慢地各方面有了很大改观。我趁热打铁，与小王一起进行了职业生涯设计，根据她外语突出和商贸专业的发展特色，帮助她准确定位，进行了职业取向设计，发现了自身的优势和不足，确定了未来职业发展的阶段目标、总目标和方向，明确了具体的职业生涯发展途径，制定了切实可行的职业发展策略。使她对自己即将展开的职业生活历程，对未来职业发展的预期，整体的"路线图"有清晰的认识。

现在，小王因技能大赛成绩优异免试升入青岛职业技术学院。开始梦寐以求的大学生活，按照既定的职业生涯设计的阶段性目标，她一步一步坚实地走在实现职业理想的道路上。

2. 诊断结果

(1)初入校门的小王不了解自己所学专业的要求和发展方向，更无清晰的职业取向和人格定位，无法激发适合自己发展的求学动力。

(2)小王在初选专业时不够科学，入校后没有长期职业规划设计的愿望和能力。

3. 职业生涯设计的理论基础

(1)霍兰德的"职业性向理论"(即人格类型与职业类型学说)。该理论由美国著名职业指导专家霍普金斯大学教授约翰·霍兰德创立，他把千差万别的人格类型归纳为六个基本类型,同时把成千上万的职业划分为相应的六大类,每一个人格类型对应一个职业类型。霍兰德的职业性向理论认为,同一类型的劳动者与同一类型的职业互相结合,便达到适应状态,这样劳动者找到了适宜的职业,其才能与积极性才能得以发挥。劳动者职业性类型与职业类型相关系数越大,两者适应程度越高;二者相关系数越小,相互适应程度越低。该测验能帮助被试者发现和确定自己的职业兴趣和能力专长,可以作为求职择业时的参考。

(2)马斯洛的需求层次理论。马斯洛的需求层次理论,亦称"基本需求层次理论",是行为科学的理论之一,由美国心理学家亚伯拉罕·马斯洛于1943年在《人类激励理论》论文中提出。该理论将需求分为五种,像阶梯一样从低到高,按层次逐级递升,分别为生理需求、安全需求、情感和归属的需求、尊重需求、自我实现需求。该理论在一定程度上反映了人类行为和心理活动的共同规律,从人的需要出发探索人的激励和研究人的行为,抓住了问题的关键,指出了人的需要是由低级向高级不断发展的,这一趋势基本上符合需要发展规律的。

4. 合理处理建议

(1)使用相关测评工具,如霍兰德1958年提出的六角人格模型、马斯洛的需求层次理论、我国著名的CETTIC职业素质测评系统。小王作为刚刚踏入职校的学生,既无社会经验更无对未来职业选择的标准,她代表了很大一部分这个年龄段的学生的求学择业迷茫性。通过霍兰德六角人格模型测试,发现小王具有领导才能,喜欢竞争,敢冒风险,精力充沛,自信,善交际,口才好,做事巧妙,精力旺盛,努力奋斗的企业型人格类型。未来更倾向于从事管理经营性工作。科学的测评紧紧抓住小王的人格类型和与之匹配的职业类型,为其所学专业的发展奠定信心。

(2)遵循职业生涯设计的原则为小王制定科学的职业发展路径。职业生涯设计的过程是个体探索自我、科学决策、统筹规划的过程。要保证职业生涯设计的实用性和科学性,要按照以下原则来规划。①量体裁衣的原则。这是职业生涯设计时始终要遵循的重要原则。人的差异性很大,发展潜力也不同,要结合个人的具体特点来进行设计。不仅针对小王的内在素质,比如知识结构、能力倾向、性格特征、职业爱好等进行全面的测评,还针对她深处的专业学习环境等进行系统地评估,真正为她设定相应的职业发展目标和具体的个人发展规划。②可操作性原则。在帮助小王设计职业生涯规划时,充分考虑到了职业目标的现实性、计划的可行性和效果的可检查性。不论是短期目标还是中长期目标,不论是知识学习考核目标还是技能操练达级目标,都一一量化,可做可查可反馈。③阶段性原则。人生的不同阶段承担着各自的发展任务，需解决相应的发展问题。因此结合小王的年龄特点确定具体的发展方向、制定了阶段性的发展目标。这就像迈向山顶的一级台阶，小王每迈一步就会感到自己在朝终极目标前进，她的奋斗过程变得更具体、更真实。④发展性目标。制定规划时，不局限于小王当前阶段的发展，更着眼于毕业后走向社会的职业提升，该计划有超前性和预测性，其中对合作与责任意识的发展要求、对职业技能和专业结构更新的要求具体、到位。如高三时考取电子商务师、物流师、计算机中级操作员证等职业资格准入证书，确保增加就业砝码。

(3) 注重职业发展的策略。确定目标后，职业指导师应引导当事人为自己的目标制定相应的策略，分为以下三种：一步到位型、多步趋近型、从业期待型。根据小王的个体差异和自身情况，引导其采用"多步趋近型"策略，即现在在学校认真学习，不断充电，踏踏实实磨练自己，一步一个台阶，不断提高文化课和专业课成绩，使自己不断夯实专业基础。同时，多参加校内外实践活动，大胆承担组织、策划等任务，提高自身的策划力、组织力、执行力和团队协作能力，为今后走向社会打下良好的基础。不断完成阶段任务后，这样才会慢慢达到终极目标。

职业生涯规划是一个长期的连续过程，需要通过自我评估、环境评估、理想职业目标选择、职业生涯路线选择、实施、反馈六个步骤来完善。第一，我引导小王使用专业的职业测评工具来自我评估，使她看清自己的现状、潜力及优势、不足及努力方向，端正态度、脚踏实地、逐步前行。当然，自我评估不是2~3次心理测评可以解决的事情，需要贯穿整个职业生涯。第二，仅对小王所学的专业知识和该专业未来的发展趋势，国际经济大环境对商业贸易的影响等环境评估也应具体、客观、到位。这些外部条件对小王寻找恰当的职业生涯发展路径是至关重要的。第三，小王理想职业目标是多年后，在拥有了创业资金，具备了丰富的专业知识后进行自主创业，这也是她对职业志向的追求，虽有挑战性但合乎小王的性格特征、能力特征，顺应置身职业追求的发展趋势。第四，每个人的现实状况与理想目标之间都存在多种可供选择的路径，还需要在路径上设置节点——阶段性目标。这些子目标的设置既是对前段工作的肯定，也是对下一段工作的督促。小王的职业设计意图明确：在校三年，高质量完成学习任务，考取相应的从业资格证书，顺利毕业。毕业后3~10年，熟悉外贸行业不同岗位职责、操作流程和单位组织架构，力争成为部门负责人，独当一面。10~15年后，力争更上一层楼，工作技能、职业素养全方位提升。15年以后，力争开办自己的物流公司或进出口贸易公司，实现自己的"SYB"创业计划。最后，所有的过程均需要不断评估与反馈，引导小王可以针对某个阶段性目标的实施路径进行修正,也可以针对理想发展目标进行修正,使之更符合客观现实的需要和本人发展的需要。

5. 案例反思

综上所述,通过帮助中职生小王制定并实施职业生涯设计,我深切感受到:作为一名中职学校的职业指导人员应时刻保持积极进取的学习心态,不断学习先进的职业指导理论,不断实践,力争为广大中职生提供优质的职业指导服务,而且要服务好。使他们在初期就能够得到较为专业的职业指导和引领,清楚地规划自己的未来,循序渐进,顺利完成从"校园人"到"社会人"的转变,更加从容地面对未来职场的挑战。我相信,只要承担这份孕育未来的重担,才不辜负为人师的职业道德与职业追求。

如何应对求职障碍
——职业指导案例分析

李耘心

从当前就业工作实践来看,中职学生由于年龄小、知识少、经验缺、文凭低,已成为典型的就业弱势群体,其就业心理较为复杂,主要表现在以下几个方面。①依赖心理。有些中职毕业生由于家庭、社会条件较好,在择业过程中把希望寄托在学校、父母或朋友之上,有的甚至由家长出面与用人单位洽谈,孰不知这样做的结果恰恰让用人单位对毕业生产生缺乏开拓能力、不能独立生活和工作能力差的印象。当今社会,挑战与机遇并存,只有在择业之初就树立自信心,少点依赖,敢于竞争,才能在众多的求职者中脱颖而出。②自卑心理。中职生普遍认为自己没有考上普高,认为上中职学校是迫不得已的选择,大部分同学都认为自己专业知识、专业技能及综合素质不如高职生、大学生。因此,某些学生会有自卑心理。再加上近几年来社会对人才的需求标准也不断地提高,这使得中职生在求职过程中处处碰壁。③悲观心理。也就是冷漠心理,当一些中职生在择业中因受到挫折而感到无能为力,会出现得过且过、不思进取、情绪低落等反应。④焦虑心理。焦虑心理产生的重要因素是中职生期望值过高和社会就业压力大。部分学生不顾自身条件与社会对中职学生的市场定位,过分看重初次就业对一生的重要性,往往不自觉地加大自己的心理压力,精神过于紧张,一旦条件达不到,挫折感就会导致就业焦虑。部分家长不顾学生的兴趣、爱好、特长、专业等特点,硬是把自己的职业理想间接地强加于子女,从而将焦虑的气氛传给了学生。当现实的求职目标与自身的理想职业不相符时,部分学生会产生悲观、失望、愤世嫉俗的心理,这对于中职生的成长是很不利的。近几年来,就业形势越来越严峻,加上社会各种媒体的不断渲染,在客观上加重了中职生对就业前途的焦虑,社会大氛围对学生思想上造成的压力使学生发生分化,部分学生变压力为动力,积极学习知识技能,以求就业顺利;部分学生对前途感到悲观失望,会出现情绪低落、整日忧心忡忡,愁眉不展,唉声叹气等消极现象。

鉴于上述种种现象,不良就业心理状态的存在已经严重影响了中职毕业生的就业前景,对中职毕业生就业率的提高造成了实质性阻碍,因此及时采取相应的解决措施,已是迫在眉睫。

一、案例背景

2011年7月,2009级会计与审计专业的昕婷在学校的推荐下到麦凯乐青岛总店面试收银员岗位。在来到麦凯乐员工通道门口时,昕婷跟我提出放弃这次面试机会。我反复劝说、鼓励,昕婷决定再试一试。正在同学们陆续接受面试的时候,昕婷再次跟我提出不参加这次面试了。经过反复做工作,昕婷始终坚持自己的意见,并最终放弃了这次面试的机会。

针对昕婷在这次面试过程中的表现,我进行了深入的分析发现:该生性格孤僻内向,不善于与人沟通,欠缺人际交往的方法和技巧;该生书面表达能力较强,但语言表达能力较差,不能清晰表达个人想法。此外该生缺乏求职面试方面的专业训练,对就业有强烈的抵触情绪。针对昕婷身上存在的问题,我采取了以下解决措施:①由于性格问题很难在短时间内加以矫正,因此针对昕婷的性格特点,她不适合从事直接与顾客接触的收银员工作。因此与用人单位沟通后,决定将其从收银岗调换到精算室从事零钞整理工作。②对该生进行了较为全面的面试技巧及职场人际交往方面的专门训练,使该生掌握了实用技能和方法。③与该生进行了充分沟通,从思想上扭转其抵触工作的想法。

在对昕婷进行职业指导的过程中,昕婷较为配合,对于我的工作也表示感谢和满意,并对学校为其调整的工作岗位表示愿意尝试。

2011年8月底,我带着昕婷再次走进麦凯乐的大门。这次面试很顺利,昕婷自己也表现得很兴奋,对于新工作充满期待。我在得到这一消息后也感到非常欣慰。但第二天下午我便接到麦凯乐人事部门给我打来的电话,说昕婷只干了半天的活,中午吃饭的时候不知道什么原因饭也不吃,躲到换衣间内怎么也不出来,因此单位提出辞退,不再录用。我听后一方面为昕婷担心,另一方面我知道前期对昕婷的指导失败了,我必须马上找到原因,采取补救措施。

二、诊断结果

我决定与昕婷进行一次深谈,在谈话过程中我发现昕婷在自我认知方面存在严重偏差,存在紧张、焦虑及轻微的自闭等倾向。但在追究导致这些问题的原因时,昕婷表现出比较排斥,拒绝配合。为了找到问题的根结,我决定到昕婷家中进行家访,看看能不能从家庭方面受到启发。当看到昕婷家中的状况,并与其姥姥进行交谈后,我基本上找到了昕婷出现上述状况的原因。

1. 由于家庭影响使其情感受挫

父母离婚,家庭暴力,会导致子女情绪情感方面的心理变化。调查结果显示:92.5%的离异家庭子女知道父母离婚后自己感到愤怒、痛苦,极易产生恐惧、羞愧甚至攻击性行为。94.8%的学生对父母离婚感到不理解,认为父母自私。离婚家庭子女一般都有情绪低落、受压抑、烦躁、冷漠、孤独的特征,这一点在昕婷的身上表现的比较明显,与人交往有较明显的防御心理,抗挫折能力较差。

2. 社会适应困难

调查结果表明:父母离异、家庭暴力对子女造成的心理伤害都是巨大的,都是他们在短期内难以完全克服的。调查结果显示:92.2%的学生在父母离异后,心理上产生退缩行为,情绪低落。在集体活动中胆怯、懦弱、有自卑心理,生怕同学看不起自己。因此昕婷在前两次就业面试的时候对陌生环境表现的非常敏感,对自己的能力缺乏自信,最终临阵退缩。

3. 不了解自己的职业取向和人格定位

不了解自己的职业取向和人格定位,没有独立的就业思路,无法选择适合自己的职业,无法把教师给出的选择建议发挥最大作用。

三、处理建议

(1)使用相关测评工具,如霍兰德职业倾向测验量表、MBTI 性格测试对昕婷进行职业取向分析,发现其霍兰德职业兴趣代号为 CRI,匹配职业有簿记员、会计、记时员、铸造机操作工、打字员、按键操作工、复印机操作工等。MBTI 性格测试为保护者 INFJ 型。

(2)与昕婷的父亲取得联系,希望其多与孩子沟通,及时了解孩子的想法和心理需求,让昕婷能感受到父爱和家庭温暖,对工作和生活充满希望和动力。其次我又与昕婷进行过多次交谈。因为有上次家访的基础,昕婷和我的交流比较顺畅,跟我详细诉说了自己所遭受的苦难以及自己的委屈。之后,昕婷的情绪有所改善。

(3)加强职业信息采集,提供多种职业的完整信息供其选择,为其提供更多的帮助。2011年10月,在多方联系下,我推荐昕婷到李沧区君发达机械加工厂从事检验工作。虽然专业不对口,但与其职业倾向测试类型较为相符,而且操作较为简单,容易掌握。更重要的是这项工作多为独立完成,人际关系较为简单。昕婷对这项工作没有表现出排斥,顺利就职。从日后的了解来看,昕婷觉得这项工作虽然简单、单调,工作环境也不如大商场舒适,工资只有1000多元,但心理感觉轻松,而且该厂的职工多为三四十岁的女性,对待自己像对自己的女儿一样,让她非常留恋。

四、案例反思

1. 职业指导教师应提高自身职业道德修养

作为一名优秀的职业指导教师不仅要具有多方面的专业知识,运用科学合理的方式方法为各种情况复杂的学生提供指导,更要求具有高尚的师德修养,急人之所急,全心全意为学生解决问题,找到最佳解决方案。因此这就需要每一名职业指导教师提高专业技能和自身素质,时刻铭记:一切为了学生,为了学生的一切。同时不断提高自身职业道德修养,深刻认识不能为学生提供完善的职业指导,就是耽误了学生事情,还可能给学生带来误导,甚至严重影响学生的发展和职业生涯的规划,从而认识到自己所肩负的社会责任。从本案例来看,如果职业指导教师没有从学生的利益出发,从根源解决学生的就业障碍,就不会与她多次沟通,甚至到学生家中家访,也便不会找到解决学生心理障碍的钥匙,使问题得到有效解决。

2. 对于新成长劳动力应开展好预防性职业指导

中职学生作为新成长劳动力欠缺求职面试和职场生存的经验,在人际交往方面不懂得如何与同事、领导共事,抗挫折能力较差。这些都会导致学生在就业过程遭遇失败、碰壁,从而产生各种就业心理障碍,影响其顺利就业,甚至会产生其他问题。因此针对中职学生的这一特点,开展预防性职业指导具有重要意义,可以有效达到"促进学生就业,帮助学生就业稳定,帮助学生实现职业生涯发展"的最终目的。在预防性职业指导工作中应建立多阶梯、多阶段、多目标的三级职业指导预防体系,应注重教师、学生、家长和社会的多方参与,帮助学生转变就业观念,了解自己的职业取向,掌握实用的求职技巧和职场交往法则,帮助学生尽快适应环境,进入新的角色状态,树立初次就业的自信心并提高成功率。

3. 在本案例的职业指导过程中存在的不足

职业指导教师在职业指导过程中很少能做到天衣无缝、完美无缺,总会有这样或那样的不足或遗憾。下面就结合本案例的实际情况进行分析,不足之处表现在以下几方面。

(1)被指导的学生在接受新的事物或建议的同时,潜意识会出现抵触情绪,从而导致测评手段的维度变化。

(2)作为面向中职学生的学校职业指导教师多以兼职为主,往往缺乏专业培训和系统的理论知识,多凭经验办事,难免在判断和处理上有所偏差。此外目前学校所配备的职业取向测评软件较为单一,只有霍兰德职业兴趣测评软件一项,其他如人格测试、能力测试等多由教师从网上下载,不够专业,从而导致测评结果不够精确。

(3)职业指导教师对于被测评学生的解释过于简单,无法使被测评学生从解释中获得更大的受益。

(4)信息采集工作做的不足,获取的信息数量有限,质量有待提高,在指导过程中无法做到对就业者帮助实现最大化。

4. 改进措施

职业指导教师应有不断创新、不断进取的精神,并结合自己在指导过程中的典型案例,找到自身在职业指导工作中的不足以及亟需改进之处。身为一名职业指导教师只有从实践中不断总结经验教训,才能使自己在职业指导工作中尽量避免失误,并确保学生能从中获得最大的受益。下面针对本案例在职业指导工作中的不足,提出以下改进措施。

(1)使用多种测评手段,使测评结果更加客观、准确,具有参考使用价值。使用多种测评手段后,能掌握学生更全面的数据,可以更好地从标准化数据中得出常模数据。通过对学生多样化的测评,能更有效度地帮助被测评学生。在职业测评中,应至少使用2款测评系统,并把多种测评系统的测评结果联系在一起。在分析结果的同时,还要考虑到学生的能力、兴趣、性格及价值观,只有这样才能使学生更快捷找到自己职业生涯规划的方向。

(2)职业指导教师要采取易被学生所接受的解释方式,且解释结果应全面、详细。在职业指导过程中由于教师解释的方式不合适,从而对学生造成影响和误导的不占少数。但是职业指导面对的是活生生的个人,其心理特征、个性、特长、兴趣与性格、能力各不相同,况且人的理解能力也有很大的差异,解释的方式不可能千篇一律、一视同仁。由此可见,在解释过程中,不应该使用过多的专业术语,应使用学生能听懂、易理解的解释方式。解释结果要全面,而不是一言两语敷衍了事。不难想象,过于注重解释结果的专业化或解释过于简单就不能达到为学生发展和职业生涯规划进行指导的目的。

（3）职业信息采集时，遵循佛兰克·帕森斯创立的"特性—因素论"中所强调的"人职匹配"理论，即职业指导教师需要从学生的实际情况出发，根据其能力、兴趣、性格、价值观、特长等，在采集到的繁多信息中提取出对求职学生更有价值的信息。在考虑到学生自身因素的同时，还要做到外部环境、社会环境、经济环境、行业环境等与求职学生的自身条件相对吻合。对求职学生的个人因素和其他相关的外部因素全部采集准确后，方可给予学生参考意见。

总之，不断提高学校职业指导教师的专业素质和职业道德水平，丰富实践经验，通过学校、家庭、社会等各个方面的共同努力与协作，为中职学生的求职择业做好职业指导。特别关注中职学生在求职择业过程中出现的心理问题，适时予以引导和调试，使每一名学生都能拥有健康的心态，自信地迈开职业生涯的第一步，这是每一名中职教育工作者的由衷心愿。

对症下药开心锁，因势利导助成才

刘晓莉

习近平总书记在清华大学考察时曾强调："广大青年要肩负历史使命，坚定前进信心，立大志、明大德、成大才、担大任，努力成为堪当民族复兴重任的时代新人，让青春在为祖国、为民族、为人民、为人类的不懈奋斗中绽放绚丽之花。"

花样年华，如梦如幻，无忧无虑，充满向往与无限憧憬的高中生活是人生中最为难忘的时光，而在这美妙的高中阶段，却有一部分学生紧闭心扉，忧郁无助，使得本应欢乐、愉悦的生活索然无味，困难重重，这一现象不得不引起我们的注意与思考。同时也使我们更加清楚地认识到，当今21世纪，信息化社会发展的今天，开展有效的心理健康教育是实施素质教育的一个重要方面，也是新形势下我们广大教育工作者面临的一个重要课题。

作为一线教师，我们要义不容辞地引领学生成为德才兼备、术业有专攻、心理健康、人格高尚的时代接班人和社会主义建设者。作为国家未来建设力量的中职生要积极进取，完成国家赋予的建设重任，是否具备过硬的心理素质是至关重要的。只有心理健康才能应对人生中的各种挑战，成功实现质的跨越。帮助心理异常学生找到自身问题的症结，用专业的心理学、教育学知识去转化引导，对症下药，因势利导，才会取得理想的教育效果，使学生真正摆脱心理的枷锁，正视自己，自信走好人生每一步。我们有责任帮助、引导学生更好地适应学校生活和社会生活，培养其健全的个性，预防和克服各种心理障碍，使他们的心理健康发展。

一、案例背景

2019届某生,一个性格孤僻,遇事好钻牛角尖,不能正视自己的缺点及问题的学生,发生矛盾时需通过编谎话等方式来推卸自己的错误,由于以上原因导致她与同学们尤其是同宿舍的舍友们关系紧张,无法和谐相处,矛盾频生;同时她也有令人肯定的一面,在学习方面,她的悟性很高,理解力强,综合成绩在班级中位列前10名。所以刚接班时通过了解我给她画了一幅画像:智商超高,情商一般,好掩饰自身的问题。记得在上学期期末,一天晚上,深夜11点左右,我忙完手头的事情,刚刚躺下。"铃……"手机声骤然响起,我马上拿起手机一看,是住校生的电话。"刘老师,刘老师,××又抓狂了,不回自己的宿舍,一直在我们房间里随便骂人。非说让我们和她的姐姐通电话。我们不接她就不走,王某让她骂得气哭了!""别着急,管理老师谁在?先稳住大家,我马上到校!"顾不上多想,穿好衣服,我搭车飞奔到了学校。只见该女生宿舍一片狼藉,我安慰好学生,把孙某某和其他人先分开,让请宿管老师协助看好她们。

第二天一早,我早早到了学校。大面积的进行了调查和了解。慢慢地我理出了头绪。又是她!原来2个女生下晚自习后随便聊天,她恰好从旁边路过,听了只字片语,竟产生联想,以为人家在说她的坏话,就跑到这两个学生的宿舍里大吵大闹,无视学校的宿舍管理规定。一切了解完毕,我决定和她谈谈。没想到刚一开始,她就撇得一干二净。于是,我便逐点地跟她分析,一点点地剖析,与校规结合,循序渐进,把她讲的几个观点一一道破,慢慢地她低下了头,虽然没直接认错,但从眼神中我看到了丝丝悔意,虽然稍纵即逝。难得!接下来,我又几次小范围内进行了教育,圆满地把此事解决。从此事中,我体会到了对与她的教育问题不是一蹴而就的,任重而道远。以后,她又有反复,此类的问题出过很多。我总是不厌其烦教育她。渐渐地出了问题她首先不会自我找借口,不会无限放大别人的缺点,无限缩小甚至无视自己的缺点了。"不放弃,不抛弃",虽然此类学生第一次碰上,我想这也是我不断积累,学习的过程。慢慢地她已能控制自己的言行,聚焦到专业学习上,参加班级技能之星评比和学校技能节比赛,屡获佳绩。渐渐地,她越来越自信,在班集体中找到了存在的价值。

二、案例症结分析

该生的日常言行和表现出来的心理问题与其他学生有很大的差别,明显异于常人,于是我加强了与本校心理医生的沟通,随时把她的点滴表现汇总起来,向专业心理老师求助,力求取得最佳的教育效果。从心理老师的逐步观察中,她渐渐得出结论,这个学生是典型的表演型人格障碍患者。表演型人格障碍(Histrionic Personality Disorder)又称癔症型或寻求注意型人格障碍,是一种以过分感情用事或夸张言行以吸引他人注意为主要特点的人格障碍。具有表演型人格障碍的人在行为举止上常带有挑逗性并且他们十分关注自己的外表。这类人情绪外露,表情丰富,喜怒哀乐皆形于色,娇柔做作,易发脾气,喜欢别人同情和怜悯,情绪多变且易受暗示。以自我为中心,好交际和自我表现。对别人要求多,不大考虑别人的利益。思维肤浅,不习惯于逻辑思维,显得天真幼稚。女性发病率约为男性的两倍。通常该病患者不宜转化,心理辅导过程漫长,需要家庭、学校、社会多方的共同疏导和关爱。所以在日常校园生活中,该生总是与其他同学发生矛盾,摩擦,乃至严重的冲突也就不足为怪了,而传统的常见的德育方法对她而言效果不好。她的情况不断反复,我也有些心力交瘁。因此,这种情况下,我转而向班级专职心理老师求助,依托专业心理老师的心理治疗知识,利用结合自己班级的实际情况,摸索出对她最行之有效的教育方法。

三、问题解决的理论依据及采取的措施

(一)理论依据

1. 个体心理动力学

精神分析是治疗表演型人格障碍的基石和关键。这种治疗原理直接让其逐渐意识到:①他们的自尊是怎样不恰当地维系在他们获取注意的能力上,并因此浪费了发展其他技能的机会。②他们肤浅的人际关系和情感体验是如何反应了他们潜意识对真正定型的关系的恐惧。

2. 认知行为疗法

治疗集中在改善其人际交往上并且教会她如何表达自己的渴望与需要。通过有效的认知行为的改变,促使其知行一致,更加自爱、自信、自律和自强。能更好地融入班集体,汲取集体力量促进自身的转变与提高。

四、转化反思

对于该生的教育不是一蹴而就的,需要反复做相应的帮扶工作,不仅仅是思想道德工作。平日中,我组织班干部成立帮扶小组,从多方面去关爱她,遇到她与同学发生矛盾时,能够从她的实际情况出发给予一定的帮助和引导。并且在适当时候召开班会使同学们从内心深处愿意去帮她。在本班团委组织志愿

者活动时,积极鼓励她参与,以健康、积极的心态去投入其中,逐渐消除人际交往中的隔阂和猜忌,使她深切感受到同学们是在真诚地帮助她,从而消除心中的芥蒂。在日常的教育中,我也注重与该生家长的联系沟通,积极寻求家庭教育的有力支持,在该生每个月回家时能给予继续的教育,从而保证教育的一贯性和长效性。类似这种情况的学生,一定要有耐心和爱心来逐渐地使之转化,用爱的钥匙打开心灵之锁。

回顾该生的心理帮扶转化个案,我感到心理异常生的教育绝对不能"头痛医头,脚疼医脚",更不能只禁锢于单一的思想道德教育手段,尤其是在信息化时代,中职生呈现的心理问题越来越多,成因多元化,导致的结果日趋严重,单一的传统说教的方法不一定能有效地打开学生的心扉,取得学生的理解与心理共鸣,所以用专业心理学、教育学的方法解决专业的问题就显得至关重要了。

对学生的教育必须因势利导,抓住问题的症结,打开他们的心锁,带领他们融入到班集体的发展中来,由自卑、自大、自我迷茫转变为自爱、自信、自律、自强。

做自己的主人

栾芳

[案例] 谁教坏了他?

魏某,男,高一,爱表现,入校时热心班级事务,军训中积极协助老师做好班级事务,乐于遵守学校规章制度,对学校和班级充满希望。入学两个月后思想变化很大,看到高年级个别同学在厕所抽烟,看到高年级的个别同学仪表仪容不合格,看到校园里有其他个别违反校规的事情发生,他开始提出质疑:为什么光管我们一年级的?还说华夏校规严,怎么只针对我们一年级?难道高年级的这些违反校规的现象老师就没看见吗?于是开始抵触抱怨,进而破坏校纪,并理直气壮地说:"这些都是别人教的!"面对此种现象,作为班主任如何解决?

一、问题诊断

此种现象,是因为魏某认知和评价的不当,导致他产生不合理信念,从而引起了日常行为上的盲目从众以及心理意识上的错误归因。

二、问题分析

从案例描述上来分析魏某的行为,可以用图8-1表示。

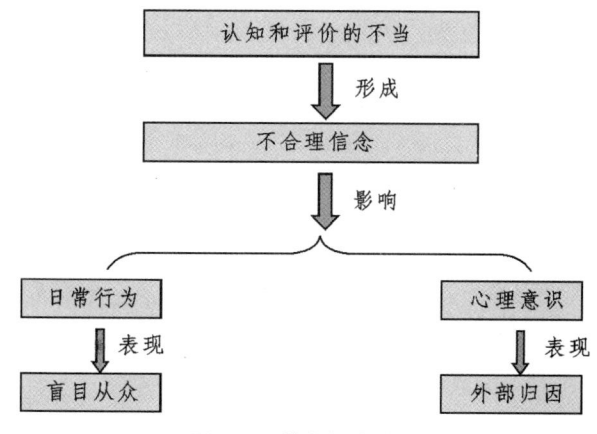

图 8-1 学生行为分析

具体分析如下。

1. 魏某不当的认识和评价,导致他产生了不合理信念

美国心理学家艾利斯认为:人的情绪和行为反应不是由于某一事件直接所引起,而是由于经受这一事件的个体对它的认知和评价所引起的信念,最后是信念导致了在特定情景下的情绪和行为后果。正是魏某对学校现象的不当认知和评价,才使他产生了不合理的信念。

魏某刚入校时,表现优异,但因为看到高年级个别男生的不良行为表现,于是就判断为整个学校如此,甚至质疑学校的管理。这种"过分概括化"的认知和评价,以偏概全,"绝对化要求"周围必须与他的感受、行为一致,一旦事实不是如此,就直接影响到了他的情绪,一方面在日常行为上降低对自己的要求,选择了"破坏校纪"的行为表现,另一方面从主观心理上抵触学校教育,还自认为是"他们教坏了我"。

2. 魏某日常行为的不当,主要表现为盲目从众

所谓从众现象,指主体对于某种行为要求的依据或必要性缺乏认识与体验,跟随他人行动的现象。从众现象在日常生活中通常表现为,放弃自己的意见,"无主见""随大流"。

魏某看到高年级个别男生的不良行为,自认为是学校的整体现象,于是跟随大家一起违犯校纪,而放弃自己最初优异的表现,盲目从众。这种盲目从众现象的发生,主要是由于魏某缺乏行为依据的必要信息,并与他的自我意识薄弱有很大的关系。自我意识的弱化,使得魏某缺乏正确的世界观、人生观、价值观,特别是在错误的认知和评价情况下,更是在"我是谁"以及"我所要的是什

么"的问题上,迷失了方向,在个别男生的行为场合下,不能很好地把握自我,反而选择了盲目从众。

3. 魏某心理意识的不当,主要表现为外部归因

所谓归因,是指人们对他人或自己的所作所为进行分析,指出其性质或推论的过程。也就是把人的行为过程或自己的行为的原因加以解释和推测。所谓外部,是指个体自身以外的、导致其行为表现的条件和影响,包括环境条件、情境特征、他人的影响等。如果将行为原因归于外部条件,则称之为外部归因。

魏某在看到高年级个别男生的不良行为后,由最初的积极要求上进,变得抵触抱怨,破坏校纪,并且理直气壮地说:"这些都是别人教的!"他不从自身找原因,而是将自己的行为,归结于主观以外的因素,一味地怨天尤人,强调外界的影响,推卸自己的责任。这种自我意识的弱化,使他错误地归因于外部,在心理认识上不觉得是自己做错了,反而是别人的责任。

三、解决步骤

从对案例的分析上可以看出,魏某的盲目从众和外部归因,起源于自己对个别不良现象认知和评价的不恰当。所以,在解决该案例时,应该从改变魏某不恰当的认知和评价入手,引导他正确认识和分析问题,学会正确归因,学会主动承担责任。

1. 走出认知误区,构建合理评价

首先,转移魏某的关注点,寻找身边的优秀学生案例。可以从优秀毕业生、高年级优秀学生、同班同学中的优秀学生入手,让魏某认识到自己对问题的分析是片面的,所看到的抽烟、违纪等现象,仅仅是个别现象,不代表学校、学生的大流。

其次,从分析"盲人摸象"的案例入手,引导魏某合理评价。生活中有不和谐的音符存在,是一种生活常态,但是不能因为路边有垃圾,就可以让自己变成一只"苍蝇"。

2. 消除盲目从众,主动承担责任

首先,认识盲目从众的危害。从"盲目跟着别人排队,结果进入公共厕所"的笑话入手,告诉魏某:不加分析,盲目从众是有危害的,它很容易让人不知所措,找不到自己努力的方向。

其次,分析造成盲目从众的原因。在生活里,每个人都有各自独立的社会角色,一个具有清晰自我意识感的人,能够很好地分清自身的各种角色,并且在不同的场合把握相应的自我,知道当时的自己是谁,处于什么位置,以及自己所

要的是什么。反之,就容易造成盲目从众的现象。

最后,鼓励魏某抛却"心灵顽石",消除盲目从众的心理,变成学习和生活的主动者,并且能主动承担责任。当你抱着下坡的想法爬山时,便无从爬上山去。如果你的世界沉闷无望,那是因为你自己沉闷无望。改变世界,必先改变心态。

3. 培育内部评价,学会正确归因

分析绝对外部归因的原因。从案例"你为谁而'玩'?"入手,分析人的动机分两种:内部动机和外部动机。假如依照内部动机去行动,我们就是自己的主人。假如驱使我们的是外部动机,我们就会被外部因素所左右,成为它的奴隶,特别是在遇到失败时,就强调外部原因,归结于外部因素。

鼓励魏某"做一颗永远成长的苹果树",学会正确归因。其实,得到多少果子不是最重要的。最重要的是,苹果树在成长!等苹果树长成参天大树的时候,那些曾拦阻它成长的力量都薄弱到可以纰漏。真的,不要太在乎果子,成长是最重要的!

四、案例反思

其实魏某的行为,不仅仅是自身的心理问题。作为一名刚升入高中的学生,在价值观、人生观还未完全形成的时候,班主任的引导、周围的环境影响也是非常重要的。作为班主任,可以在建班初期,从自身做起,抓好以下三个方面,以防患于未然。

1. 以自己为表率,引导学生学会对问题的正确分析、合理归因

我们常说:学生随老师,虽不一定完全对,但时间长了,班里学生身上或多或少会带有班主任的特点。班主任在处理班级问题时,看待问题的态度、所持的观点、解决的方法、宣扬的言论等,都会在潜移默化中影响学生。所以,作为班主任,应该在平时与学生的相处中,多引导学生全面地分析问题,一分为二地看待问题,解决问题时抓住主要方面,以正确的舆论来引导学生。

2. 有效地建立"班级效应",发挥从众现象的积极作用

新生刚入校时,大多数同学都会在观察、探索中,形成新的特点,这时候如果班主任能够有效地建立班级的"正效应",给学生"正向"参照,形成良好的班风学风,就有助于发挥从众现象的积极作用,学生看到周围的同学都在积极进取,自己也就不好意思违纪了。

3. 树立个人发展目标,提高学生的自我效能感

班主任要及时地引导学生树立自己的发展目标、职业规划等,让学生在不断的追求中提高信心,增强自我效能感。

不一样的温暖

李耘心

2019年8月29日,天气异常炎热。窗外知了聒噪不休,窗内却异常的沉闷。

2019级13班,金融事务专业,今年新生录取分数最低的一个班级。此刻三十多双拘谨中又带有好奇的眼睛注视着我。环顾一圈,其中一个男孩引起了我的注意——不同于通常情况下新生在陌生环境中的收敛和掩饰,这个男生眼睛中的桀骜不驯,甚至带了一丝挑衅的意味。我知道我遇到了班主任生涯中的又一个挑战。

后来经过了解,这个男孩名叫小江,来自于城郊一所普通初中学校,中考成绩309.5分。慢慢地,各种信息汇聚而来:一位老师见到我时担忧不已:"听说那个叫小江的学生分到了你班,恐怕你得遭罪了。""为什么?""中考时是我给他监过考,刚走出考场就点上了烟。哎,真愁人!"

我教过的高二学生看到我,两步奔过来,拉着我的胳膊满带同情地说:"李老师,听说小江在你班,他初中时可有名了,是××学校的'扛把子',你小心啊!"

在后来的接触中我发现,小江不爱学习,每天可以睡足六节课,但他性格开朗、讲义气,在同学中的人缘很好;他爱打架,初中时背了一身的处分,但他不欺负弱小,有较强的正义感;他缺乏良好的行为习惯,漠视规则,有不良嗜好,但他心思细腻,内心柔软,渴望得到别人的认同。

面对这样一个问题重重,但又如璞玉般亟待开发的孩子,我该怎么办呢?

经过反复思索与斟酌,我决定先从走进小江的内心世界,找到解锁小江的成长密码入手。此事说起来简单,做起来却没有那么容易,先要找到一个合适的契机。很快这个契机就出现了,小江因为违规使用手机,手机被我没收了,按照学校规定,必须由家长到校领回手机,所以我与小江的爸爸有了第一次正式的会面。

从小江爸爸的穿着谈吐来看,小江的家庭条件相对比较优渥,父母也比较重视对孩子的教育,但当小江面对爸爸时,紧张的亲子关系一目了然,父子俩剑拔弩张。爸爸一副恨铁不成钢的姿态,各种数落、埋怨的话语脱口而出;儿子一脸的满不在乎,甚至直接言语顶撞。我好像知道小江桀骜不驯的源头在哪里了。

我连忙将父子俩分隔开来,在与小江爸爸的交谈过程中我知道了小江是家中的独子,父母从未在物质方面亏欠过孩子,基本上是有求必应。同时,父母对孩子的期望值过高,总希望孩子能出人头地。当孩子达不到自己的要求时,父母就认为是孩子不够努力,辜负了自己的苦心。慢慢地,孩子不再愿意和父母交流,而是在所谓的"朋友"那寻求认可与慰藉,并在朋友的介绍下利用空余时间来到一家酒店打工,甚至有时下班时间太晚就直接住在酒店。而这引起了父母更大的不满,亲子关系更加对立。很明显,小江的叛逆很大程度上源于扭曲的亲子关系,解铃还需系铃人,问题的症结还应该从家庭亲子关系入手。

理顺了事情的前因后果,如何采取有效的应对措施成为关键。我想小江现在最需要的是重塑与父母之间的关系,打破亲子之间的隔阂,建立和谐通畅的沟通渠道,使亲子之间互相理解,从而使小江重新获得父母对自己的认可,以弥补其心理上的缺失。确定了工作思路后,我分别跟父子俩进行了一番谈话。

我与小江父亲的谈话内容是:首先我告诉他,在孩子成长的过程中,作为父母不能替代孩子的成长,成长的道路难免会有荆棘险阻,那也是孩子必须自己去面对的,父母在给予孩子必要的引导之外,更重要的是给予孩子鼓励,让孩子感受到来自父母的支持与信任,而不是指责与谩骂。因此,我对小江的父亲提出了两点请求:首先今后与孩子的相处过程中要变主动为被动,变诉说为倾听,即使再大的怒气也要克制单一指责的话语脱口而出。其次给予孩子最大的信任,让孩子在爱与信任中得到心理上的满足,获得继续前行的动力。最后要求小江爸爸从现在开始每个星期发现孩子的一个优点,并讲给孩子听。对于这三条要求小江爸爸欣然接受。

在与小江的谈话过程中,我希望小江能更多的体谅父母的良苦用心,虽然有时他们的做法不见得一定正确。在此基础上,我希望小江可以适当减少外出打工的时间,并不要在外留宿,让父母担心。另外,如果父母与自己的日常相处方式有所改变时,不要表现得过于冷漠,如果能积极的给予父母以回应,我相信父母一定会非常开心。对于我的这两条希望,小江勉强答应了。

之后我经常创造机会与小江聊上两句,有时是问问他最近看什么书、听什么歌,有时是请教一下手机里的隐藏功能;有时就是漫无边际地闲扯两句。有次趁他不经意间问了一句"你爸爸最近有没有夸你",小江满脸不屑地说:"嗯!"但我明明看到了他眼中一闪而过的笑意。

随后我与小江又有了更多"交易"。小江上课爱睡觉,不学习,我曾经问过他原因,他说上课跟听天书一样,学不会。我说没关系,听不懂咱慢慢听,听多了自然就听懂了。既然要听课那就不能老睡觉啊,但积习难改,那么我们就慢慢改。所以我与小江约法三章,第一周每天睡觉不能超过两节,第三周开始要减少到每天不能超过一节,到期末结束时要杜绝上课睡觉。此后,我时刻关注着小江的状态,懈怠了便给他鼓鼓劲,要放弃时我便不厌其烦的与他一起咬牙硬抗,陪他上课,背单词,监督他完成每天的作业。

在平平淡淡中第一学期转眼即逝,期末考试小江的成绩并不理想,德育学分也没有合格,但令我欣慰的是,他不再排斥我,甚至愿意亲近我,这星点的转变我已很满足,并给了我继续走下去的无穷动力。

在班主任工作中,对于学生的转化往往是让老师们比较头疼的话题,通常是出了很多力气,但效果微乎其微,甚至有时会出现反噬,这让班主任老师有很强的挫败感。我想要很好的解决这一问题,肯定不是"头痛医头,脚痛医脚"的简单粗暴方法可以解决的,而应该从以下几个方面入手。

(1)深入分析学生后进的原因。我想每一只锁的背后总有一把可以开启它的钥匙,找到了这把钥匙,也就找到了打开学生心灵之门的密码。而在学生的成长过程中,真正对学生的思维和行为方式产生至关重要影响的往往是家庭的教育模式以及亲子关系,所以班主任老师在开展工作时不能忽略的就是对学生成长经历以及家庭关系的追溯,同时在教育学生的过程中对学生的父母进行家庭教育以及亲子关系方面的指导。

(2)对学生的教育转化应先从建立和谐亲密的师生关系开始。所谓"亲其师,信其道",如果学生在情感上都无法对自己的老师予以认同,那么老师即使做得再多,从效果上也会大打折扣,甚至会引起学生的反感和抵触。那如何建立亲密和谐的师生关系呢?我想作为班主任老师首先应该转变观念,变"我要你怎样做"为"你想怎样做",也就是真正做到适切教育。从学生的真情实感和切实需要出发,给学生真正需要的关心和帮助。

(3)对后进生的教育转化不是一蹴而就的,往往是一项长期工程,所以要求班主任老师有足够的耐心以及坦然面对学生表现反弹甚至教育无效的勇气和承受能力。我一直认为真正好的教育不是去改变别人,而是发掘被教育者的内心自省,唤醒被教育者心中那个沉睡的自我,让被教育者自己改变自己。而这个过程一定是漫长的,并且需要教育者和被教育者双方的互相认同和情感的契合。在这一过程中难免会因为这样或那样的原因使教育转化进程暂停或中断,甚至会出现倒退,班主任老师不能因此而气馁,或者否定自己之前的付出,而应坚信今天的付出总会在学生今后的人生中实现它的价值。

教育之路从非坦途,需要每一名教育工作者且行且思,且悟且进!

参考文献

[1] 罗冬梅. 谈职业院校德育内容的职业性[J]. 中国校外教育,2013(7).

[2] 檀传宝. 德育原理[M]. 北京:北京师范大学出版社,2017.

[3] 胡麟祥. 班集体的涵义、结构及教育功能——现代班集体建设系列讲话之二[J]. 中国德育,2007(3).

[4] 〔苏〕苏霍姆林斯基. 怎样培养真正的人[M]. 蔡汀译. 北京:教育科学出版社,1992.

[5] 鲁洁,王逢贤. 德育新论[M]. 南京:江苏教育出版社,2010.

[6] 刘建. 班级管理创新研究[D]. 上海:华东师范大学,2005:18-49.

[7] 吴康宁. 教育社会学视野中的班级:事实分析及其价值选择——兼与谢维和教授商榷[J]. 教育研究,1999(7).

[8] 谢维和. 班级:社会组织还是初级群体[J]. 教育研究,1998(11).

[9] 温剑文. 构建理想的班级生态[M]. 上海:华东师范大学出版社,2020.

[10] 黄崴. 西方古典组织理论及其模式在教育管理中的运用与发展[J]. 华南师范大学学报,2000(6).

[11] 汤金洪. 精神成长的内涵、意义及培养策略[J]. 天津教育,2011(4).

[12] 李博阳. 高中阶段班级管理与学生健康心理素质养成的实践研究[J]. 课程教育研究,2019(33):211-212.

[13] 宋献惠. 高中生心理健康教育现状与对策研究[J]. 教育理论与实践,2017(8):23-25.

[14] 吴敬德,陈充岩. 在高中班级管理中引入心理健康教育的重要性[J]. 新课程(下),2017(6):217-217.

[15] 肖杏烟,骆风. 新世纪以来我国高中生心理健康研究综述[J]. 韶关学院学报,2009,30(9):94-98.

[16] 班华. 心育论[M]. 合肥:安徽教育出版社,1994.

[17] 迟毓凯. 学生管理的心理学智慧[M]. 上海:华东师范大学出版社,2012.

[18] 张伟,汪永智. 新时代魅力中职班主任专业素养提升指导教程[M]. 北京:高等教育出版社,2019.

[19] 任国平,钱丽欣,程路,宋佳欣. 从"对人的评价"到"为了人的评价"——构建促进学生全面发展的评价体系[J]. 人民教育,2021(6).

[20] 黄小平,胡中锋. 对中小学德育评价理论与实践问题的几点思考[J]. 中小学德育,2014(3).

[21] 赵玉英,张典乐. 德育原理[M]. 济南:山东人民出版社,2008.

[22] 祝满化,吴清晰. 优化中职学生德育评价有效方法[J]. 文教资料,2019(15).

[23] 李吉桢. 第四代教育评价理论的中国化研究[D]. 天津:天津师范大学,2019.

后 记

当前，我国着力构建现代化国民教育体系，对职业教育提出了新的要求。职业教育的定位得到进一步落实，即面向人人的终身教育、面向市场的就业教育、面向能力的实践教育、面向社会的跨界教育。《中等职业学校德育大纲（2014年修订）》在德育实施途径中对职业指导做了如下阐述：学校要在职业指导工作中全面渗透德育内容，加强职业意识、职业理想、职业道德和创业教育，引导学生树立正确的择业观，养成良好的职业道德行为，提高就业、创业能力。

因此，国家开始大力推进职业生涯规划教育，为职业教育改革和创新发展带来了新机遇、新挑战。德育教育作为中职学校教育体系中的基石，教育创新不容忽视，由传统的封闭式教育转变为适应现代社会的开放式教育势在必行。

本书对中职学校班级建设模式创新有一定的借鉴意义，在班级管理育人体系、班级文化育人体系、班级活动育人体系、班级心理育人体系、多层多元综合评价体系等五个方面均有实践探索与独到的阐述，形成了五个维度的完整体系。

"双元耦合"班级建设模式的探索与实践开辟了职业教育的德育工作新途径，克服了传统德育内容的单一、脱节、重复性，融入了职业规划教育，充分关注了德育教育内容的职业性，实现了双轨并进育人，对中职学生的职业生涯规划教育起到了导航与助力作用。

本书由侯蕾、栾芳、阎春梅任主编，刘晓莉、李茹、李耘心、高嵩任副主编。具体分工如下：第一章，阎春梅；第二章，侯蕾；第三章，栾芳；第四章，李耘心；第五章，高嵩；第六章，刘晓莉和李茹；第七章，栾芳和刘晓莉。栾芳和阎春梅统稿。

特别感谢中国海洋大学出版社为本书出版付出的辛勤努力。

探索德育教育与职业生涯规划教育有机融合、有效契合的方法和规律是一项长期而艰巨的任务，由于编者水平有限，本书还存在一些缺点和不足，不当之处在所难免，敬请读者批评指正。

编者

2021年11月